SZTUKA

V stopień (etap III)

DEIR

– system nawyków
dalszego energoinformacyjnego rozwoju
– to kolejny system nauczania nawyków
energoinformacyjnego współdziałania
człowieka ze światem.

Każdy człowiek składa się z energii i informacji, które kierują sygnałami w naszym mózgu i ruchem materii w naszym ciele...

Podstawą całego ruchu świata jest energia i informacja.

Żyjemy niczym ryby w oceanie,
stale otoczeni jednolitym energoinformacyjnym polem
wszechświata i jesteśmy z nim w stanie
nieustannej wymiany energetycznej.

Kierując wymianą energii, kierujesz swoim życiem.

Tak jest i było od zarania dziejów.

Dimitri Wereszczagin

SZTUKA

System dalszego energoinformacyjnego rozwoju

V stopień (etap III)

KOS

Wydawnictwo KOS

KATOWICE 2010

Tytuł oryginału:
ИСКУССТВО: Система навыков дальнейшего энергоинформационного развития, ступень V, этап 3

Tłumaczenie z języka rosyjskiego: **Alina Skoneczna**

Projekt okładki: **Marek Ciesielczyk**

Korekta: **Wydawnictwo KOS**

Typografia i łamanie: **Ryszard Liebich – Wydawnictwo KOS**

Człowiek rozwija się, przekraczając jedne granice, by stanąć przed innym granicami-prawami i zmierzyć się z nimi. Na myślenie o tym, że zbudowana przez nas społeczno-techniczna cywilizacja stanowi granicę, nie pozwala jedno – ludzki Umysł. Żywy Umysł, dany każdemu człowiekowi, Umysł, który widzi, czuje, wie, że za granicami świata składającego się z domów, samochodów, kariery, pieniędzy, sławy, władzy, polityki istnieje coś jeszcze – Wielki Świat.

Książka podsumowująca bazowy kurs Szkoły Nawyków DEIR – „Sztuka" – łączy w jednolitą całość–bazę nawyki energoinformacyjnego rozwoju wszystkich pięciu stopni i po raz pierwszy proponuje Czytelnikom nie tylko korzystanie z wielorakich zalet opanowania nawyków DEIR, ale pozwala również wyraźnie dojrzeć perspektywę osobistej ewolucji każdego człowieka.

Sztuka życia w pozbawionym ograniczeń świecie energii i informacji – to sztuka nowego ewolucyjnego etapu, ku któremu zmierza człowieczy umysł. Krocząc w tym kierunku, Czytelnik nauczy się tego, jak: dojrzeć ukryte mechanizmy rzeczywistości, kierować zdarzeniami, być twórcą własnego losu, tworzyć własne szczęście i napawać się smakiem życia w Wielkim Świecie zgodnie z prawem przysługującym człowiekowi.

ISBN 978-83-7649-025-0

Wydawnictwo KOS
ul. Agnieszki 13, 40-110 Katowice
tel./faks (32) 258-40-45, (32) 258-27-20, (32) 254-02-73, tel. (32) 258-26-48
e-mail: kos@kos.com.pl http://www.kos.com.pl

Druk i oprawa: TRIADAPRESS, 40-322 Katowice, ul. Wandy 16 k, tel. (32) 2541-790
e-mail: biuro@triadapress.com.pl, www.triadapress.com.pl

SPIS TREŚCI

WPROWADZENIE

Wszystkim, którzy myślą tak samo...

Oto po długiej przerwie znów spotykamy się na kartach książki poświęconej tym razem końcowemu etapowi piątego stopnia bazowego – podstawowego – tak, tylko podstawowego (!) kursu Szkoły Nawyków Dalszego Energoinformacyjnego Rozwoju – Szkoły Nawyków DEIR.

Razem przeszliśmy już długą drogę, każdy z nas dokonał wielu odkryć i sporo osiągnął. Zaczęliśmy głębiej pojmować nasz świat, jaśniej postrzegać jego spowitą mgłą dal – i oto jesteśmy gotowi do omówienia teorii i technik pozwalających człowiekowi pójść jeszcze dalej.

Po co? Oczywiście, jak zwykle, w celu polepszenia życia – swojego i otaczających nas ludzi. Po to, by zrobić więcej dobrego, stworzyć więcej nowego... Wszyscy ci, którzy już długo studiują szkołę DEIR, wiedzą, że to prawda, choć niecała. W rzeczywistości wszystkie pozytywne zmiany życia zewnętrznego są tylko wynikiem korzystnych zmian wewnętrznego życia człowieka, jego myślenia – dzięki nowemu pojmowaniu otaczającego nas świata, przeniknięciu jego praw i warstw zdarzeń, wejściu na ten poziom, na którym nasz duch osiąga możliwość tworzenia wedle swych pragnień.

Po to, by tworzyć, odkrywając dla siebie nieskończoną różnorodność rozumnego świata i kształtując realność z cieni ukrytych w nim możliwości.

Przejście dalej oznacza umocnienie się w tym tworzeniu realności.

Wiele wody upłynęło od momentu ukazania się pierwszych podręczników. To już dziesięć lat. Odtąd nawyki systemu dalszego energoinformacyjnego rozwoju opanowała ogromna liczba ludzi mieszkających zarówno w Rosji, jak i daleko poza jej granicami. DEIR stanowi jeden z największych, najwybitniejszych kierunków na świecie. Psychoenergetyczne nawyki znają już miliony ludzi i wykorzystują je we współczesnym życiu. To znakomicie, że coraz więcej osób rozwija swoją naturę energoinformacyjną, orientuje się w energoinformacyjnym świecie, ludzie stają się bogatsi w każdym znaczeniu tego słowa, bardziej uważni w stosunku do szczerych pragnień, oczekiwań otoczenia, stają się lepsi i mądrzejsi.

Wszyscy ludzie dostrzegający inną stronę realności, rysunek jej energoinformacyjnych powiązań, różnią się od innych i ich życie też jest inne.

Przyjemnie mieć świadomość, że w tych osiągnięciach jest także jakaś część mojej zasługi, choć przecież my tylko uczymy, a rzeczywista zasługa przypada tym, którzy wkładają wysiłek w swój osobisty rozwój, czyli – Wam, drodzy Czytelnicy i Słuchacze.

Jestem pewien, że każdy z Was oceniał, jak zmieniało się życie, na ile się polepszyło, co osiągnęliście za pomocą wyuczonych technik – to jest właśnie wpływ DEIR na życie społeczne – wpływ DEIR i Waszej pracy.

Na potrzeby naszego dzisiejszego spotkania nie jest istotne mówienie o liczebności naszego grona i jego sukcesach – dzięki kontaktowi na stronie DEIR w Internecie, własnej praktyce i technikom DEIR jestem pewien, że posiadacie dostatecznie wiele informacji na ten temat.

Wiecie także, jak niezwykła jest siła czystego i zacnego rozumu posiadającego potencjał tworzenia z myślą o dobru ogółu, wiecie również, że jej miernikiem nie może być tylko posiadanie – mieszkania, samochodu i innych ogólnodostępnych przyjemnych drobiazgów.

Dlatego wszystko, co mógłbym jeszcze powiedzieć we wstępie, może okazać się niepotrzebne. DEIR – to jedna z dróg do innego, wspaniale nowego i prawdziwego sposobu życia ludzi – sposobu, który dopiero się rodzi i na podobieństwo kiełkujących roślin przebija się w postępowych wspólnotach. Wystarczy. Przecież nie przypadkiem otworzyliście właśnie tę książkę?

Wobec tego – pójdźmy dalej.

Przed nami trzeci etap piątego stopnia poświęcony nauczeniu świadomości przekraczania barier własnej ograniczoności, nabraniu nawyku pokonania swej niedoskonałości, zgromadzeniu nowej wiedzy nieuwarunkowanej egregorialną rzeczywistością, informowaniu świadomości o uzupełniającej energii – i stworzeniu nowych uporządkowań w świecie – Światowych Prądów.

Kolejny początek dla wszystkich, którzy zaszli już tak daleko w ludzkim świecie i są gotowi, by widzieć świat szerzej, żyć wielkim życiem.

O TYM, CO DOTĄD ZROBILIŚMY, I O PRZYSZŁOŚCI

Na początku powinniśmy ogarnąć spojrzeniem całą gamę zadań stojących przed nami oraz dokonać krótkiego przeglądu przebytej dotąd wspólnie drogi po to, by wszechstronnie ocenić naszą bieżącą wiedzę i umiejętności oraz żeby wyznaczyć perspektywę następnego kroku, wytyczyć kierunek działań.

Robimy tak wciąż, w każdym podręczniku, ujmując rzecz za każdym razem za pomocą innych słów i z nieco innych pozycji, stopniowo przybliżając się do większego zrozumienia swoich możliwości. Przecież dzięki naszemu doświadczeniu za każdym razem otwiera się przed nami nieco więcej możliwości i za każdym razem możemy przejść trochę dalej. Ten podręcznik doprowadzi nas maksymalnie blisko zrozumienia skali przez nas osiągniętej, dlatego jego treść jest bardzo nasycona pod względem sensów.

Tym razem rozpoczniemy przegląd tego, co dotąd zrobiliśmy, przejrzymy wszystkie poprzednie stopnie głównie po to, by zważyć osiągnięcia na bardzo prostej, ale jednocześnie niezwykle dokładnej wadze: na ile każdy z poznanych przez nas stopni pozwolił nam, naszemu żywemu umysłowi widzieć świat i oddziaływać z realnym światem – tym światem, który ze szkodą dla jego bogactwa, jest poliniowany przez standardową percepcję współczesnej ludzkości i dlatego pozostaje prawie niewidoczny dla zwykłego człowieka.

Dlatego naszym zadaniem będzie ocena tego, na ile nasz umysł po przejściu każdego stopnia stał się narzędziem pozwalającym opanować reguły prowadzące dalej niż on sam. Ocenimy, na ile jesteśmy zdolni zajrzeć za parawan pstrej iluzji ludzkiego bytu i odkrywać w nowej przestrzeni swoje bezgranicznie różnorodne drogi. Przecież końcowy etap piątego stopnia ukierunkowany jest na odkrycie nowej przestrzeni świata dla każdego.

Jesteście gotowi? Zatem – w drogę!

Uchylone drzwi do nieskończonego, nieograniczonego świata

Nasz marsz w kierunku energoinformacyjnej sfery życia odbywa się pod znakiem ewolucji jednostki, pod znakiem osiągnięcia już teraz, w praktyce, nowego ewolucyjnego etapu rozwoju człowieka i ludzkości.

Nie bójcie się tak poważnych słów. Wytrzymajcie jeszcze kilka stron tych dygresji. Bez tego mało zrozumiały byłby cel odkrywania w sobie nowego. To dla nas ważne, a ja włożyłem w ten przegląd bardzo wiele wysiłku.

W rzeczywistości chodzi o to, jak osiągnąć szczęście i wolność, czyli to, co jest dla człowieka niezbędne. Każdy człowiek i bliscy mu ludzie powinni żyć w miłości oraz dążyć do radości. By to osiągnąć, warto się potrudzić.

Rzecz nie w tym, żeby wszczepić sobie nowe narządy czy też wyhodować posępnych nadludzi. Bynajmniej.

To byłby głupi pomysł – zmieniać formę, by potem wypełnić ją tą samą treścią. Po co? Mowa o nowej, bardziej bogatej i mniej ograniczonej treści.

Mowa o Umyśle pisanym wielką literą, o Umyśle.

Jednak zaczniemy od ewolucji człowieka jako biologicznego, społecznego gatunku. Ewolucja nie jest tym, czego nie warto by obdarzyć uwagą: jesteśmy częścią gatunku i nie mogą nas nie trwożyć jego perspektywy, ponieważ w ostatecznym rozrachunku w pełnej mierze dotyczą nas samych, każdego z nas.

Poszukamy w ewolucji człowieka miejsca i sensu energoinformacyjnego rozwoju poza granice zakreślone dla niego zbiegiem okoliczności jego historii.

Przecież człowiek jako gatunek jest istotą posiadającą naturę biologiczną, której bezapelacyjnie podporządkowuje się nasze biologiczne ciało. Kształtuje się to ciało pod naciskiem otaczającego środowiska, jest szlifowane przez mechanizmy ewolucyjne, aby bardziej, lepiej i pełniej rozwiązywać zadania, jakie stawia przed nim otaczający nas świat. Nawet w ciągu ostatnich tysięcy lat, w okresie obejmującym rozwój pisma, człowiek (niech będzie, że niewiele, ale jednak) zmienił się sam i istotnie zmienił otaczający go świat. Na przykład pokonał ospę – i w populacji genetycznie odporni na tę chorobę ludzie nie są tak uprzywilejowani jak kiedyś. Zmienił się standard piękna – obecnie na świecie jest mniej kobiet odpowiadających wzorcowi piękna epoki renesansu. Ludzie stali się, choć w niewielkim stopniu, mądrzejsi – przecież każde pokolenie wybiera tych, którzy są lepsi, bardziej zaadaptowani, bardziej nowocześni, tych, którzy odnoszą sukcesy i mają dzieci. Długą drogę przemierzył człowiek od czasów ludzi z Crô-Magnon.

Czy jednak to jest dla nas najważniejsze? Czy dla nas, jako istot myślących, to niekończące się doskonalenie łańcucha kwasu dezoksyrybonukleinowego jest najistotniejsze?

Z pewnością nie. Dla ludzkości też nie jest najważniejsze powstanie idealnego DNA, mamy swoje priorytety. Z DNA w niewielkim stopniu wiąże się to, z czego tak naprawdę jesteśmy dumni: dar mowy, bogactwo wiedzy, zdolność odkrywania, budowanie domów i tworzenie urządzeń, umiejętność znalezienia wyjścia z każdej bez mała sytuacji. Obecnie znamy dokładnie naszą planetę – jej możliwości, zasoby, atmosferę, bogactwa naturalne, wnętrza i oceany, poznaliśmy już naszego najbliższego satelitę – Księżyc i wkrótce przed nami otworzy swe przestrzenie nieprzyjazny Mars. Przecież to wszystko nie jest zasługą DNA.

To wszystko osiągnął człowiek, jego umysł i kultura. DNA nie będzie pomocne w rozwiązaniu kwestii oddychania pod wodą. Człowiek pod wodą oddychać nie może, nie ma skrzeli, ale – nic to. Wymyślił akwalung, skafander nurka, łodzie podwodne. W kosmosie nie ma jak oddychać? Przystosował akwalung ze skafandrem do nowych warunków, i po sprawie. To umysł nami rządzi.

Zgromadzony przez zbiorową świadomość bagaż wiedzy, motywów i nawyków – to istota, sedno DNA ludzkości.

W jaki sposób stworzenie biologiczne, człowiek, przekroczył barierę ograniczeń zafundowanych nam przez biosferę Ziemi? Chłód? Odzież i piece. Głód? Rolnictwo i hydroponika. Wielkie, przerażające zwierzę? Zjemy je z wdzięcznością.

Człowiek kroczy drogą rozumu i okazuje się, że jest w stanie, w ciągu zaledwie kilku dziesięcioleci, wypełnić zadania, na które natura ze swoim bezlitosnym pionowym procesem ewolucyjnym traciła miliony i miliardy lat. A przecież cała historia człowieka rozumnego obejmuje mniej niż 50 tysięcy lat. Miliony lat ptak uczył się fruwać, bracia Wright uporali się z tym w ciągu swojego życia. Biologiczna natura nie wkroczyła w kosmos, uczynił to Jurij Gagarin. Żadna żywa istota naszego świata nie potrafi przemieszczać się z prędkością, którą bez problemu na prostej drodze rozwinie kierowca. Potrzeba nowych właściwości roślin? Proszę bardzo, mamy modyfikację genetyczną. Wszystko, co żyje, czerpie energię ze Słońca? Przypuśćmy, że warzywa, które uprawia człowiek w oświetlonej północnej cieplarni, czerpią energię z całkiem innego źródła, np. z elektrowni jądrowej, a człowiek, jako gatunek, już w mniejszym stopniu zależy od samego Słońca, dawcy życia na planecie. Czyżby niemożliwe było stworzenie duplikatu żywego organizmu? Przecież pierwsze klonowane psy już wydały na świat potomstwo. Postęp wciąż przyśpiesza.

Cała natura, niczym plastelina, dostępna jest ludzkiemu Umysłowi, nie ma w niej ani wielkiej tajemnicy, ani wielkiego zagrożenia. Wkrótce poradzimy sobie z zagadką powstania wszechświata.

Ludzkość kroczy drogą ewolucji umysłu, drogą ewolucji kultury. Można uważać, że etap biologiczny już się zakończył.

Ludzkość stwarza sobie warunki i nadaje kierunek własnej drodze.

Nadzwyczajnie? Po prostu wspaniale!

Pozostał jednak problem, wielki problem dotyczący każdego. Polega tylko na tym, że ewolucja umysłu nie zmienia ogólnych praw ewolucji.

A te można wyrazić prosto: środowisko zewnętrzne, ekologiczna nisza, stawia aktualne warunki, a wszystko co żywe, albo znajduje (możliwe, że na drodze transformacji) stosowny do tych warunków sposób działania, przy którym nic nie traci, a może nawet zyskać, albo – umiera wyparte przez inne gatunki.

I takie zadanie stawia przed gatunkiem Natura, za której przyczyną pojawił się on na tym świecie. Tylko Natura ma możliwość i prawo postawienia takiego zadania, aby obrazowało sens rozwoju, nie kłamliwy, ale prawdziwy, rzeczywisty – odnośnie do wieczności. Niemożliwe jest wymyślenie takiego zadania.

Pełne przystosowanie do niezmieniającej się niszy oznacza bezruch, stagnację i jednocześnie wystawienie się na ciosy – np.: krokodyle setki milionów lat obchodzą się bez jakichkolwiek nowości, ale tylko te zwierzęta człowiekowi najłatwiej ustrzelić. Korzystne przystosowanie to rozprzestrzenienie się w nowych niszach, np.: szczur opanował środowisko zmienione przez człowieka i nawet człowiek nic na to nie poradzi. Może dojść nawet do powstania nowych gatunków kosztem opanowania paralelnych niszy jako wariantu korzystnego przystosowania, przykładem mogą być wilk i pies. Nieprzystosowanie się oznacza wymieranie, tak było np. z mamutami, tygrysami szablozębnymi, dinozaurami czy ogromnymi drapieżnymi ptakami nielotnymi.

Oczywiście to wszystko dzieje się na skalę globalną, ale przecież, drodzy przyjaciele, nie zapominajmy o tym, że wymarłe gatunki to wiele podobnych do siebie oddzielnych istot żywych, żyjących nie całkiem szczęśliwie w nazbyt szybko dla nich zmieniających się warunkach i wymarłych przecież nie na swoje życzenie. Nie wymarł gatunek, ale wszyscy hurmem wymarli – a gdy wszyscy oddzielnie umarli, wymarł gatunek.

Nie chodzi tu o to, że przyleciała asteroida – i nastąpił koniec gatunku, choć tak też może się zdarzyć, ale przecież i bez asteroidy w niebyt odeszła ogromna ilość gatunków (więcej niż podczas wymierania dinozaurów). Nie – z punktu widzenia oddzielnego przedstawiciela gatunku wyglądało to inaczej: jakiś osobnik padł ofiarą drapieżnika, inny nie spotkał się z partnerką w okresie rui, inny porzucił potomstwo, które zamarzło, inny nie znalazł pożywienia, osłabł i zginął... Po prostu życie stało się cięższe, a krucha równowaga istnienia gatunków nie wytrzymała tego.

Tygrys szablozębny jak dawniej ciął ciało zdobyczy, mamut odkopywał roślinki pod śniegiem, dinozaur sięgał górnych gałęzi drzew. Zwierzęta te nie oduczyły się robić tego, co umiały robić najlepiej, ale łańcuch codziennych tragicznych przypadków, brak drobnych zbieżności w czasie spowodował niekorzystne zmiany w życiu. Jakoś przebiedowali jeden wiek, a potem – komuś Bóg dzieci nie dał, a inne porwał wilk...

Przenieśmy teraz te rozważania na człowieka.

Zostawmy już w spokoju gatunek – życie nie do pozazdroszczenia i los nie do pozazdroszczenia przedstawicieli gatunków nieskutecznych w ewolucyjnym rozwoju, niewygrywających wyścigu. To tragedia, której chciałoby się uniknąć.

Co oznacza słowo „nieskuteczny"? Nieposiadający możliwości przystosowania się do zmieniających się wymogów otaczającego środowiska, zagrażający przetrwaniu całego gatunku, niemający możliwości osobiście i prawidłowo odpowiedzieć na pytanie postawione przez naturę.

A teraz pozwólcie, że zapytam: co obecnie jest dla was i dla mnie, jako indywidualnych przedstawicieli gatunku, źródłem kluczowych dla istnienia i ciągłości rodzaju wymogów narzuconych przez „otaczające środowisko" codzienności? Natura – przyroda? Kosmos – wielki i przerażający? Drapieżnik wilk? Szarańcza? Okropna pogoda?

Czy może jednak: zarobki, obywatelstwo, polityczna poprawność, zawód, dom, stres, żądania systemu społecznego?

Wszak to drugie.

Dla człowieka jego otoczenie to stworzony przez niego samego system społeczny. I właśnie w nim trwa ewolucja człowieka, jego zmiany w określonym kierunku. Jakie zadania stawia system społeczny przed człowiekiem, czy jednostka może odpowiedzieć na stawiane przez niego pytania?

Na pierwszy rzut oka wszystko wydaje się stosunkowo proste. W systemie społecznym w charakterze ewolucyjnego motoru występuje wewnątrzgatunkowa walka, w ramach której gatunek ulega wzmocnieniu, doskonali się, wybiera swoich najlepszych przedstawicieli. Nie jest to droga biologiczna, ponieważ biologiczna natura człowieka z powodzeniem korygowana jest przez jego umysł; zaczęła się ewolucja kultury. Jednak wszystko to jest ewolucją wybierającą najlepszych i, być może, pielęgnującą korzystniejsze bohaterskie, wielkie czyny.

Jednak tylko tak się wydaje, ponieważ w rzeczywistości jest nieprawidłowe już u samego źródła.

Wewnątrzgatunkowa, z ewolucyjnego punktu widzenia korzystniejsza walka, zachodzi wewnątrz gatunku, pomiędzy jego przedstawicielami, którzy występują przeciw negatywnemu oddziaływaniu środowiska zewnętrznego, walczą też o pozytywne czynniki ustalone przez to właśnie zewnętrzne środowisko. Walka prowadzi do tego, że bardziej skuteczni lepiej się rozmnażają. Przykładów jest wiele: przywódca wilczego stada i dominujące samce jedzą jako pierwsze, morsy biją się między sobą o kawałek plaży z samicami, żółte pawiany wystawiają do bójki nie samców dominujących, ale młodych (nawiasem mówiąc, czy ktoś pamięta, ile lat mają mężczyźni, gdy wzywa ich armia?)...

Niebezpieczeństwo – pochodzi z zewnątrz, ale źródło dobra, pomyślności – także z zewnątrz. Rezultat? Osobniki bardziej przystosowane do środowiska zewnętrznego, bardziej odpowiadające przyrodzie, jako części wszechświata.

Z systemem społecznym, produktem umysłu, sprawa wygląda całkiem inaczej. Wszystko, co dla umysłu najważniejsze, system społeczny wydobywa ze środowiska zewnętrznego, podobnie jak zwykły gatunek biologiczny. Jednak czerpie z tego i pracuje na to tylko 20 procent ludzi – uprawiają oni zboże i bawełnę, hodują bydło, wydobywają rudę i węgiel, wytapiają stal, produkują maszyny. Czym są zajęci pozostali ludzie?

Pozostali zajmują się dzieleniem ponownie tego, co zdobyto w układzie wzajemnych społecznych stosunków. Robią to wprost – tak jak kormorany zabierają pokarm durniom: „Oddaj, w przeciwnym razie zadziobię”; albo pośrednio: „Żebym ci złowił rozwielitkę, (przecież wszyscy chodzą z wyłowionymi rozwielitkami), przynieś mi w dziobie, odbierz komuś". Źródłem zasobu dla pochłoniętej przez system społeczny jednostki jest nie środowisko zewnętrzne, ale inni członkowie społeczeństwa.

To znacząca różnica.

W takim typie rozwoju miernikiem sukcesu jest odpowiadanie potrzebom systemu społecznego, a nie wymogom wielkiego rozwijającego się świata czy wszechświata.

Przypomnę wieloplemienny system społeczny, wymyślony przez samego człowieka i zaczynający od korzystnego dla wszystkich handlu – wymiany wartości. System stanowi jedyny sposób na otrzymanie przez mieszkańca Islandii wyhodowanych w Panamie bananów, a dla mieszkańców Afryki – to sposób na posiadanie urządzeń elektronicznych. Wymiana jest duszą i krwią złożonej maszyny ludzkiej społeczności.

Należy przy tym wziąć pod uwagę, że własna ekologiczna nisza jest całkowicie zapełniona przez człowieka – świat jest przeludniony i już pojawiły się widoczne tego oznaki, jak głód na obszarze całych krajów, np. w Afryce. Konkurencja wewnątrzgatunkowa w ramach zadań globalnie postawionych przez system społeczny staje się bezprecedensowa.

Nowy etap – to na pozór ewolucja kultury i umysłu.

Dokąd zdąża ewolucja człowieka we współczesnych warunkach? Jakie zadania stawia przed nim jego środowisko zewnętrzne, system społeczny?

Prawdopodobnie już odpowiedzieliśmy na to pytanie – zadania maksymalnego podporządkowania się wymaganiom systemu społecznego. Dobrze.

A jakie zadania stoją przed systemem społecznym – zadania, które wyraża w swoich wymaganiach?

I oto tutaj, drodzy Czytelnicy, razem z całym społeczeństwem zabrnęliśmy w ślepy zaułek. Dlaczego? Ponieważ globalny system społeczny nie posiada globalnych zadań utrzymywania się przy życiu, poszukiwania siebie w już zwyciężonej naturze.

Jak każda maszyna, przystosowanie, system społeczny jest ograniczony samym sobą i samowystarczalny, jest w pewnych granicach efektywny na określonym etapie, ale w warunkach braku nacisku otaczającego środowiska (etap biologiczny ma już za sobą, bezpowrotnie, a ciśnienie wywierane na każdego przez środowiska nie istnieje – dzięki handlowi) główny wektor jego ruchu ukierunkowany jest nie na rozwój czegoś nowego, a tylko na maksymalne samozadowolenie.

Nie będziemy przy tym taić, że ciągotki do tego samozadowolenia dostaliśmy w spadku po naszej biologicznej przeszłości. Więcej jedzenia, więcej władzy, więcej siły, więcej rozrywek, więcej, więcej, więcej tego, co można zjeść, więcej tego, co potrzebne nam samym, więcej tego, co potrzebne dzieciom. Najważniejsze, żeby było więcej. Tak, oczywiście, to nawet jest jakby przyjemne pod względem emocjonalnym, jak kretowi przyjemnie jest siedzieć pod ziemią i przeżuwać robaki; tylko umysł to nie kret ani nie człowiek, jego domem jest cała różnorodność świata.

Umysł ślepo wypełniający utraconą ewolucyjną aktualność, biologiczne zadanie, dokonujący nieprawdopodobnych odkryć w imię celów biologicznych, bezmyślnie działający dla prostego biologicznego zadowolenia, zajęty pustą konsumpcją – faktycznie, jest największym cudem.

Do czego zaprowadzi taka droga, droga naturalnego doboru jednostek, by maksymalnie sprostać wymogom systemu społecznego? Gdzie to światełko w końcu tunelu?

Posiadamy przybliżone wzorce takiego doboru w biologii, dlatego możemy ocenić tendencje. Pszczoły, mrówki, osy, termity – to organizmy społeczne. Badając je, współcześni uczeni skłaniają się ku tezie, że za jednostkę takiego organizmu należy uważać nie mrówkę, ale mrowisko. Ciśnienie środowiska socjalnego otaczającego mrówkę jest tak silne, że przy wystąpieniu niezgodności z nim mrówka ginie, tracąc zdolność orientacji w mrowisku albo przez inne mrówki rozerwana na strzępy. Nie ma prawa do błędu. Mrówka dla mrowiska nie przedstawia żadnej wartości. Połknie ją ptak? Niech połknie. Nie ma jednostek, nie ma indywidualności, jest mrowisko.

Są to przykłady wspaniale ilustrujące możliwości systemu społecznego jako narzędzia. Ogromne możliwości. Społeczne owady, proste niczym mechaniczne maszyny przetrwały w niezmiennym stanie przez setki milionów lat i w ten sposób udowodniły swoje prawo do życia.

Zapewne taka droga nie spodobałaby się żadnemu człowiekowi (jako jednostce) posiadającemu prawo do własnego punktu widzenia na abstrakcyjną biologiczną korzyść i absolutnie niedążącemu do tego, by stać się rozumną śrubką maszyny, dla której sens życia zawiera się w jedzeniu i dbaniu o muskulaturę. To już było w czasie trwania ZSRR: „Plan – to prawo. Jego wypełnienie – to obowiązek! Przekroczenie planu – to honor!" oraz w hitlerowskich Niemczech: „Praca czyni wolnym". Zapłatą za wybór takiej drogi jest utrata siebie.

Wszystko to wiemy, ale to za mało, od samej wiedzy tendencja nie znika.

A to jeszcze nie wszystko. To, co właściwie jest dla nas najgorsze, zawiera się w czymś innym – w tym, że społeczeństwo, w odróżnieniu od mrowiska, jest jedno – jedyne w dostępnym dla nas świecie. Mrowisko leży w objęciach natury rozwijającej się według praw wszechświata i wszystko jest w nim podporządkowane jednemu celowi: najpełniej odpowiadać na zadania postawione przez naturę. Źródło istnienia mrowiska znajduje się w środowisku zewnętrznym, w mrowisku nie ma miejsca na nieuzasadnione wymogami natury działania i związki. Idzie ramię w ramię z planetą i kosmosem.

Jego wibracje w wyższym stopniu odpowiadają wibracji samego wszechświata. Jeśli tak się nie dzieje, mrowisko ginie, a dalej żyją inne mrowiska. Straszna tragedia dla mrówek tego mrowiska jest tylko niewielką stratą dla gatunku i chronionego przez niego dorobku.

Ludzkość natomiast jest tylko jedna, a teraz znajdujemy się w terminalnej fazie ewolucji – globalizacji, po której zaczną dominować takie same „mrówcze" tendencje w całym swym okrucieństwie. Ludzkość już dawno żyje w oderwaniu od natury, choć cele ludzkości jak dawniej sprowadzają się do niekończącej się autostymulacji łańcucha motywacji biologicznej.

Jak szybko natura zada nowe pytanie gatunkowi homo sapiens? Czy gatunek będzie umiał na to pytanie odpowiedzieć, czy też je przegapi i padnie ofiarą zwykłego nieszczęśliwego przypadku, po prostu nie zauważając, że wymiera?

Być może nastanie jeszcze odwilż, odwrót. W historii jest sporo przykładów pokazujących, jak pod naciskiem sąsiadów runęły wspólnoty, które doszły do absurdu; dziczejąc, cofnęły się, dając możliwość zmartwychwstania duchowi ludzkiemu, by znaleźć nowe, zrobić krok naprzód. Jedno tylko budzi poważne obawy – im dalej, tym mniej jest rzeczonych „sąsiadów", a mieszkańcy innych planet – nasi konkurenci, jakoś nie spieszą się, by zawitać do naszego zapomnianego przez Boga galaktycznego kąta. Dlatego prawdopodobieństwo odwilży jest niewielkie, a im dalej, tym mniejsze. A straty w tak kryzysowej „odwilży" są zbyt poważne.

Należy powiedzieć, że bliska jest już chwila ostatecznego zwycięstwa systemu społecznego nad człowiekiem – jest coraz mniej przed tym zabezpieczony, wystawiony na ciosy.

Podkreślmy, że socjalizacja jako sposób przetrwania gatunku to pokonanie tego, co indywidualne, z korzyścią dla wspólnego dobra. Człowiek przywykł do znoszenia różnych wyrzeczeń w imię przyszłych korzyści – jednak do określonej granicy. Przebiega ona tam, gdzie te wyrzeczenia górują nad samotnym utrzymywaniem się przy życiu, a korzyści z takiego sposobu życia jest jeszcze dostatecznie dużo.

I ta granica staje się granicą celowości socjalizacji w przypadku indywidualnej istoty.

Na ile zbliżyliśmy się do tej granicy? Rozsądźcie sami, szanowni Czytelnicy, ja tylko wskazałem nieuchronne tendencje.

Jednak na razie jeszcze nawet nie dotknęliśmy odkrytej przez nas szczególnej cechy ludzkiej wspólnoty – tego, że rozwija się ona w warunkach pokonania zapory otaczającego środowiska, przy braku aktualnego ewolucyjnego celu postawionego przez naturę – w połączeniu z tym, że system społeczny ukierunkowany jest na swoją bezcelowość przez potężny ludzki umysł. Staje się totalitarnym systemem konsumpcyjnym. Grą w podział kieruje umysł. Wykorzystywaniem jednych ludzi przez innych kieruje umysł. Umysł wykorzystuje sam siebie na motywach aktualnych kiedyś biologicznych celów.

Przy istnieniu takiego celu można by to uznać za kooperację. Tak czy inaczej, cała ludzkość trudziła się, by zatrzymać dżumę i ospę, które to choroby wszystkim przecież zagrażały. Krwiobiegiem ludzkości można by nazwać dobrowolną wymianę, handel. Rakiem – wyniesienie na sztandary dążenia do tego, by siłą wyrwać dla siebie jak najwięcej z każdego cudzego osiągnięcia... bezcelowe, konsumpcyjne dążenie. Przy braku końcowego celu, przy braku możliwości zmierzenia dobra, korzyści działania, takie wykorzystanie ludzi dla budowy kolejnej „świetlanej przyszłości", jest niestety pasożytnictwem.

Na czym polega sens społecznego ponownego podziału w imię ponownego podziału? Tylko na tym, żeby każde osiągnięcie wykorzystać nie na potrzeby jednostki, ale dla dobra konsumpcyjnego systemu społecznego. Aby najlepiej nakarmić konsumpcyjne mechanizmy społeczne. Odebrać siłą i nakarmić. Jeść? Daj mi kawałek, w przeciwnym razie zadziobię. Coś dostałeś? Przekaż dalej albo będzie źle. Masz coś nowego? Oddaj, albo stracisz więcej. Konsumpcyjny system społeczny przekształca się w samowystarczalne związki, łańcuchy wzajemnych wymuszeń, które tylko wykorzystują pojedynczych ludzi, choć oni jednocześnie go nie obchodzą. Traci on swoją egzystencjalną wartość dla pojedynczego człowieka – i jednocześnie przekształca się w wartość samą w sobie.

Dokąd prowadzi ta droga?

Do całkowitego ograniczenia indywidualności, do kształtowania każdego człowieka według szablonu, przy czym sens tego wszystkiego zawiera się w przetrwaniu, w zachowaniu tegoż szablonu. Najbardziej przykre jest to, że za sprawą indywidualnego dążenia istot rozumnych do ponownego podziału proces ten jest kierowany przez wspomniany wcześniej umysł.

Co dalej? Samo tylko podwyższenie wymagań, zwiększanie nacisku, zamierzone utrudnienia najprostszych spraw w imię zwycięstwa ponownego podziału – to powstanie przeszkód na drodze do osiągnięć nie ze strony świata, ale ze strony ludzi, którzy po prostu, wykorzystując zasady gry socjalnej, mogą przeszkodzić osiągnięciom.

O prawdziwości tych słów może zaświadczyć każdy, kto budował dom na własnej ziemi. Sama budowa nie jest straszna w porównaniu z wymierzaniem gruntów, zdobywaniem pozwolenia na budowę, z projektem, z przekazaniem budynku, zgromadzeniem wszystkich potrzebnych dokumentów, uiszczeniem podatków...

Jaki jest sens tych wszystkich utrudnień? Co je usprawiedliwia?

Nie bądźcie dziećmi, czyżbyście myśleli, że system społeczny w swej nieskończonej dobroci poważnie troszczy się o to, by Wasz cichy jednopiętrowy domek jednorodzinny, którego konstrukcja sprawdza się przez wieki, nie zawalił się, przynosząc ogromne straty? Oczywiście – nie, jakkolwiek by się to starano zamaskować. W żadnym wypadku, po prostu obowiązuje zasada: jeśli masz – daj. Kup projekt budowy i pozwolenie na nią dwukrotnie droższe niż sama budowa. Nakarm pasożytującą rolę społeczną, która z racji stworzonych przez nią praw systemu może ci przeszkodzić.

Nie można się od tego uwolnić, istniejąc w granicach wielkiej socjalnej maszyny, ponieważ do wyzwolenia dąży indywidualny umysł, a w uwolnieniu się przeszkadza mu wiele umysłów, które też nie mają wyjścia, dla których jedynym źródłem utrzymania jest ta właśnie jednostka, która zrządzeniem losu ma coś, co można „odgryźć".

Czasem nawet sama władza – cześć i chwała takim działaczom – i pomoc każdego z nas dla nich – próbuje zawrócić wspólnoty ku stworzonym przez nie i chroniącym każdego człowieka konstytucjom, rozwinąć nad ludźmi socjalny parasol. Jednak władza, mimo swej władzy, to tylko ludzie, którym przeciwstawia się pożądliwa korupcyjna chciwość, potrzeba pasożytujących milionów, głucha na jęki pożeranego przez nich społeczeństwa przyszłości.

W systemie, który na nic nie jest skierowany, umysł walczy sam z sobą. Walczy nie po to, by się rozwijać, by zapewnić sobie możliwość dalszej drogi. Walczy tylko w celu wypełnienia programu biologicznego, który dawno się zdezaktualizował, gdyż natura nie ma już wyzwań dla umysłu.

Umysł zwycięża umysł, pokonuje sam siebie, bynajmniej nie powodując przy tym rozwoju, a tylko standaryzację indywidualnego umysłu na potrzeby systemu zaczynającego pasożytować na swoim stwórcy, człowieku rozumnym, lekceważąc jego interesy i dążąc do zniszczenia jego wolnej woli. Aby indywidualny umysł człowieka upodobnił się do mechanizmu, do śrubki. Aby zrównać go z materią. By lekceważyć człowieka, pogardzać nim.

Groźne sygnały faktu, że globalne konsumpcyjne społeczeństwo przerosło już samo siebie, niczym lekarstwo, które w nadmiernej dawce staje się trucizną, że zwróciło się przeciw tworzącemu go człowiekowi i zaczęło ograniczać jego wolność, pogarszać warunki życiowe przez swoje egoistyczne interesy (oczywiście jak najbardziej dla dobra samego człowieka!), są powszechne. Gazowane syntetyczne napoje o wątpliwej wartości. Pieniądze z papieru, nie ze złota – to zaplanowana przez machiny państw inflacja, niszcząca oszczędności każdej rodziny. Produkty modyfikowane genetycznie. Azotany. Kiełbasa, w której zawartość mięsa stanowi mniej niż 1/4 objętości, a pozostałe składniki to soja i skrobia. Lekarstwa po horrendalnych cenach. Konieczność posiadania paszportu. NIP. Nagminne podsłuchy rozmów telefonicznych. Totalna obserwacja przez kamery. Śledzenie przemieszczania się.

Mówi się o tym, żeby każdemu z nas wszyć – dla naszego dobra, rzecz jasna – czip, inwentaryzacyjny mikroschemat. Jeszcze by tego brakowało, oczywiście, takie cenne bydełko, źródło zasobów dla całej gamy struktur pasożytujących na jego żywym ciele i ognistej duszy! I jak tu nie osłupieć, zauważając i podliczając to wszystko?

Co prawda nie jest to nowość – przecież to już było: numery inwentaryzacyjne na ręce, włosy do wypychania materacy, złote zęby do skarbca, a skóra na abażury... Czy będzie znowu? Nie wiadomo, ale taka tendencja istnieje. Kiedyś imperium, które oszalało i zwróciło się przeciw wszystkiemu, co ludzkie w człowieku, ocaliły sąsiednie kraje, ale teraz mamy przecież globalizację... czy w przyszłości będą jeszcze jacyś sąsiedzi zdolni wytłumaczyć coś szaleńcowi?

Nie tak dawno, wraz z zakończeniem epoki Juliusza Verne'a, drogi systemu społecznego i indywidualnego człowieka zaczęły się rozchodzić. Nie było już wspólnoty interesów.

Obecnie – jak myślicie, jeśliby odkryto tajemnicę kilkakrotnego przedłużenia życia, czy byłaby dostępna dla wszystkich ludzi, czy też byłaby chroniona, zamknięta na cztery spusty przed niepowołanymi? A jeśliby nagle odkryto niezawodny sposób czytania w myślach, jak szybko wdrożono by go do obowiązkowego sprawdzania lojalności obywateli i skorygowania drogi tych „błądzących", nieprzychylnych władzy?

Sądzę, że odpowiedzi na te pytania są zbędne. Wszystko i bez tego jest oczywiste.

To obraz trochę smutny – przy całej potędze ludzkiego umysłu okazuje się, że jest on sam przez siebie związany tak samo, jak byłby związany wynalazca komputera wydający maszynie polecenie kontrolowania samego siebie.

Im wspanialszy umysł, tym lepszy jest komputer stworzony przez niego i tym większa jest tragedia, tym mniej szans na ponowne wyzwolenie.

Obecnie konsumpcyjne społeczeństwo jest jak ślepiec idący bez celu i prowadzący ludzi, których oślepił.

Jakie są dalsze perspektywy ewolucji człowieka w takich warunkach? Jaka jest droga transformacji jednostki pod takim naciskiem i jaki będzie rezultat tej zmiany? Czy dla człowieka, jakiego znamy, będzie to korzystne?

Dalsze perspektywy konsumpcyjnego systemu społecznego – to postępujące ograniczenie wolności wyboru, wolnej woli i „hodowanie" coraz bardziej standardowych jednostek do wypełniania społecznych ról. Już obecnie indywidualne dążenie będące poza socjalnymi wymogami jest skrajnie utrudnione, blokowane przez konsumpcyjny system, w rezultacie powstaje brak tolerancji względem tego, co indywidualne.

To transformacja do roli śrubki, a nawet nie śrubki, tylko do pozbawionej woli uproszczonej komórki społecznego organizmu żyjącego nie tym, czym żyje komórka, ale funkcjonującego w imię „politycznej poprawności".

Czy jest dobrze? Czy dobrze czują się komórki waszej wątroby, gdy pijecie „nieco” alkoholu podczas towarzyskiego spotkania? Czy słyszycie ich protest?

Niestety, obecnie ewolucja człowieka takiego, jakim go znamy, jest zakończona w odniesieniu do jednostki.

Jego energia praktycznie już się wyczerpała, została wyssana przez system społeczny i przekierowana na cele konsumpcyjnej maszynki do mielenia mięsa. Do głosu doszła, przerastając swojego twórcę, ewolucja systemu, a ewolucyjna nisza człowieka jako istoty indywidualnej została już wypełniona.

Umysł sam siebie wciągnął do procesu ewolucyjnego, w którym będzie ewoluować, wyrzekając się samego siebie.

Dalej zaczyna się zupełnie inna historia, w której indywidualny umysł będzie pozbawiony wolnej woli, nastąpi inwolucja, standaryzacja i brak możliwości jakiejkolwiek zmiany. Ludzie staną się bateryjkami.

Wszystkie wielkie osiągnięcia umysłu w świecie konsumpcji coraz bardziej należą do pozbawionego indywidualności systemu i służą człowiekowi tylko w zakresie celów wyznaczonych przez system społeczny.

Ludzkość może zrobić wiele – jednak dla kogo? Dla człowieka i jego wolności czy po to, by go ostatecznie ujarzmić? Czemu służy zwiększanie stresu poprzez środki masowego przekazu, kto czerpie z tego korzyść – czyż nie ci, którzy pociągają za sznurki? Co kieruje nieświadomymi działaniami masy ludzkiej – miłość i chęć poznania czy chciwość i konsumpcja?

Czy człowiek kiedykolwiek wyrwie się spod tego ucisku? Czy potrafi skierować system na potrzeby człowieka, dla jego dobra? Czy dla niego będzie jeszcze istniał kolejny etap ewolucji? Czy konsumpcjonizm nie zdławi biologicznej natury człowieka poprzez bezlitosne wysysanie z niego energii życiowej, czy go nie zabije? A może po prostu nie starczy już sił na to, by cieszyć się życiem i chęci, by do przygniatającego człowieka świata wprowadzać nowe życie? Ile macie dzieci? Czy zastanawiają się nad sensem życia i nad rozwojem umysłu? Dlaczego w najbardziej przodujących „cywilizowanych" krajach nieuchronnie spada przyrost naturalny?

Przecież na wygórowane żądania systemu człowiek odpowie tak, jak każda żywa istota. Zacznie wymierać, jako gatunek.

Środowisko zewnętrzne w postaci systemu społecznego stworzonego przez człowieka zadało mu takie ewolucyjne pytanie, a pierwszą oczywistą odpowiedzią na nie jest przekazanie inicjatywy jednostki na rzecz systemu społecznego. Polepszenie systemu, nie polepszenie dobra człowieka. Pożegnanie z wolnością jednostki. Zniszczenie człowieka, jako zdolnego do cieszenia się życiem Żywego. Pytanie – w trakcie odpowiedzi na nie szczęście jest nieosiągalne.

I chociaż można się pomylić ze względu na wydające się panować wokół czystość i porządek powstałe w trakcie socjalizacji, to człowiek mający rozum wie, że wewnątrz naszego organizmu środowisko też jest sterylne. Nie ma tam mikrobów, ale brakuje wolnej woli dla indywidualnej komórki, jest za to komfort wąskich ram, bez szansy na rozwój według własnej chęci i woli.

Na ptasiej fermie też jest czysto, wszystkie potrzeby ptaków są zaspokojone, lecz los każdego tuż po wykluciu się z jajka jest zaplanowany, z góry przesądzony.

Nie bez powodu wszystkie religie głoszą, że tylko głupiec poddaje się pokusie życia doczesnego, sprzedając swoją przyszłość, perspektywę wieczności dla duszy za przysłowiową miskę soczewicy. Zresztą ludzie z kręgu z naszych bliskich czy dalszych znajomych tak postępują i chociaż jest nam ich żal, w głębi duszy mamy nadzieję, że rzeczywiście rozumieją, co osiągnęli i co stracili.

Być może kiedyś zastanowią się nad istotą sprawy. Można przecież posiadać, czego tylko dusza zapragnie, tarzać się w luksusach, zabawić się na całego i nie być przy tym zdolnym do odpowiedzi na pytanie: Po co te wszystkie zabawki, czemu służą oprócz rozrywki, poczucia komfortu w czasie tak krótkiego życia? Czy człowiek ogarnia to, co będzie później, czy życie dla niego nie jest możliwością przyszłości, a tylko atrakcją, która kiedyś się skończy, i już? Jeśli sens istnienia człowieka skupia się tylko na doczesnym zadowoleniu w czasie tej krótkiej podróży przez życie, to samo istnienie jest puste – jego sensem jest pustka i rozpacz ukryta za chełpliwością i samochwalstwem.

Chciałoby się mieć nadzieję, że ludzie ci nie staną się ciemiężcami pośród tych, co nakładają na swoich rodaków okowy Golema – pozbawionego duszy mechanizmu nacisku społecznego, demona społeczeństwa konsumpcyjnego.

Nawiasem mówiąc, istnieje bardzo interesująca intelektualna gra: oszacować, kim jesteś w światłocieniu życia społecznego – czy pomagasz innym w rozwoju i byciu bardziej szczęśliwym, czy też pracujesz na swój chleb, zapędzając ludzi wraz z ich energią w imadła nacisku. Czy jesteś po stronie człowieka i jak powinieneś się odnosić do samego siebie. To bardzo interesująca i pouczająca gra.

A przecież należy polepszać jakość życia wszystkich, gdyż największą wartością jest człowiek i jego szczęście.

Porządek, poczucie komfortu, jasność i nic, co by zawstydzało, oznacza, że ktoś już wyznaczył ci tylko jedną – i to nie twoją rolę.

Smutny obrazek.

My wszyscy, zjednoczeni trwogą o przyszłość człowieka, rozmawiamy jednak przecież o sposobach – drogach wyjścia, a nie o ślepych zaułkach ludzkości.

Nasze zadanie polegało na tym, żeby wyraźnie zrozumieć konieczność wyboru kierunku kolejnego ewolucyjnego skoku każdego z nas: albo pożegnanie się z wolnością umysłu poddanego konieczności tworzenia egoistycznej składowej systemu społecznego, albo rozwój indywidualnego człowieka, jego możliwości, w kierunku humanizmu, dla którego człowiek jest sensem i wartością najwyższą.

Każdy człowiek z osobna i cała ludzkość – wszyscy stoimy teraz na rozdrożu.

Czy rzeczywiście konieczny jest dalszy energoinformacyjny rozwój, DEIR?

A jednak, przecież przyjemnie odróżniamy się od prymitywnych komórek tworzących nasze ciała. Posiadamy umysł. I ciągle mamy jeszcze możliwość skierowania go na własny rozwój jako istoty rozumnej. Jeszcze w swoich dążeniach nie do końca zlaliśmy się z mechanicznymi wymogami społecznej maszyny – istoty nieposiadającej ludzkiej natury.

Po upływie kilkudziesięciu lat (przecież rozwój wciąż przyśpiesza) może być już za późno.

DEIR, jak wszystkie inne postępowe instytuty humanistyczne, wciela w życie jedną globalną tendencję – niezbędne dla wszystkich ludzi przejście na ewolucyjnie nowy poziom myślenia i postrzegania świata, narodziny innego sposobu życia – takiego, który przezwycięży impas i nie zapędzi ludzkości wprost w ślepą uliczkę. Wyzwolenie Człowieka Rozumnego.

Pionowa ewolucja gatunku drogą socjalizacji jest ślepą uliczką dla indywidualnego rozwoju, dla indywidualnej uniwersalności i wolności.

Dar rozumu, który posiadamy, nie odnosi się do świata przedmiotów materialnych, przedmiotów podziału socjalnej mechaniki. Zawiera się w sztuce podziału osobistej energii według reguł informacyjnych. Sam dotyczy świata informacyjnego i działa w sferze energoinformacyjnej. To jedyny nasz stan zawierający nadzieję na osobistą przyszłość każdego z nas i naszych potomków. Rozum, umysł – daje nieograniczone możliwości jego posiadaczowi.

Sami dla siebie jesteśmy przede wszystkim naszym Umysłem, świadomym siebie i świata.

Cały świat dla nas – to energia i informacja.

I w tym znajduje się klucz do wyjścia z kręgu pasożytniczych powiązań, ponieważ ledwo człowiek zaczyna zwracać uwagę na energoinformacyjną stronę realności splecioną z aktualnych odczuć i związków, uczy się z nią współistnieć – zaczyna dostrzegać prawdę–sedno i fałsz, uwalnia siebie samego do działań zasadzających się na swojej wolnej woli. Do działań podejmowanych przez siebie samego, w tym kierunku, który nie zmusza do trwonienia energii na nieistotne, niepotrzebne człowiekowi sprawy, w tym kierunku, który prowadzi do indywidualnego sukcesu.

Możemy przejść dalej, niż pozwala na to skierowany sam na siebie system społeczny, możemy nawet wykorzystać społeczne mechanizmy na swoją korzyść – jednak pod pewnym warunkiem.

Oto warunek – nie utracić, nie rozproszyć samego siebie i kroczyć drogą rozszerzenia swoich osobistych możliwości, jako energoinformacyjnej istoty.

W tych warunkach możliwa jest swobodna ewolucyjna droga indywidualnej jednostki, jej rozwój wewnątrz mechanizmu społecznego, prowadzący ją nieskończenie dalej niż wyznaczony przez system społeczny cel; to droga nieniszcząca, a polepszająca korzystną dla każdego człowieka współpracę, dzięki której ludzie pomagają sobie wzajemnie, a nie walczą między sobą.

Przecież można wycinać drzewa w celu sprzedaży drewna, ale można też robić to w celu stworzenia parku – i jedno drugiemu zupełnie nie przeszkadza, te same działania mogą tworzyć nieskończenie różne sensy w jednej i tej samej wspólnocie ludzkiej.

Człowiekowi posiadającemu wiedzę, tworzącemu świat, system społeczny w niczym nie przeszkadza. Odwrotnie, człowiek, będąc wolnym od społecznego zniewolenia duszy, wspólnie z takimi jak i on ludźmi, może osiągnąć więcej dla siebie, odkryć więcej dla innych i przejść dalej, stworzyć wspólnie z innymi twierdzę umysłu wśród powiązań konsumpcyjnego społeczeństwa. Każdy nowy wolny człowiek – to przede wszystkim przyjaciel pomagający odkrywać drogę. Żyj według praw tworzenia i rozwoju, a wszystko będzie dobrze.

Powiem więcej, dzięki temu, że związki społeczne są obecnie nadzwyczaj napięte, przy czym napięcie to dotyczy już opisanego przez nas kierunku niespowodowanego prawdziwym pragnieniem inicjatywy człowieka, droga ta posiada kolosalny potencjał w ubocznym planie osiągnięć społecznych. Nie jest to dziwne – przecież nacisk społeczny na człowieka postrzegającego dalej niż grupa, nie działa, jego postępowanie nie wpisuje się w szablony, nie można go zapędzić do gniazda baterii domu gospodarza, będzie szedł razem z innymi wyłącznie w imię prawdziwych celów, wartościowych dla całego społeczeństwa, a to oznacza, że kroczy prostymi, człowieczymi drogami i łatwiej osiąga cele.

Jednocześnie, nie zwracając uwagi na fakt, że na tej drodze można wiele otrzymać od systemu społecznego, jest to Droga dostępna tylko dla indywidualnego umysłu, na niej każda społeczność jest tylko jedną z nieskończonych możliwych korzystnych form istnienia w ogromnym wspólnym świecie.

Ta Droga, powtórzona przez innych, przeniknęła do kultury i stanowi nowy ewolucyjny etap dla całego gatunku lub jego znaczącej części. Na początku jednak łączy tych, którzy już zrobili krok naprzód.

Daje ona jednostce możliwość samorealizacji, znalezienia sensu w tym życiu i spojrzenia daleko za horyzonty zwykłego człowieka.

Pozwala mu wnieść wkład w rzeczywiste, niekłamane DNA ludzkości, umożliwia wzbogacanie innych swoimi odkryciami i odnalezionymi drogami, dzielenie się swą wolnością i receptami na jej osiągnięcie, pozwala na stanie się w części prawdziwie nieśmiertelnym.

Daje możliwości powiększenia szczęścia i wolności na tym świecie.

Choć, oczywiście, i na tej drodze są trudności.

System społeczny nie jest jakimś strasznym i przerażającym mechanizmem, w sposób despotyczny, bezczelnie i zuchwale tłamszącym wolę człowieka. Stworzyliśmy go sami – by przeżyć. Wiernie nam służył i służy do tej pory, wypełniając zadania, które kiedyś przed nim postawiliśmy. Po prostu od tamtego czasu stworzył własne zadania, które chce zrealizować naszym kosztem. Wiele własnych zadań. Zbyt wiele.

Obecnie, obiektywnie rzecz biorąc, system społeczny jest samowystarczalną grą żywymi żetonami, która pochłania człowieka i pozbawia go szansy na życie własnym życiem, na samodzielne myślenie i na dokonywanie własnych odkryć. Jest coraz mniej możliwości obejrzenia się za siebie i wokół siebie. Wielu to zauważa i rozmawia o tym (pamiętacie, w religii to samo świeckie, gminne, nie pozwala dojrzeć górnego świata), a wyzwolić, uwolnić się od tego mogą tylko jednostki.

Prawdziwa trudność polega na tym, że po stworzeniu przez nas systemu społecznego, on stworzył nasze widzenie świata. Potem umocniliśmy społeczność. Później z kolei ona utrwaliła nasz obraz świata. Potem znów my. Potem – ona. My. Ona.

I okazało się, że obecnie bardzo trudno zorientować się, gdzie realnie znajdują się pasje i dążenia pojedynczego człowieka, gdzie realnie odbija się otaczający człowieka świat, a gdzie wszystko to załamuje się w krzywym zwierciadle systemu – w jego interesach.

Umysł zdolny jest do skierowania swej energii na rozwiązanie swoich zadań. Jednak czy widzi, czy czuje te zadania? A może dawno już czuje tylko to, co dyktuje społeczny rozkaz? Czy widzi świat poza znaczeniami stworzonymi w ramach systemu zawierającego instrukcje zawczasu programujące samo postrzeganie świata?

To pytanie najważniejsze.

A odpowiedzi na nie – brak.

Człowiek i system społeczny bardzo daleko zaszli od tego czasu, gdy dla ich współdziałania wykorzystywano pojęcia w znaczeniach stworzonych przez indywidualne doświadczenia człowieka.

Stopniowo, wiek za wiekiem, tysiąclecie za tysiącleciem, pojęcia wchłaniane przez człowieka w procesie uczenia się mowy, przenikające do niego przez kanały energoinformacyjne z kolektywnej nieświadomości, były wzbogacane o odcienie niezbędne dla przestrzegania interesu struktur społecznych.

Język, suma kolektywnych znaczeń, rządzi człowiekiem.

A przecież pamiętamy, że system społeczny zawiera ogromną ilość pasożytniczych połączeń pracujących wyłącznie dla samych siebie. Nie opartych na realnym świecie, ale właśnie oderwanych od niego.

I te połączenia już dawno zostały utrwalone w pojęciach kulturowych, w znaczeniach samych słów. A takich znaczeń wciąż przybywało i były to znaczenia w istocie opisujące nie realność, lecz pustkę.

System społeczny pozwala trwać pasożytniczym związkom, ściągając energię człowieka nie ku czemuś realnemu, ale ku czemuś nieistniejącemu, do mitu, którego przeznaczeniem jest podtrzymywanie tych związków – egoistycznej idei w kolektywnej nieświadomości, groteskowych odbić dążeń człowieka.

Tak tworzą się egregory – energoinformacyjne pasożyty obdarzające najprostsze rzeczy o najbardziej ograniczonej przydatności dla człowieka – podobieństwem życia pozwalającym im na kontrolowanie nieświadomych bodźców człowieka i tym samym na zawładnięcie umysłami ludzi.

Nie ma w tym nic dziwnego – aby najpełniej się zabezpieczyć, konsumpcyjny system wręcz musi „sprzedawać” człowiekowi rzeczy nieistniejące w rzeczywistości, ale za to przykuwające jego uwagę. Każdy człowiek ma pragnienia, nadzieje, duszę – wszyscy ludzie są jednakowo bezcenni, ale wokół każdego człowieka wciąż powstają warunki do złapania kogoś w sieć. Nie wszyscy przechodzą dalej, są niczym nowo narodzone morskie żółwiki pierwszy raz w życiu przemierzające plażę, na której czyhają stworzenia stanowiące dla nich śmiertelne niebezpieczeństwo. Niestety, właśnie tak rzecz ma się z umysłem ludzkiej istoty i egregorialną pajęczyną.

Każde ludzkie działanie składa się z tego, czego właśnie dokonuje człowiek – i co za to dostaje sam dla siebie, w swoim wnętrzu, co mu to daje dla jego wewnętrznego świata. Dla systemu konsumpcyjnego nie jest to ważne, jemu jest tylko potrzebne działanie człowieka. Dąży do zapłaty za to działanie fałszywą monetą, nieprawdziwe zadowolenie za nieprawdziwe pragnienia. Wodzić na pokuszenie, nabić na niezauważalnie podany przez siebie haczyk i wykorzystać, póki ofiara się nie opamięta.

Dlatego tak bojaźliwie kuszące, wszechobecne jest marzenie człowieka o prawdziwym, spokojnym życiu i jednocześnie tak nieosiągalne dla ogromnej większości, niczym prawdziwa miłość lub daleka gwiazda. Trudno odnaleźć to, co prawdziwe, w teatrze podróbek.

Są tu nacjonalistyczne idee, wymyśleni bogowie, moda i jeszcze wiele, wiele innych rzeczy umożliwiających konsumpcyjnemu społeczeństwu kreowanie wciąż nowych wzorców tak motywowanych ze szkodą dla ludzi, pracujących za strawę i puste obietnice wygodnych dojnych krów: „homo glamurikus”, „homo nabożnikus”, „homo sowietikus”, „homo dysydentikus”, „homo hurapatriotikus”, „homo elektoratikus”, „homo politikus”, „homo karierikus” itd. ...wszystko to, co zawiera się w objawionych przez tłum oczekiwaniach i błądzeniach, i co umożliwia podporządkowanie sobie indywidualnej psychiki na poziomie podświadomości. Wszystko to, co czyni człowieka sterowalnym – nie dla jego potrzeb, z pominięciem jego woli.

Wyzwolenie od wpływu egregorów można osiągnąć stosunkowo łatwo i już samo uwolnienie przynosi człowiekowi natychmiastowe korzyści – nie musi już więcej tracić energii i angażować swoich myśli do obsługiwania pasożytniczych połączeń. Jego siła prowadzi do osiągnięć. Nawiasem mówiąc, to tematyka pierwszego stopnia i nie będziemy skupiać teraz na niej uwagi.

Dla nas obecnie ważniejsze jest co innego. Od wpływu egregora nietrudno się uwolnić i można to zrobić stosunkowo szybko, jednak o wiele trudniej wyzwolić się od wdrażanego na poziomie „podświadomości" ograniczonego, nakazanego, narzuconego poglądu na rzeczywistość stworzoną za pomocą pojęć przez egoistyczny system społeczny.

Nie istnieje mechanizm pozwalający na wydobycie skądś pojęć, nie ma absolutnej biblioteki pojęć. Nowe, skorygowane, użyteczne dla jednostki znaczenia można wypracować tylko w czasie życia, zgromadzić wyłącznie poprzez osobiste doświadczenie, poprzez pracę, życie, metodą prób i błędów.

To droga wymagająca męstwa, ruchu, czasu i konsekwentnego zmierzania do celu.

Ceną poznania świata i siebie jest życie spędzone na poznaniu, na wiedzy.

Jednak tylko mozolnie zebrana wiedza całego życia pozwoli potem na krok naprzód, czyż nie?

Co ukaże się przed oczyma człowieka nowego ewolucyjnego etapu, potrafiącego obiektywnie spojrzeć na świat, widzącego ogromny świat między wersami, które odczytuje, nie korzystając z zaaranżowanego filtru egregorialnie uwarunkowanych znaczeń?

Istnieje mnóstwo wspaniałych opisów tego Wielkiego Świata, stworzonych przez mistyków, filozofów, adeptów zachodnich i wschodnich nauk, jednak wszystkie te opisy przypominają głos wołającego na puszczy. Są to opisy bezpośrednie, napisane „otwartym" tekstem, ale ich treści uważane są za ukryte, ponieważ nie zobaczy ich ten, kto nigdy nie dostrzegł Wielkiego Świata. Mają oczy, ale nie widzą. Sami możecie się na ten temat wypowiedzieć, ponieważ w ciągu tego czasu, który poświęciliście na energoinformacyjny rozwój, niemało filozoficznych i religijnych tekstów odkryło przed wami swą głębię.

Tao, które można wyrazić słowami, nie jest prawdziwym Tao. Wszystkie słowa tutaj, niestety, nie przekażą prawdy komuś bez stosownego doświadczenia, przede wszystkim dlatego, że w pozaspołecznych warstwach świata każdy człowiek zobaczy to, czego szuka właśnie on i osiągnie to tym bardziej, im bardziej to dojrzy, przejrzy, odgadnie. Sam. To jego doświadczenie, jego wolność.

To ta efektywność i ten wolny świat, które zależą tylko od niego. To wolność pozbawiona ograniczeń systemu społecznego, biologicznego ciała i rutynowej formy, wolność ograniczona wyłącznie możliwościami umysłu – a on, podobnie jak świat, nie ma granic.

Człowiek może nawet zrobić tak, by sensem jego życia stała się pomoc innym na drodze energoinformacyjnego rozwoju, ale jego rola zawsze będzie polegała na stworzeniu warunków, w ramach których człowiek wypracuje własne doświadczenie i spojrzy na Wielki Świat swoimi własnymi oczyma.

Dlatego w opisach Wielkiego Świata dominuje metafora i parabola.

My także spróbujemy posłużyć się analogią.

Wyobraźcie sobie ogromną otwartą przestrzeń, całą planetę w centrum całego wszechświata.

Tam w niebiosach są gwiazdy, tam na Ziemi różnorodne zwierzęta, rzeki, morza, bogowie, cuda, tajemnice wiecznego życia, lotu, brak odległości, odkrycia i objawienia, wszystko jak w tyglu wszystkich możliwości wszechświata.

W środku niekończącej się przestrzeni tego świata, równiny otoczonej Wszystkim, jest rzuconych kilka rzeźb, makiet, stoisk, a między nimi, w ślad za przewodnikiem po wydeptanej ścieżce przedziera się korowód ludzi.

– Spójrzcie, oto bóg – mówi przewodnik, wskazując na jakąś kukłę z papier mâché. – Został wynaleziony przez miejscową wspólnotę adoratorów.

– Oto prawdziwa droga naprzód – pokazuje na ścieżkę. – A oto wielka rzeka – i wskazuje na malutki strumyczek między dwiema kałużami. – W niej zamieszkuje elitarna ryba – karaś. – Oto sens życia – tu wskazał na jakąś abstrakcyjną rzecz. – To potrzebne jest wszystkim, wam też, zapamiętajcie to. – Oto Słońce i gwiazdy – wskazał na przyćmione światło jakiejś lampy w otoczeniu zakurzonych błyskotek. – Oto prawdziwa wiedza – w pyle widać krzywo nakreśloną parę cyfr... – Oto jedyny sposób zdobycia pożywienia – i pokazuje kramik z niemożliwym do odczytania logo firmy... – Oto prawda... ocean... sprawiedliwość... śmierć... oświecenie... miłość... szczęście... Przed wycieczką stoi jeszcze dużo abstrakcyjnych figurek, plakatów i niekształtnych kukieł.

A wszyscy ludzie mają okulary pozwalające im widzieć z całej złożoności świata tylko tę ekspozycję. Przewodnik też nosi takie okulary.

Co zobaczą po zdjęciu okularów?

Zobaczą Słońce i Gwiazdy, i Ziemię, i Umysł, i Oceany, i Tajemnicę, i Sensy.

Świat wszystkich nieograniczonych osiągnięć dla ciała i ducha.

I, wskazawszy palcem na łańcuch wycieczkowiczów, uśmiechną się mądrze i powiedzą: – Oto system społeczny i świat ludzkich iluzji.

I będą mieć rację co do swojej wiedzy i wolności w rdzeniu realnego świata, niepotrzebującego ograniczonych opisów. I mogą, jeśli zechcą, pomóc każdemu z ludzi w okularach, tak naprawdę, nie mamiąc ich imitacjami, i będą mogli torować swoją Drogę w stronę granic wiecznego nieskończonego świata.

Jest to rezultat dalszego energoinformacyjnego rozwoju Człowieka. Sam proces opanowania nawyków DEIR jest tylko etapem przejściowym, to zdjęcie okularów tworzących iluzje; w procesie tym każdy odkrywa świat sam.

Zresztą, Przyjaciele, przecież wszystko to odczuliście już na własnej skórze.

Drzwi do niekończącego się świata są wpółotwarte dzięki ludzkiemu umysłowi, a my, z woli losu, stojąc na ewolucyjnym rozwidleniu dróg, wciąż szerzej otwieramy dla siebie przestrzenie tego ogromnego nowego świata.

Świat, kroki Umysłu i pierwsze stopnie

Dla siebie samego człowiek – to przede wszystkim umysł. Nie, nie chodzi o zwykłą matematyczną funkcję: „umysł”, ale o wszystko, co znajduje się pod naszą czaszką i spogląda na zewnątrz poprzez oczy, duch, duszę, pamięć, myśl, zmysły, wszystko razem, wszystko to, co lubi, myśli, pragnie, żyje, co ma nadzieję, co czuje i cieszy się z tego, co przeżywa. Jesteśmy tym, co czujemy za pomocą zadziwiającego mechanizmu umysłu, mającego energoinformacyjną naturę.

Można powiedzieć, że jesteśmy informacją kierującą energią, która odczuwa swoje ukierunkowanie przez informację, przeżywa samą siebie we wzajemnym oddziaływaniu ze światem wokół nas.

Przy tym nawet nasz materialny nosiciel – mózg, wyposażony we wspaniale rozwinięte narządy zmysłów i dar mowy, i jeszcze: ręce, nogi i inne materialne „narzędzia", np. dowód osobisty, portfel, umowę o pracę – to wszystko, można powiedzieć, jest dla nas drugorzędne w stosunku do naszego umysłu. My, istoty rozumne i czujące, istniejemy tam, gdzie jest energia i informacja, gdzie jest przeżywanie, środowisko energoinformacyjne – to jest nasz dom i dlatego możemy więcej, niż potrafi nasze fizyczne ciało.

Dlatego możemy widzieć aurę i czuć biopole, potrafimy odczuć człowieka na innym kontynencie, przekazać innym myśli i nastrój, wpływać na prawdopodobieństwo zdarzeń. To wszystko można osiągnąć dzięki zwykłym i jednocześnie wspaniałym metodom, dzięki którym umysł oddziałuje na własny mózg i pomaga mu tworzyć myśli – nowe, niebędące w sprzeczności ze sobą pod względem informacyjnym. Możemy myśleć i rozwijać się.

Od dnia narodzin aż do śmierci, w każdej obecnej i przyszłej chwili dążymy do jednego – by poczuć i poznać, przeżyć nowe i stworzyć możliwości nowego czarownego przeżywania.

Umysł, rozwijając się, poznaje świat – na tym polega nasza istota, sens naszego ruchu.

Całe nasze życie i osiągnięcia – to rozwój i poznanie. Radości, smutki, odkrycia, wesela i narodziny, podróże, znajomości, dokonania – wszystko to jest wpisane w przeżycia, w kroki rozwoju umysłu i poznanie umysłem oddziałującego z nim świata.

Gdy stawiamy przed sobą jakiś cel, i gdy go osiągamy, np. nawet taki zwykły bytowy cel, jak: zapewnienie sobie i swoim bliskim przyzwoitego poziomu życia i godziwych (ach, ileż mieści się w tym słowie! A przecież główny sens słowa oznacza tylko to, że te warunki satysfakcjonują naszą myśl zrodzoną z naszej woli, naszej energii w informacyjnym labiryncie doświadczenia) warunków przeżycia – nie robimy nic innego, tylko kierujemy swoją własną energię ciała i duszy za pomocą informacyjnych zmiennych, działamy dzięki tej energii wśród danych nam informacyjnych wielkości, dopóki informacyjny rysunek świata nie staje się takim, jaki odpowiada naszemu projektowi.

Przeżywamy to – żyjemy pośród energii i informacji, które są dla nas całym światem. Nie ma różnicy, czy korzystamy z rąk, mózgu, reguł matematycznych, czy wykorzystujemy mechanizmy czy pola – wszystkie te działania są tym samym – kierowaniem strumieniem energii w informacyjnym korytarzu.

Zaczyna się to praktycznie z niczego, od najpierwszego działania – naszej myśli – pierwszej kropli naszej osobistej energii w tej kaskadzie działań.

Jesteśmy czymś zrodzonym przez mechanizm naszego umysłu i wyprowadzonym przez niego na powierzchnię, tym, co może korzystać z metod energoinformacyjnych, ponieważ posiada energoinformacyjną naturę.

Dla nas świat niekoniecznie musi posiadać te mechanizmy, które składają się na niego w rzeczywistości. Weźmy np. grę komputerową – strzelaninę. Oto atakuje nas potwór... Oczywiście, doskonale rozumiemy, że żadnego potwora nie ma, że to tylko oddziaływanie złożonych poziomów informacyjnego środowiska komputera, że istnieje pożądany rezultat przewidziany w grze itd. ...Jednak gra nie „pracowałaby" dla nas tak, gdybyśmy podeszli do niej w taki sposób, że nic by nam się nie udawało. Dlatego po prostu tylko naprowadzamy kursor (jego położenie w wirtualnym środowisku też jest osobnym przypadkiem rozwiązania złożonego równania) i naciskamy przycisk, „spuszczając z łańcucha" przygotowane równania kanonady.

Oddziałujemy z grą poprzez iluzję, kombinacyjny obraz w określonym środowisku oddziaływania dwóch energoinformacyjnych systemów, ale nikt nie twierdzi, że to nie wywołuje naszego zadowolenia i że nie wygrywamy, choć śmierć potwora jest tylko wytarciem, rozładowaniem kilku komórek w operacyjnej pamięci komputera.

Najważniejsze, że w określonym środowisku nasze informacyjno-energetyczne oddziaływanie z komputerem było regulowane. Właśnie w taki sposób umysł współdziała z naszym mózgiem, a ten – z naszym światem. Tam, gdzie w odpowiedzi na sygnał dochodzący przez kilka kanałów rozgrywa się bardzo złożona partytura zgodnych połączonych działań neuronów, strumieni adrenaliny, wichru wapnia i potasu, obłoków neuromediatorów, dalekich sygnałów jąder nerwowych – umysł widzi tylko przybliżający się autobus, do którego wchodzi, nie mędrkując chytrze, akuratnie stawiając nogę na stopniu.

Dlatego umysł człowieka, człowiek dla samego siebie, będąc istotą energoinformacyjną, żyje w świecie energoinformacyjnym, oddziałując z energią i informacją na określonym przecięciu połączeń przyczynowo-skutkowych. To miejsce nie gorsze od innych. Ciało człowieka to także energia i informacja świata, tylko spleciona w molekuły i substancje na znacznie pojemniejszym poziomie energetycznym niż umysł, odnoszący się tylko do ruchu tego energoinformacyjnego kompleksu.

Dlatego w celu stworzenia modelów i praktyk posługujemy się tym obrazem i tą fenomenologią, które są dostępne każdemu umysłowi z jego miejsca istnienia w subiektywnym świecie i z którymi może on oddziaływać bezpośrednio za pomocą uwagi i woli, aktywując dalsze kaskady reakcji w energoinformacyjnym środowisku mózgu, ciała oraz w otaczającym środowisku.

Teraz, Szanowni Czytelnicy, gdy opanowaliście już materiał poprzednich stopni, wszystko to stało się jasne.

Myślę, że dokładnie tak samo jasne jest, że wszystko, cokolwiek byśmy robili, sprowadza się do zmiany energoinformacyjnego rysunku świata – czy byłoby to wydobywanie bogactw naturalnych, napisanie książki czy budowa domu.

System społeczny jest wielkim tworem Człowieka. Nie w sensie: och, teraz musimy w geście modlitwy składać ręce ku niebu i wychwalać istniejący obecnie porządek opierający się w większej części na ludożerczym stosunku człowieka do człowieka; porządek oczywiście mógłby być lepszy, chodzi jednak o to, że system społeczny, jego egregorialny świat, sfera kolektywnej świadomości jest tym, co powoduje, że człowiek jest człowiekiem.

To wielkie energoinformacyjne środowisko indywidualnie żyjące w każdym z nas, ale zbudowane przez tysiące pokoleń.

A my, każdy w swoim wnętrzu – jesteśmy tylko samoświadomością, która za pomocą swej energii wykłada ścieżkę z cegiełek – informacyjnych zmiennych przyjętych przez nas z kolektywnej świadomości; wykłada ją tak, żeby informacyjny rysunek ułożył się zgodnie z naszym życzeniem. Chyba że czasami przyjdzie poprawić jedną czy dwie cegiełki.

Bez tego środowiska człowiek byłby tylko zwierzęciem, teoretycznie zdolnym do myślenia. Nie człowiekiem rozumnym, a zwierzęciem potencjalnie rozumnym. Nawiasem mówiąc, to już udowodniono w pewnym nieludzkim historycznym doświadczeniu – w XII w. padyszach Akbar rozmyślnie „hodował" około siedemdziesięciorga dzieci różnych nacji, odebranych w młodości nałożnicom. Trzymał dzieci w oddzielnych pokojach wspaniałego pałacu, a dopuszczał do nich tylko głuchego sługę, który je karmił.

Może padyszach chciał stworzyć idealnych wojowników – sądził, że w dzieciach dzięki mistycznej opatrzności rozwinie się umysł nieskażony nienawiścią innych, ten umysł powstały od iskry bożej, któremu (i tylko jemu) dzieci pozostaną wierne. Jednak zamiast tego otrzymał nieprzystosowanych do życia idiotów – gdy do pokoju dzieci po siedmiu latach przyszli ludzie, zobaczyli istoty bardziej prymitywne niż zwierzęta. Dzieci nie potrafiły nawet chodzić.

Energoinformacyjne środowisko, zestawy znaczeń niezbędne do myślenia, wszystko to, co wchłaniamy z kolektywnej świadomości, częściowo przez doświadczenie, częściowo przez kanały płciowe – nic z tego nie przeniknęło do dzieci. To miejsce w żywych istotach, w którym powinna była zamieszkać dusza, pozostało puste. Wszystkie dzieci biorące udział w eksperymencie wkrótce umarły. Boski cud nie nastąpił.

Nasze ciała są tylko nosicielami umysłu, a sam umysł – to drobinki doświadczenia miliardów ludzi żyjących przed nami, zawierające się w języku, doświadczeniu, stosunkach, egregorialnych wpływach; to nieprawdopodobnie wielki i głęboki kompleks zamieszkujących nasz mózg informacyjnych zmiennych, z których, niczym z różnokolorowych drobin piasku, z pomocą energii naszego żywego ciała budujemy całe piękno naszego wewnętrznego świata, jego przeżywanie, pragnienia i myśli.

Ludzkie ciało bez tego ożywczego przenikania jest puste i gorzej przystosowane do życia niż zwierzę.

To znajdujący się w nas pierwszy i centralny mechanizm, maszyna sensów umożliwiająca maleńkiej samoświadomości żywego realizowanie się, spełnianie się w tym, co dumnie nazywamy „ja".

System społeczny to mechanizm kolektywnego myślenia człowieka. Jego motorem jest każdy oddzielny człowiek. Został stworzony przez człowieka i dla realizacji człowieka.

Myślenie, jak wiadomo, przebiega drogą prób i błędów. Prawdziwe drogi kolektywnego myślenia odkrywają konkretni ludzie poprzez swój rozwój osobisty, przechodząc odrobinę dalej niż podpowiadała zbiorowa świadomość.

Zbiorowa świadomość może mylić się co do linii rozwoju samej siebie. Próby i błędy. Dla człowieka przejawia się to tym, że otaczające go środowisko nie podoba mu się, nie zadowala go, nie satysfakcjonuje, odrywa od prawdziwych pragnień. Wtedy następuje konieczność indywidualnego rozwoju.

Rozwój – to przerastanie warunków, walka odkrywająca nowe drogi.

Za każdym razem gdy stawiamy przed sobą osobiste zadanie, do zbiorowego umysłu wprowadzamy odrobinkę nowego. Każda myśl, każde działanie – to rozwój.

Czasami ten krok w rozwoju jest mały. Na przykład: nauczyliśmy się uprawiać bardzo smaczny koper. To też jest osiągnięcie. Niechby to przekonanie, że brakuje nam smacznego kopru, miało niewielkie społeczne znaczenie, ale rezultat też nie jest globalny. I następstwa takiego kroku też są niewielkie.

Czasami krok bywa bardzo duży, np.: gdy ktoś nauczy się przekazywać słowa w postaci pisma. To wielkie osiągnięcie, wypełniające dużą lukę zbiorowego myślenia. Następstwa ogromnego kroku są niczym lawina – jak strumień dóbr z rogu obfitości.

Czasami błędy w zbiorowym myśleniu istot rozumnych bywają gigantyczne. Największy ze znanych nam zdarzył się najprawdopodobniej w czasach neandertalczyków. Jakiś czas istnieli razem z ludźmi. Możliwe, że mieli wspólne potomstwo. Ich broń niczym nie różniła się od broni człowieka, a czasami nawet ją przewyższała. Posługiwali się mową. Handlowali z mieszkańcami oddalonych obszarów. Polowali i łowili ryby. Grzebali zmarłych. Tworzyli prymitywne przedmioty kultury. Rysowali. Jednak teraz już ich nie ma.

Pośród nich nie było nikogo, kto wykonałby krok w swoim rozwoju, pozwalający ich kolektywnej świadomości na dalszy rozwój. A przecież w historii była taka chwila, gdy to, co działo się z nimi, przestało odpowiadać pragnieniom, najpierw tworzyło niewielkie błędy, a potem już bardzo przeszkadzało w życiu każdego z nich, a więc i wszystkim razem. Jeśli znaleźliby sposób pokonania tego ograniczenia – wszystko ułożyłoby się inaczej. Jednak nie, nie zdarzyło się tak. Ten gatunek istot rozumnych pozostał w tyle i wymarł.

Jednak nie będziemy poświęcać już czasu na omówienie losów naszych nieszczęsnych krewnych. To dawne dzieje. Wspomnieliśmy je, by zauważyć, że błąd zbiorowego umysłu może przynieść fatalne skutki.

Dla nas obecnie najważniejsza jest świadomość, że kiedy powstaje błąd zbiorowego umysłu, jego ewolucyjna ślepa uliczka w stosunku do samego siebie, to taki błąd przejawia się trudnościami w realizacji szczerych pragnień każdego człowieka, ucieczką od sensu życia w niepowodzenia i choroby. Co jeszcze jest ważne?

Gdy takie przejawy staną się powszechne, oznaczać będą jedno – błąd globalny.

Jeśli te przejawy zaczną się nasilać – będą oznaką tego, że nastał czas kolejnego ewolucyjnego kroku dla umysłu, a krok ten dokonywać się będzie pod nowym kątem widzenia.

Najpierw ten krok wykonuje jedna osoba lub tylko kilka osób, a potem staje się udziałem wszystkich, którzy do tego są zdolni.

Jeśli krok został wykonany we właściwym kierunku, jego rezultaty dla istoty rozumnej są korzystne we wszystkich aspektach życia osobistego. Otwiera nową, szeroką drogę.

Już dawno zapoczątkowaliśmy wspólnie opanowanie pierwszego stopnia dalszego rozwoju energoinformacyjnego.

Już wtedy mówiliśmy, że nowy ewolucyjny krok ludzkości będzie miał miejsce właśnie w sferze energoinformacyjnej, ponieważ tylko ona stanowi środowisko dla dalszego rozwoju umysłu. Nie technika, nie produkcja, nie komputery, a tylko umysł człowieka i jego nieodłączne możliwości mogą zaprowadzić nas na nowy etap.

Oczywiście celem naszego pierwszego stopnia było pokonanie ograniczeń, przede wszystkim ograniczeń myślenia, narzucanych człowiekowi przez środowisko społeczne. Tak, to środowisko wyuczyło nas i wychowało, ale jego egregorialne oddziaływanie zbyt daleko odwodzi człowieka od samego siebie i właśnie ten egregorialny wpływ wciąż zwiększa nacisk na człowieka, próbując przekształcić go w niewolnika, w niemą komórkę. To rzecz jasna jest główny błąd ewolucji współczesnego systemu społecznego.

Jednak istniał sposób wyłączenia tego negatywnego nacisku egregorialnego środowiska i ten sposób legł u podstaw początku kursu nawyków DEIR. To ten sam sposób, który opracowała nasza grupa na zamówienie struktur nacisku społecznego; sposób okazał się niewykorzystany do dławienia społecznego, ponieważ w praktyce umożliwiał jednostce stanie się wolną od przygniatających sugestii egoistycznego systemu.

Ten sposób – to tzw. otoczka. Pozwala na blokowanie energoinformacyjnego wpływu nieodpowiadającego prawdziwym pragnieniom jednostki. Pracuje bez udziału świadomości (to nie mistyczna tajemnica – to po prostu odruchowe odgrodzenie wypaczenia świata wewnętrznego) – jakby czarodziejskim sposobem do człowieka nie przyklejają się pojęcia i oczekiwania tłamszące jego prawdziwe, wolne dążenia do rozwoju i poznania. Znika to, co przeszkadza w skierowaniu energii życia człowieka na sens swojego istnienia, jako rozumnego elementu wszechświata – otoczka blokuje przygniatające oddziaływania wciągające człowieka w istniejące dla samych siebie, w pozbawione sensu gospodarskie interesy – w sprawy, niezależnie od tego, jak by się nazywały i pod przykrywką jakich idei by występowały.

Człowiek chroniony przed negatywnym oddziaływaniem zewnętrznym czuje, jakby znalazł się w innym świecie – przecież wokół nas obecne jest także to, co tłamsi prawdziwe pragnienia, i to, co pomaga w ich realizacji. To, co tłamsi, jest blokowane, świat staje się przychylny i przyjazny we wszystkich swoich, nawet małych, przejawach. Chronieni ludzie poruszają się wśród innych ludzi, postrzegając świat inaczej, i słońce jest dla nich jaśniejsze, a możliwości ruchu i poznania – nieograniczone. Żyją w tej części świata, która jest dobra dla człowieka, i komunikują się z tymi, którzy tak jak oni, widzą więcej – ponad ukryte przyczyny świata. Zresztą, macie już na ten temat swoje zdanie.

Potem – cokolwiek by was zachwyciło, jakąkolwiek drogę byście wybrali – sami wiecie, że odnalezionej wolności już nie utracicie, w przeciwnym razie (a nie może być tak, żebyście z braku ostrożności nigdy nie wplątali się w egregorialne oddziaływania) byłoby źle; bez ochrony przed egoistycznym egregorialnym oddziaływaniem od razu następuje nieumyślne, mimowolne łudzenie się tym, co kłamliwe i iluzoryczne, i powstaje wir nieszczęśliwych zdarzeń. Wystarczy jednak odbudować ochronę – i świat znowu staje się taki, jaki powinien być w stosunku do człowieka.

Pod względem ewolucji jest to zupełnie inne postrzeganie świata i sposób oddziaływania ze światem.

To główny krok.

Jednak w celu stworzenia otoczki – nie można przecież podarować umiejętności, zatem otoczkę energoinformacyjną człowiek musi stworzyć sobie sam – musieliśmy przyswoić sobie wiele technik psychoenergetycznych i energoinformacyjnych.

Często nazywane są one „bioenergetycznymi" lub „ekstrasensorowymi – ponadzmysłowymi" – te nazwy raczej znają Czytelnicy, niedoświadczonemu człowiekowi wydają się one takie czarodziejskie. Jednak nazwy te zupełnie nie oddają istoty rzeczy, a nawet wprowadzają w błąd, ponieważ w rzeczywistości wszystkie tak zwane zdolności ponadzmysłowe nie opierają się na wykorzystaniu jakiejś tajemniczej, mistycznej energii i tajemnej władzy dostępnej wyjątkowym przedstawicielom ludzkości (co rzecz jasna w charakterze legend wykorzystują sprzedawcy usług magicznych i religijnych), a bazują na dokładnej, „wykwalifikowanej" umiejętności każdego człowieka do wykorzystania otaczającego jego umysł oceanu kanałów energoinformacyjnych, w których jest każda energia – poczynając od tej zamkniętej w słowie, a na energii kinetycznej kończąc. Możliwości technik psychoenergetycznych są rzeczywiście nie do przecenienia, jeśli chodzi o perspektywy wykorzystania ich przez człowieka.

Pomyślcie tylko, pomyślcie naprawdę (przeznaczcie choćby pięć minut na zadumę nad tym ustępem) – umysł swą większą częścią przebywa w świecie energoinformacyjnym, ciało jest dla niego ujawnieniem się w świecie materialnym i ten świat całkowicie zależy od wpływu społecznej iluzji, jest skupiony tylko na materialnym aspekcie dzielonych dóbr społecznych. A na usługach tego, kto przyswoił sobie energoinformacyjny świat w pełni, okazuje się pozostawać ogromny obszar wszechświata posiadający taką samą naturę energoinformacyjną jak mózg; obszar większy niewyobrażalną ilość razy i pierwotny w stosunku do wszystkich, dowolnych zdarzeń.

Umysł posiadający umiejętność samorozwoju może budować sam siebie, kierować swoją energią i kierunkiem własnej zmiany, jest zdolny do zmniejszania się i zwiększania, do transformacji, istnienia – jak długo zechce – na dowolnych stopniach energoinformacyjnych, jest swobodny jak energia w wiecznych i nieskończonych przestrzeniach wszechświata. Chcecie nieśmiertelności? Oto ona, nie ma potrzeby wdawać się w mistykę – umysł wcześniej czy później osiągnie nieśmiertelność – gdy stanie się wolnym Umysłem, ożywiającym dowolną materię.

Na pierwszym stopniu odkryliśmy dla siebie świat wzajemnych energoinformacyjnych oddziaływań i stworzyliśmy w nim dla siebie filtr – otoczkę umożliwiającą wzajemne oddziaływanie ze sprzyjającą człowiekowi częścią energoinformacyjnego świata oraz odgradzającą nas od destrukcyjnych wpływów.

Teraz dosłownie kilka słów o tym, co przerobiliśmy (wszystko zostało opisane w książce „Wyzwolenie"). Na program pierwszego stopnia składało się, po pierwsze – opanowanie dotykowych i wizualnych percepcji projekcji sensorowych: pola („biopola", jak je, nie całkiem poprawnie, nazwano, chociaż to tylko odczucia swobodnie ukierunkowane w dowolnych kanałach, w istocie – rozprzestrzenienie, rozszerzenie umysłu), i aury (tak została nazwana, ale nie jest to nic czarodziejskiego, to zwykły nawyk), tj. form, w których znajdują się ujścia dowolnych kanałów energetycznych. Po drugie, opanowanie podstawowych odczuć – źródeł psychoenergetycznych, którymi może posługiwać się umysł – strumieni (potoków) energetycznych: wstępujących (wschodzących) i zstępujących (schodzących). Po trzecie, wykorzystanie wzorcowego stanu jako środka powrotu umysłu do stanu braku zewnętrznych oddziaływań, na tle którego bardzo łatwo zorientować się w kwestii prawdziwych, własnych pasji człowieka – odróżnić je od nieprawdziwych, narzuconych pragnień – od haczyków energoinformacyjnego sterowania. Po czwarte, wykorzystanie otrzymanych nawyków w celu zwykłej samonormalizacji – pamiętamy przecież, że umysł może korzystać ze wszystkich dostępnych kanałów w celu oddziaływania na inne struktury energoinformacyjne – struktury sterowane, a nasze ciało nie jest tu wyjątkiem – uczyliśmy się tak prostych rzeczy, jak: odczucie i znalezienie z zamkniętymi oczami przedmiotu na odległość, zlikwidowanie bólu, zmniejszenie stanów zapalnych, zmiana ciśnienia krwi, pomoc w skupieniu się i zgromadzeniu energii do działania, rozpoznanie i likwidacja ciosów energoinformacyjnych. Po piąte, dopiero po opanowaniu wszystkich wymienionych nawyków stworzyliśmy filtrującą otoczkę w środowisku energoinformacyjnym otaczającym nasz umysł i ciało.

Wydawać by się mogło, że program jest niezwykle obszerny.

W rzeczywistości nawet wtedy, gdy nauka nie jest tak łatwa (i dlatego niezbędna jest pomoc wykwalifikowanych specjalistów, a z nich nasza szkoła jest naprawdę dumna), jest tylko nauką – pokazuje człowiekowi, jak korzystać z możliwości, jakie posiada jego umysł.

Przecież każde działanie dokonywane przez nas, nawet to wewnątrz naszego ciała, np. ruch ręką – dla naszego umysłu ma naturę energoinformacyjną. To oczekiwanie, stworzenie w sobie odczucia, zaadresowanej wysyłki energii, które początkuje całą istniejącą niezależącą od żadnego umysłu w materialnym świecie kaskadę mechanizmów naszego biologicznego ciała.

Sami możecie rozsądzić, czy mam rację. Przypomnijcie sobie samego siebie, ale tak dobrze przypomnijcie sobie czasy, gdy będąc dzieckiem i jak każde dziecko poznając swoje możliwości, ucząc się orientacji w możliwościach własnego ciała, staliście przed lustrem i trenowaliście opanowanie mimiki twarzy. Zwijaliście język w trąbkę, próbowaliście poruszać uszami czy też chytrze unosiliście w górę brew. Pamiętacie? Pamiętacie, jak szukaliście wtedy odczucia mięśnia, od którego zależało wykonanie ruchu, tego właśnie odczucia pośród innych odczuć i wychwytywaliście sygnał, który należało stworzyć we własnym umyśle, żeby nieposłuszny mięsień wreszcie się poruszył? Skupcie się. Czy pamiętacie?

Przecież to już było – energoinformacyjne działanie podejmowane przez umysł, próba wykorzystania przez umysł jednego z energoinformacyjnych kanałów ciała. Ukierunkowanie energii umysłu.

Każde działanie umysłu zaczyna się od myśli, a u podstaw stworzenia, początku myśli leży natura energoinformacyjna. Każde dowolne działanie – rozmyślanie, ruch, słowo – zaczyna się od energoinformacyjnego działania umysłu, z generacji odczucia rodzącego lawinę procesu myślowego.

Zwykle u dorosłego człowieka ta początkowa faza nie jest rejestrowana, zostaje niezauważona w wyniku rozproszenia uwagi. Ale umysł jak dawniej jest otoczony mnóstwem kanałów energoinformacyjnych mogących aktywować następujące po sobie zdarzenia dowolnego kalibru. Jednak bez stosownego treningu trudno je znaleźć.

Można pokonać chorobę, można odbudować funkcję narządu, można zlikwidować ból, można schudnąć, można zwiększyć procesy poznawcze, można obudzić ukrytą wiedzę...

Czyżby jednak te kanały znajdowały się tylko w ciele, czyżby były w nim zamknięte?

Oto ciało – nasz umysł, posiadający kontakt z mózgiem, aktywował neuron, a ten – mięsień – mięsień uniósł kąciki ust – i uśmiechnęliśmy się. Czy na tym ciąg zdarzeń się kończy?

A może trwa – ktoś zauważył uśmiech i w efekcie polepszył mu się nastrój, ten dobry nastrój poczuł inny człowiek, który rozpatrywał Wasze podanie i teraz przychylił się do waszej prośby, nawet nie wiedząc dlaczego; jego zamiary odczuła następna osoba i przekazała mailem za pomocą odpowiedniego doboru słów kolejnemu człowiekowi, ten zaś powiedział szóstemu.... Sam nie wiedząc dlaczego.

Tylko sześć uścisków rąk oddziela w społeczeństwie jednego człowieka od drugiego. To także są kaskady energoinformacyjne, zdolne spowodować każdy pożądany efekt społeczny.

I nie tylko społeczny. Przecież ten sam ciąg zdarzeń może spowodować przesunięcie kamienia leżącego na drodze, może oddziaływać na materię nieożywioną. Nie ma znaczenia, jak energia pośredniczy przy tym oddziaływaniu – czy to jest słowo, działanie, sygnał elektroniczny, mało do tej pory zbadany wpływ pól biologicznych, światło, promieniowanie podczerwone – aby tylko był możliwy dostęp umysłu do początku ciągu wyrażony dla umysłu w odczuciu i w możliwości wywierania wpływu.

Każda energoinformacyjna kaskada jest kanałem, w którym rozprzestrzenia się umysł. Umysł człowieka potrafi rozprzestrzeniać się dalej niż jego ciało.

Niestety, współczesny człowiek o tym zapomniał, zagubił się w odczuciach – tak wpłynęła na niego kultura społeczeństwa konsumpcyjnego, narzucającego swój dyktat. To ona uczy działać wyłącznie w stworzonych przez siebie materialnych kanałach, jakby istniały tylko przedmioty, a nie człowiek.

Jednak tak naprawdę umysł człowieka nie może trwać w kajdanach, gdyż jest wolny.

Wszystkie cele możliwe są do osiągnięcia poprzez zwykłe skierowanie energii w odczuwalny przez umysł kanał energoinformacyjny – to jest tak proste, zwykłe i niezwykłe – jak uniesienie brwi.

Proste, ponieważ myśl jest naturalna i prosta.

Niełatwe, gdyż trzeba umieć odczuwać rzeczywiście istniejący kanał, nie okłamując się całkiem przyjemnym, ale pustym wyobrażeniem; trzeba też umieć sprawić, by umysł wstąpił na otwierającą się drogę.

Umysł wytrenowany, panujący nad swoją energią, mieszka w swoim prawdziwym domu – energoinformacyjnym świecie kolektywnej świadomości i otaczających ludzkość energoinformacyjnych kaskad noosfery.

Umysł może przejawiać się i działać poprzez *dowolny* kanał energoinformacyjny. Czy to cud? Ależ nie, nie ma tu żadnych cudów, oczywiście dla tych, którzy potrafią to robić.

A można zrobić wiele – wpłynąć na dziejące się zdarzenia, otrzymać informację znikąd, przekazać myśl, dodać otuchy, obronić, przewidzieć, zapewnić powodzenie... Ogólnie rzecz biorąc, możliwości jest nieskończenie wiele, tak jak i ludzkich myśli, wszystko zależy od sztuki – umiejętności; za pomocą ukierunkowanej energii można nawet zapalić świecę czy przełamać ołówek kartką papieru, choć aby to osiągnąć, trzeba się bardzo długo uczyć.

Na pierwszym stopniu wykonaliśmy najważniejszy początkowy krok – zwróciliśmy wolność swoim uczuciom i umysłowi, przypomnieliśmy sobie o nieskończonych możliwościach istnienia w świecie energoinformacyjnym. Umysł uzyskał możliwość ponownego odnalezienia się i rozwoju poza lisią norą, pułapką egregorialnego nacisku.

Oczywiście ta wolność przełożyła się także na osiągnięcia w życiu społecznym, jednak najważniejsze, mimo wszystko, nie jest posiadanie zabawek, poczynając od pieniędzy i od tego, co można za nie kupić. To nic więcej, tylko zabawki, rzecz jasna wciągające, tak – zabawne i są ludzie tracący całe życie na ich gromadzenie. Jednak taka pogoń za fantami oznacza słabość, niedojrzałość umysłu.

Źródło przedmiotów niosących energię społeczną jest ograniczone, a same przedmioty są tylko odbiciem, wcieleniem, uosobieniem energii chciwych, prywatnych energoinformacyjnych procesów w społeczeństwie, są zaledwie słabym odbiciem marzeń, które ludzie dzięki nim chcą urzeczywistnić. Śmieszna jest taka pogoń.

Natomiast rozumienie mnóstwa energoinformacyjnych procesów i umiejętność odnalezienia się wśród nich daje możliwość wprowadzenia w swoje życie wszystkiego, czego wymagamy. Osiągnięcie właśnie tego, czego potrzebujemy. To uniwersalna możliwość. Kto to zna, kto tego doświadczył, żyje jako wolny człowiek, a jego wybór i możliwości są nieograniczone. Kto tego nie umie – goni za nędznymi okruchami, za cieniami prawdziwego sensu, jakby na tym świat się kończył. To oczywiste.

Najważniejszy dla nas na pierwszym stopniu jest fakt, że w trakcie opanowania tego stopnia umysł mógł zwrócić sobie możliwość świadomego działania dzięki kierowaniu energoinformacyjnymi kaskadami będącymi jego istotą i jednocześnie „falą nośną".

Nie więcej, ale i nie mniej. W rzeczywistości – ogromny krok.

Następnie, kiedy już nieco przyzwyczailiśmy się do świata zewnętrznego oddziaływania energoinformacyjnego i ulokowaliśmy się w nim oraz oczywiście gdy wykorzystaliśmy nabytą przewagę społeczną, kontynuowaliśmy opanowanie technologii psychoenergetycznych, tym razem zwracając uwagę na swój własny wewnętrzny świat.

Przecież dążymy do tego, aby naszemu umysłowi zwrócić wolność i nieograniczone możliwości nierozłącznie związane z jego naturą energoinformacyjną.

Teraz czas na omówienie drugiego stopnia poświęconego sztuce nastrojenia własnej psychiki, najbliższych danych umysłowi własnych kaskad.

My – nasz żywy umysł – istniejemy wewnątrz swojej psychiki wypełnionej olbrzymią ilością odczuć, sygnałów ciała, żywiołowych reakcji nieświadomości, prawidłowo lub nieprawidłowo wspominanym doświadczeniem, wspomnieniami, abstrakcjami, oczekiwaniami, obrazami pragnień, odczuwalnymi związkami ze światem, przenikającymi do nas sygnałami postronnych umysłów. Wszystko to jednocześnie stanowi dla naszego umysłu energię, którą wykorzystuje, oraz obraz, informację podpowiadającą łożysko, w które tę informację kierujemy.

Niestety, na nieszczęście człowieka, który przywykł uważać się za nieskończenie rozumną, racjonalną istotę, w tym splocie odczuć nieprawdopodobnie trudno się rozeznać – chociażby dlatego, że nasze wewnętrzne zjawiska nie posiadają numerów inwentaryzacyjnych, a ich pobudzającej siły czasami nie uświadamiamy sobie w pełni i prawidłowo.

Umysł może kierować swoją energię – wolę – w bardzo wiele łożysk i tym samym zapoczątkować w sobie dowolną kaskadę zdarzeń, łańcuszek rodzącego się działania, np.: wypowiedzieć słowo, wybrać trasę spaceru, przyjść do pracy, zbudować dom, wybrać towarzysza życia. Wybiera to, co powinno doprowadzić go do oczekiwanego celu... Jednak czy doprowadzi?

Istnieje bardzo dobra przypowieść o człowieku, który zamawiał u czarodzieja takie wmuszone przez społeczeństwo konsumpcyjne wartości, jak: pieniądze, sława, kobiety, i wszystko to otrzymał. Jednak dalej był nieszczęśliwy, ponieważ tak naprawdę pragnął wolności, zrozumienia i miłości. Spełnione nieprawdziwe pragnienia nie przynoszą radości. Iskra miłości gaśnie w sztucznych warunkach, jakoby niezbędnych do jej realizacji, a w rzeczywistości potrzebnych tylko po to, żeby człowiek ogarnięty uczuciem pozostawał w zaklętym kręgu społeczeństwa konsumpcyjnego.

To prawda – narzucone, wmówione pragnienie albo niewyraźna myśl – każda, prowadzą donikąd.

Czy umysł prawidłowo wyjaśnia powstałe pobudzenie i czy człowiek prawidłowo pojmuje własne pragnienie? Czy cała nasza osoba jest z nim zgodna, a może uwaga umysłu jest spętana przez olśniewający obraz i nie zauważa on, że realizacja planu wiąże się ze zniszczeniem wszystkiego innego, po prostu nie widzi sposobów oczywistych, łatwiejszych, nienaznaczonych traumą? Czy umysł wykorzysta wszystkie możliwości psychiki dla osiągnięcia celu, czy tylko jednorazowo podtrzyma ją na właściwej drodze, nie zwracając uwagi na to, czy działa kompleksowo? Czy w samym człowieku nie rozgrywa się nieświadoma walka przeciw jego dążeniom? W jaki sposób ta sprzeczność, ta rozbieżność może odbić się na radości i zdrowiu?

To bardzo ważne pytania, nad którymi każdy powinien się zastanowić.

Żaden człowiek nie zna do końca głębokiej informacyjnej treści swojej psychiki, jest to niemożliwe. Buzuje w nas cały ocean niekiedy sprzecznych dążeń, walczących ze sobą, wypaczających jedno drugie i dziwacznie odbijających otaczający świat; jest w nas mnóstwo części składowych wprawianych w ruch przez własne interesy, fantazje, idee, rwące się na zewnątrz ślepe pragnienia. Najlepiej opisał tę otchłań podświadomych dążeń Freud, jednak nie sądzę, by należało w tym miejscu przytaczać wyniki jego badań.

Ten podstępny splot związków energoinformacyjnych leży najbliżej naszego umysłu. Zadanie umysłu podczas wykonywania każdego działania polega na skoordynowaniu wszystkich przyczynowo-skutkowych ogniw o ogromnej złożoności, będących jego przyczyną i jednocześnie jego światem. Na ile taka koordynacja będzie pełna i pozbawiona sprzeczności, na tyle myśl okaże się ukierunkowana, a działanie – skuteczne.

Zwykle psychika ludzi jest koordynowana przez egregorialny wpływ i dlatego działania podtrzymywane przez egregor są zawsze popularne i dostępne, jak moda na określony ubiór. Jednak gdyby rozum swobodnie wyprowadzał cel, to dla niego taka koordynacja okazałaby się niepotrzebna i szkodliwa. Dla jak najszybszego zrealizowania, urzeczywistnienia takiego celu potrzebny jest cały potencjał psychiki będącej do dyspozycji umysłu.

Jeśli nie nauczymy się kierować tym zgęstnieniem energoinformacyjnej realności danym nam przez naturę, własną psychiką – nosicielem umysłu, najbliższym i dostępnym, jeśli nie umiemy ostrożnie ukierunkować go i harmonizować, wtedy chyba nie warto, by umysł zwracał swe spojrzenie na świat zewnętrzny. Nie może w świecie zewnętrznym wykorzystać swoich możliwości w pełnym wymiarze – czyż można być skutecznym w wielkim świecie, nie umiejąc biegle kierować nawet swoim własnym małym światem?

Dlatego program drugiego stopnia (w pełni przekazano go w podręczniku „Kształtowanie") składał się z kilku elementów. To, po pierwsze, metoda sprawdzania prawdziwości pragnienia, umożliwiająca wydzielenie ekologicznych, prawidłowych i najlepszych dla jednostki sposobów działań, wolnych od egregorialnego wpływu. Po drugie, technologia celowego nastawienia „podświadomości" i zgodności przystosowania jej elementów do niepozostających ze sobą w sprzeczności, jednolitych działań dla osiągnięcia celu. Są to tzw. programy obejmujące: nastrojenie psychiki na maksymalne i stałe informacyjne podtrzymywanie celu, jego poszukiwanie i przygotowanie osiągnięcia (programy skierowane na sukces i powodzenie); zapewnienie sobie włączenia ludzi z naszego otoczenia do realizacji pragnień i podtrzymanie tego celu za pomocą stałego oddziaływania psychoenergetycznego (programy skierowane na skuteczność własnych działań), maksymalne energetyczne zabezpieczenie (program skierowany na skuteczność własnych działań). Po trzecie, korekta własnej konstrukcji psychicznej, poprawa charakterystycznych dla wszystkich ludzi sprzecznych struktur logicznych, męczących błędów systemowych przeszkadzających w osiągnięciu celu (pozbycie się związków karmicznych). Po czwarte, metoda usunięcia energetycznych związków mających negatywny wpływ na stan narządów wewnętrznych – związków podtrzymywanych w ciele przez psychikę (likwidacja patologicznych związków energetycznych). Po piąte, uczyliśmy się sposobu głębokiej normalizacji informacyjno-energetycznej składowej naszego ciała (matryca zdrowia).

O technikach drugiego stopnia i o rezultatach osiąganych z ich pomocą można by mówić bardzo długo – mieszczą się tu cele społeczne osiągane z niezwykłą łatwością, jakby za pomocą czarów (i tylko ten, kto posiadł sztukę posługiwania się energoinformacyjnymi kaskadami wie, że żadnych czarów w tym nie ma, chociaż akurat mieszkania i samochody pochodzą z nabytych umiejętności – jako miły, ale uboczny drobiazg), jest tu także wybór tylko tych celów, które przynoszą rzeczywistą radość, tu także znajdziemy rozwiązanie chronicznych problemów ze zdrowiem.

Oczywiście, warto powiedzieć kilka słów o tym, że techniki drugiego stopnia znacznie ułatwiają człowiekowi dążenie do swobodnie wybranych prawdziwych celów, zapewniają większą pomoc niż egregorialne oddziaływania z ich wpajanymi w ludzi fałszywymi celami.

Jednak teraz nie skoncentrujemy się na tych zagadnieniach, teraz musimy rozpatrzyć inną kwestię.

Program drugiego stopnia – to program nauczenia się przez umysł sztuki świadomego ukierunkowania tworzących tenże umysł energoinformacyjnych kaskad, to program nauczenia się sztuki bycia – bycia nie w wyniku ślepych bodźców mechanizmów psychiki, ale bycia świadomą przyczyną ich organizacji i realizacji – bycia rozumną przyczyną samego siebie.

Dzięki tym technikom DEIR umysł otrzymuje do swojej dyspozycji narzędzie samoukierunkowania się w dowolnie wybrane przez siebie łożysko. W istocie uczy się tworzyć własną podstawę, bazę wypadową do stawiania kolejnych kroków.

Rzecz jasna nie jest łatwe doskonałe nauczenie się bycia przyczyną samego siebie. Czasem braknie pragnienia, czasem – skupienia uwagi. Jednak to kwestia przyzwyczajenia i wytrenowania. Rozstrzygnięcie zadań społecznych za pomocą technik drugiego stopnia DEIR zwiększa naszą biegłość w tym doskonaleniu i przyzwyczajenie do samodzielnego działania – natomiast system społeczny jest źródłem olśniewających i korzystnych nagród, stymulując uwagę. Wiele czasu trzeba poświęcić także na likwidację wewnętrznych sprzeczności – związków karmicznych cechujących każdego człowieka. A to jest proces.

Potem nastaje moment, w którym wewnątrz psychiki umysł zaprowadza względny porządek i odczuwa potrzebę dalszego rozwoju – przecież otacza go energoinformacyjny ocean, a dźwięki jego fal podszeptują mamiące perspektywy.

Dlatego też następnie, co jest najzupełniej logiczne, uczyliśmy się oddziaływania z bardziej zewnętrznymi dostępnymi człowiekowi kaskadami energoinformacyjnymi, które są najodpowiedniejsze do rozprzestrzenienia się żywego umysłu poza granice ciała. Uczyliśmy się oddziaływania z kaskadami istniejącymi w innych ludziach i ich wspólnotach. Opanowywaliśmy trzeci stopień.

W rzeczywistości umysł nie odczuwa żadnej fundamentalnej różnicy w tym, czy proces energoinformacyjny ma miejsce tylko w psychice, czy też przebiega na zewnątrz. To niewielka różnica techniczna. Zarówno wewnętrzne, jak i zewnętrzne kaskady energoinformacyjne są takimi samymi kanałami rozprzestrzenienia się umysłu, środowiskiem jego zamieszkania i jednakowo poddają się jego wpływowi. Energoinformacyjny kanał, do którego przenika umysł, staje się częścią jego psychiki.

Mówiliśmy już na temat kolektywnego umysłu ludzkości, z którym każdy z nas nieprzerwanie współdziała (otoczka umożliwia filtrowanie tego oddziaływania w jego złośliwej części, ale ona nigdzie nie znika, gdy świadomie wstępujemy w oddziaływania) i który w dodatku stał się rodzicem umysłu w naszym ciele.

Nikt z otaczających nas ludzi nie jest jego indywidualnym przewodnikiem i żadne Wyższe Centrum Koordynacji nie wpływa na nas za pomocą jakichś tajemniczych fal. Kolektywny umysł przejawia się w zgodności, skoordynowaniu wzajemnego wpływu wszystkich i każdego z osobna. W nim zawierają się egoistyczne pasożytnicze tendencje – wpływ egregorów dominujących w naszych czasach, lecz jednocześnie – w nim, w tych zgodnych, skoordynowanych przyczynowo-skutkowych komunikacyjnych, zdarzeniowych i polowych łańcuchach skupia się cała objętość energoinformacyjna zgromadzona przez ludzkość. W istocie jest to ta sama psychika niosąca emocje, myśląca, posiadająca pamięć, ale istniejąca na zewnątrz osobistego mózgu konkretnego człowieka, we wzajemnych oddziaływaniach między ludźmi.

Za każdym razem gdy z jakimś człowiekiem wstępujemy we wzajemne oddziaływanie energoinformacyjne, dotykamy kolektywnego umysłu przejawiającego się przez niego.

Zwykle człowiek niewytrenowany tylko „słucha", przy czym jest to słowo nie w pełni adekwatne, gdyż człowiek nie jest w stanie objąć umysłem i świadomie zarejestrować dziewięćdziesięciu procent informacji przenikających do niego. „Odpowiada", jednak trudno nazwać odpowiedzią to nieuświadomione energetyczne objawienie oraz zachowanie wydające się być dla niego dziełem przypadku. To nie jest rozmowa, ale mechaniczne uczestnictwo w procesie – to jak patyk na fali, który uczestnicząc w zderzeniu z innymi falami, nie pojmuje istoty rzeczy.

Proszę sobie wyobrazić w komputerze całe mnóstwo mikroschematów, z których każdy skupia się tylko na tym, co dzieje się wyłącznie w nim, na obliczeniu dwóch – trzech liczb. Mikroschematy mówią o tym, wymieniają się i na ich poziomie każdy zajęty jest wyłącznie swoimi znikomymi zdarzeniami, i tylko czasem kontaktują się z innym schematem – ale to wszystko razem tworzy gigantyczny proces obliczeniowy, opracowywaną Wielką Myśl.

Jednak dla zadufanych w sobie, nazywających się „samodzielnymi" mikroschematów, całkowicie przewidywalnie opracowujących ten jednolity, ale wieloraki na ich poziomie sygnał, jest to nie do pojęcia.

Umysł ludzkości nadaje poprzez pojedynczych ludzi, ale oni nawet tego nie podejrzewają, traktując to w kategorii przypadku.

A przecież przypadki nie istnieją – każde zdarzenie ma swoją przyczynę i prawidłowość.

Zupełnie inaczej ma się rzecz, gdy chodzi o oddziaływanie z tym przenikniętym umysłem oceanem człowieka potrafiącego oddziaływać z kanałami energoinformacyjnymi. Ma on możliwość nie tylko usłyszeć więcej, niż można wyrazić słowami czy gestami, ale i powiedzieć, zanurzyć swój wpływ bezpośrednio w kanale energoinformacyjnego kolektywnego umysłu w osobie konkretnego człowieka. Wzajemnie oddziałuje przez współrozmówcę bezpośrednio z promieniującą przez niego Myślą i pozostawia znak w polu egregorialnych związków, stopniowo rozszerzając się na nie.

Oczywiście dla takiego sposobu oddziaływania niezbędny jest umysł – żeby likwidować możliwe szkody, energia – żeby móc wpływać, sztuka – żeby słyszeć, i nawyk – by stworzyć z tego jedną ze stron życia. Trzeba czuć i trzeba umieć współdziałać z wewnętrznym światem innego człowieka – to sztuka komunikacji ogromnej głębi i dokładności.

Program trzeciego stopnia (zawarty w podręczniku „Oddziaływanie") zawiera kolejne techniki. Po pierwsze, chodzi o nawyk zauważenia egregorialnego oddziaływania i odcięcie go od naszych interlokutorów, nawyk umożliwiający bardziej efektywną realizację pozaegregorialnych jednostkowych zadań. Po drugie, uczyliśmy się technik kierowania uwagą pozwalających zapewnić skupienie innej osoby na przedmiocie lub odwrócenie jej uwagi od określonego przedmiotu, a także metody kierowania bodźcem startowym dającym początek realizacji schematu dowolnego działania. Po trzecie, to wiedza o tym, jak umysł odczuwa u siebie i innych (w kanale kontaktu energoinformacyjnego) podstawowe, elementarne pragnienie, które daje początek realizacji kaskad dowolnej myśli oraz o tym, jak umysł może wpływać na nie bezpośrednio. Rejestracja podstawowego pragnienia umożliwia ocenę, w którą stronę będzie zmierzać myśl innej osoby. Po czwarte, wyodrębnienie zamierzenia – odczucia przewidującego kierunek obróbki zmiennych myślenia, swoisty logiczny szablon myśli – i techniki jego rejestracji, stworzenia, zmiany u innych ludzi. Bardzo łatwo jest odczuć zamiar innej osoby przyłożony do konkretnej myśli, przekonywaliśmy się o tym w trakcie ćwiczeń z częściowej telepatii. Po piąte, uczyliśmy się tworzyć konstrukcje i programy – kombinacje odczuć umożliwiające w ten czy inny sposób przewidywanie toku myśli innego człowieka.

Rzecz jasna wszystkie techniki podwyższyły naszą ochronę w tym świecie wzajemnych oddziaływań energoinformacyjnych i umożliwiły, w określonym stopniu, wywieranie wpływu na innych ludzi. Pod tym względem ich społeczne oddziaływanie niezbyt wyróżnia się wśród innych szeroko znanych obecnie technik wpływu – psychologicznych, NLP, opartych na sugestii. Imię ich: legion. Tak – można wywrzeć wpływ na partnera biznesowego, tak – można, do pewnego stopnia, czytać w myślach innego człowieka i jego kłamstwo będzie widoczne jak na dłoni, można przebudzić, zainicjować potrzebną myśl, narzucić konkretne niezbędne podejście do sprawy, zlikwidować szkodliwe przyzwyczajenie, pomóc pokonać strach, zapewnić swoje oddziaływanie... Wyobraźcie sobie to, co niezbędne, a otrzymacie pełny obraz społecznych korzyści wynikających z tych technik.

Jednak dla nas w tych technikach ważne jest coś innego, choć jednocześnie grzechem byłoby niewykorzystanie ich pozytywnych dla nas społecznych możliwości – telepatii, techniki czytania myśli rozmówcy, tego niezastąpionego wsparcia w sprawach biznesu i w życiu osobistym.

Dzięki technikom trzeciego stopnia umysł otrzymuje możliwość przenikania do bliskich kanałów energoinformacyjnych znajdujących się w otaczającym nas świecie – w innych ludziach i ich wzajemnych związkach. To krok umysłu (to nic, że na razie niewielki) poza granice ciała i poza nałożone na niego ograniczenia.

Właśnie dlatego techniki trzeciego stopnia, gdy już je opanujemy, bardzo szybko stają się zupełnie naturalną, niezbędną częścią działalności umysłu i jednocześnie stosunkowo rzadko są wykorzystywane jako formy oddziaływania na innych. To po prostu okazuje się niepotrzebne – wystarczy, że odczuwamy myśli innych, widząc i czując więcej, niż widzą i czują zwykli ludzie.

A jeśli dostrzegacie coś wcześniej – po co mielibyście kimś sterować? Prościej będzie postąpić tak, żeby na Waszej drodze nie było przeszkód. Tak postępujemy. Ale przecież Wy już to wiecie z własnego doświadczenia.

Trzeci stopień jest o wiele bardziej cenny jako narzędzie przeniknięcia umysłu na zewnątrz, do myślącej materii kolektywnego umysłu. A wszystko co jest wymagane do takiego przeniknięcia, sprowadza się do samego umysłu i nawyku współdziałania ze zjawiskami energoinformacyjnymi (nawyku opanowanego w trakcie nauki poprzednich stopni).

I oto teraz, po przejściu trzech stopni, naszemu umysłowi potrzebne są nowe możliwości. Nauczyliśmy się już korzystania z energoinformacyjnych kaskad wewnątrz i wokół nas, i teraz możemy oddziaływać z dowolnym kanałem, który w jakiś sposób byłby wyrażony dla nas poprzez odczucia, a rezultaty możemy osiągnąć w sobie i w otoczeniu.

Dzięki większej społecznej i osobistej efektywności nasz umysł ma więcej czasu. Możemy konstruować bardziej dalekosiężne plany. Jesteśmy zdolni do szerszego spojrzenia na świat i na jego energoinformacyjne cuda. Potrzebujemy więcej.

Potrzebujemy więcej – przede wszystkim więcej energii, więcej bodźców do myśli i działania. Żeby głębiej odczuwać świat. Żeby bardziej subtelnie móc go odzwierciedlać. By pełniej korzystać ze wspaniałej maszyny, jaką jest nasz mózg.

Przecież wszystko to stanowi dla umysłu radość i pełnię życia.

Do opanowanych przez nas nawyków trzeba było dodać jeszcze coś, co jednoczyłoby je i zwiększało możliwości naszego umysłu.

Inaczej mówiąc, musieliśmy troszkę przestroić energoinformacyjną strukturę własnego umysłu, fundament z odczuć i dostępów, z którego się składa, tj. pokonać barierę własnej struktury zorganizowanej jak w lokalnie działającym „mikroschemacie" – przekształciwszy ją w najlepszy sposób w celu wzajemnego oddziaływania z energoinformacyjnymi kanałami Wielkiego Świata.

Mieliśmy sporą przestrzeń do ulepszenia.

Umysł ograniczony w działaniach tylko w fizjologicznie narzuconym energoinformacyjnym środowisku nie potrzebuje tak wielu kanałów, te kanały odczuć mogą mieć utrwaloną nadbudowę – a tę rolę spełnia zestaw energetycznych centrów, tzw. czakr – stref stałych standardowych odczuć dających energię świadomości. Jest to bardzo funkcjonalne dla społeczeństwa działającego według zwierzęcych praw – dokładnie tak, jak wtyczka i gniazdko – te standardowe energoinformacyjne bolce umożliwiają automatyczne powstanie wielkich sieci energoinformacyjnych, przy czym sieci te powstają bez świadomości człowieka i niezależnie od jego osobistych chęci – powstają i kolektywnie realizują biologiczne programy gatunku. Właśnie te sieci wzajemnych powiązań są fundamentem istnienia prymitywnych energoinformacyjnych organizmów kolejnego poziomu, o pasożytniczym sposobie życia – egregorów.

Taka struktura z pewnością nie zaspokaja potrzeb umysłu dążącego do życia wartościowego i rozumnego, do odczuwania świata w całej jego różnorodności i do współdziałania z nim we wszystkich aspektach, nie tylko w wąskim zakresie nakazanych stanów.

Przy zmianie tej energetycznej struktury samej istoty człowieka, przy bardziej elastycznej nadbudowie energoinformacyjnych kanałów struktury umysłu, umysł otrzymuje unikatową możliwość – dostęp do wszystkich energoinformacyjnych kanałów otaczającego nas świata, w całej ich różnorodności. Czwarty stopień otwiera możliwość takiej przebudowy, takiego przestrojenia.

Jednak to jeszcze nie wszystko. Dostęp jest możliwy, ale dla jego urzeczywistnienia w praktyce potrzeba czegoś jeszcze. Przede wszystkim – energii.

Doskonale wiemy, że radioodbiorniki różnią się między sobą mocą. Od tej mocy zależy odległość, na jaką można przekazać sygnał z jednego urządzenia do drugiego. Oczywiście, sieć może sobie z tym poradzić przy wielkiej ilości urządzeń o małej mocy, jak ma to miejsce, np. w systemach sieci „plastra miodu" – coś podobnego widzimy, patrząc na społeczeństwo egregorialne, ale przykład z siecią jest właśnie takim przypadkiem, gdy sygnał ma większe znaczenie niż nadajnik, w sieci egregor rozwija się nieuchronnie i tylko on w niej panuje.

Aby umysł mógł samodzielnie dojść daleko, obudzić do życia ten czy inny kanał, dokrzyczeć się i otrzymać odzew, powinien przekazać sygnał sam, dzięki swemu bezpośredniemu oddziaływaniu, i odczuć reakcję na niego. To właśnie jest życie – wzajemne oddziaływanie energii i informacji. Dlatego musieliśmy zwiększyć moc własnego umysłu, ilość energii, którą mógłby rozporządzać.

Przed nami otworzyło się bardzo dużo kanałów dla energetycznej wymiany z otaczającym światem. Dla podtrzymania wzajemnego oddziaływania w nich potrzebna była energia, przecież ich ilość wzrosła. Jeszcze jedną przyczyną jest fakt, że część tych kanałów była przyzwyczajona do zupełnie innych poziomów energii niż te dostępne zwykłemu człowiekowi.

Więcej odczuć, bardziej olśniewające odczucia, potężniejszy przekaz, wyraźniejszy sygnał, większa różnorodność, potężniejsze istnienie umysłu – wszystko to jest energią.

Jednak istnienie kanałów dostępu do otaczającego świata i zapas energii do współdziałania z nimi to nie wszystko.

Trzeba jeszcze umieć dostroić się do zewnętrznej kaskady, tj. doświadczyć tej skali odczuć i sygnałów, która jest dla niej charakterystyczna. Możemy to porównać do rozmowy z jakimś człowiekiem: jeśli rozmowa ma dojść do skutku, musimy umieć słuchać jego słów oraz wydawać słyszalne dla niego, zrozumiałe dźwięki. W tym celu musieliśmy stworzyć umysłowi takie warunki, w których będzie mógł stopniowo gromadzić informacje, dowiadywać się więcej, wchłaniać w siebie Wielki Świat jawiący się umysłowi w postaci sygnałów energoinformacyjnych kaskad wokół niego.

Oczywiście realizacja tych wszystkich zadań byłaby nie do pomyślenia bez głębszego pojmowania własnego umysłu, bez wykrycia tego, co składa się na jego niezmienne jądro i uświadomione centrum oraz tego, co można by w nim zmienić, ulepszyć, nastroić.

Oznacza to, że musieliśmy rozwiązać bardzo złożone zadanie – pomóc umysłowi w pokonaniu bariery własnej ograniczonej struktury, aby mógł pełniej odkryć drogi prowadzące do otaczającego go świata. Musieliśmy ukształtować zupełnie nowy kompleks ze swojego „ja", swojej struktury energetycznej i otaczających umysł energoinformacyjnych kaskad, włączając w to kaskady mózgu i to, co nazywamy duszą.

Ta logiczna kontynuacja naszej pracy w oparciu o trzy poprzednie stopnie wydaje się łatwa, ale w rzeczywistości stanowi ogromny krok dla umysłu i radykalną zmianę życia.

Dlatego w skład programu czwartego stopnia (w pełni przedstawionego w książce „Dojrzałość") wchodziły trzy kwestie: wykrycie centrum własnej świadomości, badania strefy „Jam jest" („Ja jestem") i jej współoddziaływania z polem energoinformacyjnych kaskad naszej psychiki; następnie – przebudowa struktury czakralnej, możliwość dostarczenia centrum umysłu większej ilości energii, rozszerzenie możliwości „ja" w przeżywaniu i gromadzeniu informacji. Te kwestie zatem to połączenie świadomości, duszy i ciała eterycznego.

Wszystkie razem, przy dostatecznym doświadczeniu i głębokim rozumieniu – to umysł w pełni władający swoimi możliwościami, mogący tworzyć sam siebie. Tak, doświadczenie jest tym, co przychodzi dopiero z czasem, niemniej już wiemy wszystko, co niezbędne do jego uzyskania – po przejściu czwartego stopnia; dokładnie tak samo ma się rzecz z młodym człowiekiem – posiada już wszystkie możliwości, które na pewno się rozwiną – ale czy nastąpi to jutro czy dopiero po latach, zależy od młodzieńca, od jego pracy, trudu, który w to włoży.

Czy mówię w sposób zbyt skomplikowany? Obawiam się, że tak, i w dodatku „sucho" – zbyt „sucho" jak na to, czym w rzeczywistości jest czwarty stopień.

Wyobraźcie sobie (jeśli nie znacie jeszcze czwartego stopnia, musicie to sobie wyobrazić, natomiast wszyscy, którzy już mają go za sobą, doskonale znają to odczucie), że macie więcej siły, że wzrosła wasza zdolność do pracy, przeziębienie trzyma się od was z daleka, że pojawiła się możliwość lepszego zapamiętywania i subtelniejszego myślenia, i jednocześnie znacznie poprawiła się skuteczność wszystkich opanowanych już nawyków. Wyobraźcie sobie, że świadomość nagle zaczęła pracować ostrzej i wyraźniej, jakby świat stał się bardziej wyrazisty albo jakbyście zaczęli odbierać więcej odczuć w jednostce czasu; że każdy obraz nabrał kilku nowych znaczeń, że do krystalicznej czystości stworzenia nagle zaczęły wyraźnie docierać przekazy intuicji; i że to stale trwa, a świat wciąż otwiera przed nami nowe obszary. Nie utrać siebie, nie zbaczaj z drogi, pamiętaj ją, a twoja podróż okaże się nieskończona... Oto czwarty stopień.

To nawyki są czymś wspaniałym dla życia, osiągnięć, tego, by rozkoszować się pięknem świata i jego głębią. Jednak upajanie się pięknem świata i osiągnięcia – to nie najważniejsze, co możemy osiągnąć na tym etapie.

Techniki czwartego stopnia uzbrajają umysł w zapas energii, w nawyki samotransformacji, we wrażliwość i zdolność swobodnego wykorzystania swoich możliwości w energoinformacyjnym wielkim świecie, którego tylko malutka część tworzy świat znany człowiekowi.

To pierwszy schron na drodze i w rzeczywistości ogromny krok. Rezultat czwartego stopnia – to baza wypadowa zawojowana przez umysł w energoinformacyjnym świecie poza granicami zwykłych możliwości danych ciału i kolektywnemu światu ludzkiej iluzji.

Jeszcze raz powtórzę, że okres bezpośrednio po opanowaniu nawyków jest tylko początkiem, zaczynem nowego. Nowe, nie czcze, próżne, ale prawdziwe osiągnięcia pojawiają się w naszym życiu nie tak, jak pojawiają się społeczne osiągnięcia, nie według zasady: „Przyszedłem, zobaczyłem, zwyciężyłem".

Wzrastanie człowieka na nowy poziom jest powolnym i żmudnym procesem, a najtrudniejsza jego część – to zobaczyć i ocenić to, co się zobaczyło, przecież dlatego jest nowe, że dawniej było niewidoczne.

Możliwości wielkiego świata energoinformacyjnego wyłaniają się w miarę stopniowego gromadzenia doświadczenia, przejawiając się poprzez zwyczajny, zrutynizowany świat społecznej iluzji, podobnie wyłania się pejzaż o brzasku. Niezauważalnie, stopniowo światło przebija się do ciemnej przestrzeni, przeganiając czyhające cienie, kłębiące się mgły, rozszerzając horyzont – i nagle – noc przeszła, zawitał ranek, a tam, gdzie dawniej panował nieprzenikniony mrok, ściele się roziskrzony rosą i zalany porannym światłem przywołujący nas olśniewający świat.

Zdarza się, że dzieje się to wszystko tak wolno, że właściwie tego nie zauważamy i mówimy, że w naszym życiu nic się nie zmieniło, że wszystko jest jak dawniej i może tylko trochę łatwiej żyć... A potem przypominamy sobie kilka minionych lat (wrażenie jest tym większe, gdy prowadziliśmy dziennik) i nagle rozumiemy już: „Boże, ależ ja wtedy byłem... jak teraz wiele się zmieniło!".

I staje się jasne, dlaczego nikt oprócz nas nie zauważył wielu możliwości, wielu dróg, dlaczego inni pozostali w bezruchu, a tylko my czuliśmy wiatr dmuchający w żagle. Dlaczego pojawiło się wrażenie, że my i otaczający nas ludzie żyjemy jakby w dwóch różnych światach, niby podobnych, a jednak – przed nami drogi stoją otworem, a przed innymi – nie, przykrywa je ciężka zasłona.

Oczywiście częściej bywa tak, że zauważamy dość szybko, jak każdy krok poszerza nasze horyzonty. Sami to widzimy – trudno tego nie dostrzec, przecież wciąż wyprzedzamy innych o krok, a otoczenie też nie pozwala nam o tym zapomnieć – zauważamy, że mówią o nas jak o czarodziejach.

Jednak zaczęliśmy od tego, że czwarty stopień jest tylko punktem wyjściowym, niezawodnym umocnieniem na nowym poziomie, będącym stałym osiągnięciem, umożliwiającym dalszy rozwój.

W rzeczywistości czwarty stopień rozwiązuje już większą część zadań, o których wcześniej wspominaliśmy, omawiając energoinformacyjną drogę ewolucji człowieka i konieczność nadejścia nowego etapu.

Osiągnęliśmy już niezależność od ograniczającego wolność wpływu stadnej energii społeczeństwa konsumpcyjnego, potrafimy zauważyć ukryte energoinformacyjne mechanizmy wprawiające go w ruch, posiadamy nawyk panowania nad swoją energetyką, ochronę, zdolność nastrojenia własnej psychiki na rozwiązanie zadań, posiadamy nawyk energoinformacyjnego wpływu na otoczenie, a wszystko to jest sformowane w nowej konfiguracji posiadającej podwyższoną energię i zdolności.

Wszystko to dla osiągnięcia celów społecznych – kariery, zarobków, pozycji, miłości, niezależności – jest aż nadto wystarczające.

A gdyby czegoś brakowało, możemy to osiągnąć w oparciu o jakąś specyficzną technikę bazującą na już posiadanej wiedzy i nawykach, wystarczy wejść na forum szkoły DEIR, opracować samodzielnie lub znaleźć w dowolnej pokrewnej dziedzinie wiedzy. Prerogatyw jest wiele. Wystarczy zamienić je na dźwięczącą walutę – nie będzie problemu.

Dokąd iść dalej, czy w ogóle warto?

Zależy to od tego, czy człowiek potrafi rozwinąć w sobie zdolności do ruchu. Do samodzielnego poruszania się i do samogeneracji energii motywacyjnej. Trzeba wiedzieć, że im bardziej zaspokajamy pragnienia wywodzące się z naszego biologicznego instynktu, tym mniej dostarczają one energii motywacyjnej pobudzającej umysł do pójścia dalej.

Mamy wszystkiego w bród, nie brakuje nam ptasiego mleka, dla nas Armani i Gucci, Wyspy Kanaryjskie i Bahamy. Czy zatem warto iść dalej? Może to jest pozbawione sensu?

A może lepiej poprzestać na popularnej formule „Babło zwycięża zło" i żyć sobie bez komplikacji dla konsumpcyjnych dóbr i prostych zabaw, no może tylko czasami zagłuszając gryzącego nas robaczka tęsknoty i chęć podążenia w dal czymś rozsądkowo-słodko-mistyczno-religijnym. Żyć, mówiąc, że wszystko będzie dobrze, że każde bóstwo cię wielbi, karmi, podciera – no, jeśli trzeba, a w raju trzyma dla ciebie łóżko. Jeśli będzie ciężko, uciec w samookłamywanie się, ezoteryczne czy religijne mity, wierzyć w dobre bajki, mówić cokolwiek, byleby rozdąć własne znaczenie w swoich oczach. Nie zaprzątać sobie głowy trudnym poszukiwaniem prawdziwego sensu, niedostępnymi horyzontami i innymi trudnymi myślami i złożonymi sprawami, przecież kieszeń pełna, a i żądza uznania jest zaspokojona. Z technicznego punktu widzenia wyswobodziliśmy się już spod ucisku stadnego społeczeństwa konsumpcyjnego, jesteśmy na innym poziomie, wyciągniemy rękę po coś, dostaniemy to i uspokoimy się. System społeczny może stać się bardzo przytulną przystanią dla człowieka, który go przerósł, ale z jakiegoś tam powodu zakończył ruch. Czy moje słowa brzmią poważnie, czy jest w nich jakaś racja?

Nie jest łatwo pokonać wspaniałe biologiczne przeznaczenie – jeść do syta, zgromadzić jak najwięcej dóbr, dużo odpoczywać i bawić się – sprowadzić życie tylko do tego, sprawić sobie jakiś symbol oznaczający, że tylko takie życie jest prawidłowe i nadymać się z tego powodu. Nigdy nikomu nie było łatwo pokonać ciągot do zatrzymania się w tej przytulnej przystani. Szczególnie wtedy, gdy to wszystko stało się możliwe dzięki własnej pracy. Do tej pory nie było, a oto – proszę! Nawet nie o to chodzi, po prostu niełatwo zrozumieć, że to biologiczna pułapka, że trzeba rzucić wszystko i iść dalej. Nędzarzowi byłoby łatwiej – nic nie ma, nic nie traci. Powiem więcej – bardzo trudno jest mieć wiele, nie zostawiać tego, co się osiągnęło – i jednocześnie nie zapominać wiatru towarzyszącego wędrówce, i iść samemu, i pomagać innym, dlatego że życie nie jest znów takie długie, a jego czas jest nie do zastąpienia – jeśli teraz nie zdążyłem, to znaczy, że nie zdążyłem już na zawsze, a jeśli ktoś pozostał w tyle, nie będzie szedł już potem razem z tobą.

Wydaje się, że to zadanie mogą rozwiązać realiści, rzeczywiście rozumni ludzie o gorących sercach i potężnym duchu, awangarda umysłu ludzkości w ruchu naprzód.

Wielu ludzi tkwi, wręcz grzęźnie na biologicznej granicy, niezależnie od tego jaką drogę wybiorą i czy tego chcą, czy nie. Niektórzy, jak marynarze Odyseusza, pozostają w kraju Lotofagów – lotos jest słodki, choć tu może ich czekać po prostu wytchnienie, złapanie oddechu równoznaczne tylko ze stratą czasu. Inni są niczym marynarze pozostający u czarownicy Kirke, zmieniwszy wygląd na zwierzęco-biologiczny i zapomniawszy o tym, dlaczego właśnie tam trafili i dokąd zmierzali.

Innymi słowy, na pytanie czy iść dalej, nie ma odpowiedzi, ponieważ to „dalej" położone jest za granicą biologicznych punktów orientacyjnych, które informują o atrakcyjności za pomocą pojęć i są opracowane przez konsumpcyjną wspólnotę ludzką. Wygląda to tak: „zatrzymać się" – to zostać odrzuconym do tyłu. Ale pójście naprzód... – tu nie ma miejsca na słodkie słowa, ponieważ „dalej" oznacza możliwość dotarcia znacznie dalej, poza biologiczne słodkości.

Do tego nie będą pasować słowa: „przyjemnie", „prawidłowo", „wspaniale", „błogo", „popularnie", „dostojnie", „dobrze", „słodko", „sławnie", „bogato", „spokojnie", „glamour", „pogodnie", „mistycznie"... – zupełnie nie będą odpowiednie.

Być może bardziej stosowne będą słowa: „interesująco", „swobodnie" i „radośnie", chociaż aby zrozumieć to, na ile będą adekwatne, należy spojrzeć tutaj – ponieważ tam, dalej znajduje się zróżnicowana sztuka – rzecz nieprosta, ale obiecująca odkrycia i wymagająca często wiele wysiłku. A ta sztuka określona jest starym i bardzo celnym słowem – życie.

Podążać tam warto tylko wtedy, kiedy – uwierzcie, proszę – wielkie życie jest dla was interesujące.

A przecież techniki pierwszych czterech stopni (za pomocą seminariów, programów tego poziomu, wielu innych istniejących technik prostego utylitarnego ukierunkowania) i bez żadnego „dalej" pozwalają na bardzo wiele!

Dlatego jeśli potrzebujecie tylko ciepłej przystani, komfortu, po prostu miłych rzeczy ze społecznych skrzyń – pomyślcie: może już wszystko osiągnęliście; jak nie teraz, to w przyszłym tygodniu, po co się szarpać, przecież może się nie udać, a tak, niech wszystko toczy się tak samo jak wcześniej, i to wystarczy. Nie zapominajcie przyjaciół.

Dalej warto iść tylko wtedy, gdy Twoje Marzenie rośnie wraz z Tobą. Jeśli umiesz pielęgnować swoje Marzenie. Jeśli je pielęgnujesz, a ono cię wzywa.

Jeśli w twoim sercu mieszka Marzenie.

Krótko mówiąc, jeśli faktycznie poszedłeś naprzód nie tylko z powodu nawyków, ale także z wewnętrznej potrzeby, i możesz sam być przyczyną swojego ruchu. A jeśli umysł może stać się przyczyną i podstawą własnego ruchu, oznacza to, że pokonał biologiczne ograniczenie i jego droga może okazać się nieprzerwaną bezpamięciowością, może stać się nieskończona.

Przecież realizacja Marzenia może nie być ograniczona czasem tylko jednego życia.

Ja, jak doskonale rozumiecie, nie chcę i nie będę proponować jakiegoś wzorca marzenia. Wystarczy Cel – i mówię o nim otwarcie – otwarcie dla wszystkich, dla swojego umysłu i umysłu każdego człowieka na nieskończoną i swobodną drogę i sposób życia. Żeby umysł mógł istnieć w tej formie, którą wybiera sam. Droga zaczęła się teraz, ale jest nieskończona. To przestrzeń dla każdego dowolnego marzenia.

Ktoś może chcieć odkryć tajemnice wszechświata, ktoś zapragnie osiągnąć stan nirwany, ktoś inny zechce zostać egregorialnym organizmem, ktoś jeszcze będzie chciał utrwalić się w tekstach, ktoś zechce kierować egregorami, pójść drogą reinkarnacji czy też wnieść więcej radości, szczęścia do tego świata... Wszyscy razem i każdy z osobna jesteśmy na tej Drodze Umysłu wyznawcami tej samej idei, jesteśmy towarzyszami i współbojownikami.

Cel wart jest tego, żeby nigdy nie tracić go z pola widzenia i żeby każdy krok prowadził do niego choćby w niewielkim stopniu; bez tego cel byłby dla nas nieosiągalny. Kierunek przyszłego życia jest określony przez kierunek całego poprzedniego życia. Nie bywa tak, że oto – żył ktoś niczym roślina i nagle od razu za wyobrażone przez siebie zasługi dostał się do raju. Przecież umysł jest tym, co przeżywa, a jego struktura i zdolności całkowicie odpowiadają temu, co realizuje w trakcie życia: żyć w określony sposób i być w określony sposób to dla umysłu to samo. Tu kłamstwo nic nie pomoże. Cena życiowych osiągnięć to całe życie, nie inaczej.

Razem wszyscy idący tą Drogą do określonego Celu tworzą swój oddzielny świat w świecie – można tu mówić o świecie umysłów różnej natury, różnych poziomów i różnych miejsc i czasów wszechświata podążających w jednym kierunku. Ten świat rządzi się swoimi prawami, występują w nim wzajemne powiązania. Pomożesz innemu idącemu – pomożesz także sobie. W tym świecie każdy ma w rękach, każdy posiada część ogólnoludzkiej i ogólnohumanitarnej myśli, i na tym polega sens istnienia tego świata. Każdy człowiek ma w sobie ziarno dobra i światła, które warte jest tego, by się powiększać. Ten, kto przeszedł dalej, jest dla początkującego przykładem i przewodnikiem. Każdy kroczący tą drogą wnosi do społeczeństwa coś nowego, rozsypuje kwanty wyzwolenia się poprzez samo swoje postępowanie. Kiedyś świat powinien stać się wolny dla umysłu zdolnego do tworzenia. A wszystko co jest do tego potrzebne, zawiera się w pomocy na Drodze w czym tylko można – jeśli inny idący tej pomocy potrzebuje – i w dawaniu mądrych rad tym, którzy ich poszukują.

Nie można zamknąć się w twierdzy swych okoliczności i osiągnięć, nie można utonąć w sytym samozadowoleniu, trzeba zawsze pamiętać, że góra sprzętu, gratów, zabawne przyjemności i mechanizmy społeczne, wszystko to jest, ogólnie rzecz biorąc, niczym, to tylko środek dla wspólnej wielkiej Drogi, ogólny środek dla każdego, kto Idzie, ponieważ można iść po fundamencie materialnego powodzenia, można go minąć albo nawet się go wyrzec.

Trzeba pomagać takim jak ty, nieustająco budować jutro dla ludzkiego umysłu. To działanie nie może przepaść, gdyż stanie się częścią życia tego, komu pomogłeś i kto pomógł razem z tobą, pozostanie w nich, i na tym polega cała istota wzrostu umysłu i sieci energoinformacyjnych kaskad człowieka.

Dlatego, że cel i sens życia idącego zawiera się w tej Drodze.

Tylko nieprzemijające osiągnięcia są godnym nabytkiem w zamian za niezastąpiony czas świadomego życia.

Wszystko pozostałe, ten blichtr dający chwilowe zadowolenie, ginie w otchłani przeszłości.

Ten blichtr, „fałszywe złoto", zniknie bez śladu razem z umysłami złożonymi z przeżyć o nim.

Jednak nieco odbiegłem od tematu, choć jednocześnie powiedziałem coś ważnego dla tego, kto już Idzie.

Gdy pojawiła się przed nami dalsza droga, zaczęliśmy przyglądać się nowemu światu otwierającemu się dla nas przez pryzmat nabytego przez nas doświadczenia. Zobaczyliśmy, że po opanowaniu bazy wypadowej czwartego stopnia pojawiła się przed nami zupełnie inna klasa prawidłowości otaczającego nas nadsocjalnego świata.

Główna cecha tych prawidłowości polega na tym, że w celu ich wykorzystania będziemy musieli nie tyle nauczyć się doskonałego opanowania swoich możliwości i biegłego władania nimi (uczyliśmy się ich na pierwszych czterech stopniach), ile wzajemnego oddziaływania z energoinformacyjnymi kaskadami wewnątrz nas, tworząc z nich uzupełnienia własnej struktury energoinformacyjnej, by potem – dzięki tym uzupełnieniom – rozszerzać możliwości naszego Umysłu, tj. razem wziętych: umysłu, duszy i ducha.

Oczywiście, te możliwości też będą pomocne w osiąganiu celów społecznych, przecież właśnie w oparciu o nie trenowaliśmy. Jednak myślę, że rozumiecie (a ci, którzy nie znają technik DEIR, zrozumieją później), że za pomocą światowego prądu lub powolnych myśli wpływających na prawdopodobieństwo, rozwiązywanie drobnych problemów życiowych można porównać z wbijaniem gwoździ za pomocą drogiego notebooka. Choć tak, oczywiście, jest znacznie wygodniej.

Teraz będzie mowa o piątym stopniu.

Pierwsze cztery stopnie DEIR umożliwiły naszemu umysłowi nie tylko kierowanie swoim energoinformacyjnym „urządzeniem" i wzajemne oddziaływanie z energoinformacyjnymi kaskadami świata zewnętrznego. Pozwoliły także na utrwalenie tego, co osiągnął, stwarzając w najlepszy sposób odpowiadający naszym nowym możliwościom, nową strukturę własnego umysłu.

Możliwości Umysłu w świecie

Jesteśmy tym, co nazywamy po prostu „ja", naszym umysłem, naszą świadomością, podmiotem, tym czymś, co uświadomiło sobie siebie w ludzkim ciele i chce rozwijać się, żyć nieskończenie. Nie na darmo taką popularnością cieszą się różne opowiadania na temat wspaniałego życia po śmierci – mimo że składają się na nie niedopowiedziane fantazje, próby podporządkowania człowieka, przykucia go do mistyki i oderwania od prawdziwego życia. Jednak wystarczy głębiej poznać swój umysł i jego możliwości, by zrozumieć, że życie przeżywania, życie umysłu każdego z nas nie zaczęło się od naszego ciała i że na tym ciele chroniącym pamięć się nie zakończy.

Sprzedawcy wieści o życiu na tamtym świecie, przyciągający swoimi przesłodzonymi opowiadaniami – jedni z powodu nieznajomości przedmiotu, zwykłej nieświadomości, inni z powodu umysłu żądnego władzy (przecież wielu z nich przez lata wnikliwie bada umysł człowieka i jego możliwości) zatajają fakt, że „inne" życie nie istnieje – a raczej istnieje – tu i teraz, w każdym momencie, tylko jest inną częścią, jedną z innych części tego ogromnego życia, częścią, którą żyjemy teraz, w danej chwili.

Życie nie jest nam podarowane za coś, co – według sprzedawców pozagrobowego życia – powinniśmy wypełnić, zrealizować w tym życiu. Życie – to właściwość umysłu, podmiotu będącego odbiciem procesu ruchu materii, to właściwość niezniszczalna tak samo, jak niezniszczalny jest cały świat. Nie: życie potem, ale: Życie Zawsze.

Jakość tego życia w tym czy innym fragmencie nieskończoności nie zależy od wypełnienia takich czy innych rytuałów, ale od tego, co prezentuje sobą umysł, czym żyje, z czego się składa i jakie procesy przeżywa – przecież każdy następny krok to kontynuacja i następstwo poprzedniego, będącego snem tego, co minęło. Czyż nie tak? Kolejna sfera życia zawsze leży za sferą bieżącą, tuż za nią i z niej wypływa.

Sęk tylko w tym, że w naszym życiu jest część biospołeczna, zależąca w pełni od niedługowiecznego ciała, która zawiera jedną część pamięci – dosłowną (literalną) oraz część związaną z nieodłącznymi stronami życia umysłu, gdzie pamięć to kierunek poprzedniej myśli, wektor ruchu. Na której stronie umysł jest skupiony, którą żyje – w tej właśnie się rozwija, tę może ulepszyć i rozszerzyć, na niej się opiera. Jedna tworzy się tylko z ciała, druga jest nieodłączna od umysłu jako zjawiska. Pierwsza zagarnia i podporządkowuje, dominuje, druga jest zawsze z umysłem, ale nie jest tak łatwo zmienić ją w przewodnią, by wiodła prym, i być w niej. Podobnie rzecz ma się z filmem wyświetlanym na ogromnym ekranie przy głośnym dźwięku i – z prawie bezdźwięczną myślą na jego tle. Jedna się kończy i wtedy oparcie, podpora zniknie, a na drugiej można się oprzeć już na zawsze.

Na pierwszych etapach piątego stopnia dotknęliśmy bardzo złożonego problemu odnoszącego się bezpośrednio do życia umysłu. Otrzymaliśmy we władanie bazę wypadową – pole do rozwoju i powoli, mimo zrutynizowanych celów społecznych, zaczynamy stawiać sobie wciąż nowe wyzwania – zadania stworzone przez nasz umysł, pozbawione wpływu struktur egregorialnych, oparte na prawdziwych, szczerych pragnieniach. Pozaegregorialny cel, niezależnie od swego znaczenia czy trudności (niechby nawet tym celem było pójście do sklepu), posiada szczególną właściwość – dla jego realizacji egregorialne struktury nie udzielają swojej koordynacji. A to oznacza, że osiągnięcie takiego celu jest bardziej złożone niż innego egregorialnego typu. Taki cel nie jest wygodny dla egregorialnych struktur, nie odpowiada rytmowi kolektywnej ludzkiej iluzji, posiada szczególne właściwości, których iluzja nie założyła, których nie przewidziała; to taka egzotyka, coś rzadko spotykanego, jak, np. unikatowy film, którego poszukiwania nie należą do łatwych.

Aby taki cel osiągnąć, umysł musi mieć coś, co zrekompensowałoby mu tę niewygodę, w przeciwnym razie ruch przeciw prądowi może znużyć. Tego czegoś nie można zaczerpnąć z warstw egregorialnych, ponieważ dla nich te cele są obce; tego czegoś nie można też logiczne wyliczyć, gdyż nasz umysł przyzwyczaił się mieć oparcie w warstwach egregorialnych. Można się jednak oprzeć na samej strukturze umysłu, na otaczającym go pozaegregorialnym świecie, żeby zorientować się co do kierunku ruchu.

W tym celu musieliśmy na nowo ustalić wzajemne relacje między swoim umysłem a światem zewnętrznym.

Oczywiście przykładaliśmy otrzymane nawyki do tych czy innych celów, jakże by mogło być inaczej, przecież jesteśmy tak skonstruowani, że postrzegamy świat przez pryzmat swoich pragnień i celów osiąganych w świecie. Jednak istota tych nawyków polegała na nauczeniu się kierowania przyczyną ruchu umysłu i wykorzystania zewnętrznych – w stosunku do umysłu – kanałów energoinformacyjnych. Nasz umysł uczy się bycia wolnym w wielkim świecie, ćwicząc na tym, co najprostsze – na łatwych i zrozumiałych bieżących celach, ponieważ nie ma potrzeby sztuczności i wymyślania nie wiadomo czego.

Stopniowo odkrywamy swoje nowe możliwości, a nasze cele stają się coraz bardziej głębokie. Odkrywamy je dla siebie. A za nimi następują kolejne, jeszcze głębsze.

Tak naprawdę nie sposób opisać ma stronicach książki tych głębokich celów. Jaką korzyść może przynieść np. opis wspaniałej pracy jednego z naszych kolegów, dotyczącej zamiany tylko jednego małego odcienia jednego egregorialnego pojęcia. Rezultat tej pracy: kolega, w czasie krótszym niż trzy miesiące, kilkakrotnie zwiększył swą siłę, zakres percepcji i obecność w polu, pewna partia polityczna osiągnęła pierwszeństwo, jedna czy dwie przestały istnieć, w wiadomościach pojawił się pewien modny temat, miało miejsce jeszcze wiele innych zdarzeń natury społeczno-psychologicznej. Skala zmian jest widoczna: strumienie energii w wielkiej egregorialnej sieci zostały przestrojone.

Co popychało naszego kolegę do tej pracy, co dało mu to zamierzenie, ile radości dostarczyło – przecież właśnie o tym chcemy czytać, prawda? Jednym z celów było to, że jego umysł rozszerzył swoją strukturę kosztem kilku egregorialnych związków; a kolega zaczął widzieć, czuć, w istocie – żyć bardziej intensywnym, nasyconym życiem... Zapewniam, że do takiego działania popychała go głęboka osobista przyczyna; że jego sukces był naprawdę wstrząsający, to rzadko spotykany rezultat, dający mnóstwo możliwości wszystkim orientującym się w naszej dziedzinie. Chociaż jednocześnie nie wiemy, co mu to dało osobiście, a sama opowieść, z powodu braku wspólnych dążeń i pojęć, staje się niezbyt interesująca dla kogoś nieobeznanego z tym sposobem oddziaływania ze światem. Czyż nie mam racji?

Tak jest za każdym razem. To tak, jakbyśmy mieli opisać dorosłe życie dziecku, które trudno zainteresować polityką czy wydarzeniami na giełdzie.

Nadegregorialne cele są zupełnie bliskie i całkowicie zrozumiałe tylko dla ludzi posiadających nadegregorialne doświadczenie.

Wspomniany przeze mnie kolega żartuje: „Cele uświadomionych zrozumiałe są tylko dla innych uświadomionych".

Spotyka się dwóch ludzi i rozważa np. jakiś biznesplan, budowę bazy turystycznej. Rzecz jasna projekt musi się opłacać, wszystko musi działać zgodnie z prawami rynku – wtedy możliwy jest rozwój. I nagle jeden z partnerów biznesowych mówi, że jeśli właśnie w tym i tym miejscu posadzą drzewa, klienci będą odczuwać przypływ sił duchowych. Drugi dodaje, że w tamtym miejscu koniecznie trzeba usytuować źródełko, wtedy wszystko pójdzie jak należy. Tak, zgadza się rozmówca, potwierdza, że miejsce będzie „trzymać" zdrowie.... Teraz jasne się staje, że w rozmowie nie chodzi o biznes, że biznes jest tylko środkiem dla zbudowania czegoś zupełnie innego.

Jednak sami już wiecie, że najbardziej interesujące i porywające możliwości nadegregorialnego poziomu oczarowują tylko tych, którzy są w stanie do nich dorosnąć.

A do tego czasu człowiek pozostanie ślepy i głuchy, będzie poszukiwał samego siebie w tym socjalnym blichtrze, w socjalnej pozornej świetności życia. I niczego – do czasu – nie zrozumie. Będzie postrzegał świat, chwytając się jego bezsensownych zewnętrznych oznak.

Pójście naprzód wcale nie oznacza, że człowiek stanie się jakimś nawiedzonym ezoterykiem, bredzącym niczym w gorączce o dobru i złu pośród szczątków swojego społecznie niedorzecznego, bezsensownego życia. Zawsze bawiła mnie obiegowa opinia zakładająca, że duchowość jest tym wyższa, im mniej człowiek ma. Dziurawe portki jako uniform jarmarcznego proroka.

Albo – odwrotnie, ale nie mniej zabawnie brzmią niewyszukane twierdzenia prostego narodu o tym, że człowiek „ewolucyjnie zaawansowany" musi niechybnie gromadzić górę konsumpcyjnych brzękadełek, niezależnie od tego czy chce je za sobą targać, czy nie. Już słyszę milutkie rozmowy dzieci: „Widziałeś, jaki rower ma Wasilij

Pietrowicz?"... „Chyba nie ma"... „No coś ty, Daszka z sąsiedniej klatki ma nawet dwa, jeden jest taki jak mój – piękny czerwony i dwukołowy! Daszka jest klawa!". „Oho, jak można nie mieć roweru? Ja bym tak nie mógł...". „Teraz wszyscy chcą rower, co to za życie bez czerwonego roweru z dzwonkiem. Gdyby tak nazywali mnie klawym, to jeździłbym na takim rowerze, i wszyscy by mi zazdrościli...".

W rzeczywistości wszystko wygląda zupełnie inaczej. Patrząc w taki sposób, niczego się nie zobaczy.

Duchowość – oczywista przynależność do innego etapu ewolucyjnego – to rysunek, sens przenikający wszystko, co zechcemy.

Można przerzucać nawóz, a można też sprawować rządy w państwie. Można liczyć pieniądze, można sadzić drzewa. Można wychowywać dzieci i można pływać na tratwie, można być pastuchem, można też zarządzać wielką korporacją. Można dyktować najnowsze trendy w modzie, można też grać na bębnie. Można być posiadaczem ziemskim, ale można też po prostu chodzić i się uśmiechać. Można tworzyć rzeźby ze złota, a można też rzeźbić w glinie.

Przyjmując za kryterium względy społeczne, można być wielkim i małym – zależy to od twoich celów, ich skali oraz twojej sztuki osiągania czegoś wielkiego małym nakładem. Nie to jest ważne.

Nie to jest ważne, co konkretnie robisz, ale to, co z tego tworzysz.

To jak obraz czy rzeźba, którą można stworzyć z dowolnego materiału.

Można przekładać przedmioty i zajmować się właśnie tym, taszczyć je dla samego noszenia i zapłaty – wtedy jesteś tragarzem; ale można też dzięki przenoszeniu przedmiotów stwarzać nowe możliwości w świecie dla każdego umysłu – wtedy jesteś twórcą.

Można zajmować się energoinformacyjnymi sztuczkami, magią-szmagią, ale można też dzięki nim zajmować się Dalszym Energoinformacyjnym Rozwojem.

Człowiek biosocjalnego ewolucyjnego etapu jest zajęty właśnie tym, co robi, natomiast człowiek następnego, rozumnego ewolucyjnego etapu tworzy za pomocą dowolnego swojego działania i pomaga tworzyć innym twórcom.

Na szacunek zasługuje to, co stworzyliśmy, a nie materiał, który jest interesujący tylko dla ludzi niedostrzegających istoty rzeczy.

Twórcy są jednością – niezależnie od tego czym zajmują się w systemie społecznym, mówią tym samym językiem i tworzą jedność w twórczym ruchu. Między nimi nie istnieją granice społeczne.

A tworzenie zaczyna się w dowolnym miejscu – w miejscu, w którym zacząłeś tworzyć.

Dlatego zaczynaliśmy opanowanie nowego poziomu od pracy z prostymi własnymi bieżącymi celami. Stopniowo cele stawały się bardziej złożone. Stopniowo powiększała się ich głębia i pojawiało się doświadczenie.

Stopniowo umysł przyzwyczaja się do wzajemnego oddziaływania ze światem tak, jak może z nim oddziaływać czysty umysł, nieograniczony możliwościami mózgu i kierującym za jego pomocą egregorialnym światem.

Nie będziemy tu badać ewolucji celów, to nie jest przedmiotem naszych dociekań. Wystarczy, że wiemy – ewolucja celów ma miejsce, będzie trwać, a najważniejsze jest posiadanie narzędzi do rozwiązywania zadań tej klasy, wtedy sobie z nimi poradzimy.

Nasze zadanie – nauczyć umysł posiadania oparcia w samym sobie i wykorzystać fakturę dowolnych związków energoinformacyjnych, także tych niezależących od systemu społecznego, dla istnienia umysłu.

Przede wszystkim musieliśmy nieco przywyknąć do tego, by móc się chociaż orientować w pozazmysłowym, pozaegregorialnym środowisku. Musieliśmy zrobić pierwszy krok.

Dokładnie tak jak dawno temu, w niemowlęctwie, „próbowaliśmy" tego świata dotykiem, nastrajając swoją sferę percepcji, machaliśmy rączkami i nóżkami, przysposabiając do działania układ ruchu.

To porównanie nie jest przypadkowe – przecież w środowisku nadegregorialnym nasz umysł jest takim niemowlęciem, pozbawionym doświadczenia poprzedniego istnienia.

Od samego początku mamy przed sobą proste zadanie – próbować jakoś się określić, rozpoznać, jak oddziaływać ze zjawiskami pozaegregorialnymi.

Wiemy, w jaki sposób oddziałujemy z realiami znanej rzeczywistości – dzięki doświadczeniu i potężnemu aparatowi modelowania sytuacji. To oznacza, że rozumiemy zachodzący wokół nas dowolny adaptacyjny proces społeczny. Rozumiemy reguły rządzące jego przebiegiem, idealne szanse na sukces naszego przedsięwzięcia oraz to, w jaki sposób w ogóle powinien z nami oddziaływać.

Nie będziemy daleko szukać – weźmiemy pod lupę zwykłą, prostą sytuację: ktoś szuka pracy. To zrozumiałe, chce dowiedzieć się o wakatach, ocenić, czy mu coś odpowiada, wziąć pod uwagę swoje kwalifikacje, sporządzić resumé itd. W idealnej sytuacji jego podanie wygrywa konkurs i jeśli jest godny tej pracy, zostanie przyjęty. A co dzieje się w rzeczywistości?

Sytuacja jest bardziej złożona. Tu nakłada się fakt przypadku – podanie może nie dotrzeć na czas, może zaginąć, może zostać przeczytane w nieodpowiedniej chwili, o to miejsce może też starać się jakiś krewny kierownictwa...

Tak, oczywiście, człowiek uzbrojony w wiedzę poprzednich czterech stopni ma „przywileje" – naładuje podanie, sprawi, że będzie bardziej interesujące, może wykorzysta też parę technik egregorialnych, żeby określone zwroty w podaniu zapadły w pamięć czytającego, uzupełni to programem wywołującym pragnienie przyjęcia do pracy właśnie jego, przy wykorzystaniu trzeciego i czwartego stopnia będzie niezwykle ujmujący podczas rozmowy... Jednak mimo wszystko pozostaje jeszcze kwestia przypadku. Można zawojować jakąś część przyszłości, gdy zbierzemy jak najwięcej informacji, lecz mimo to np. podanie może przypadkiem zniszczyć pies sprzątaczki.

Przypadkowość, spowodowana procesami spoza granic świata materialnego, zawsze istnieje.

Tylko czy jest to mimo wszystko przypadkowość czy „przypadkowość"?

Prawa, reguły, których jeszcze nie poznaliśmy, postrzegamy jako przypadkowe. Wypadnięcie krawędzi w rzucie kostką posiada wyraźne wyliczenie – rezultat taki zależy od położenia, z jakiego zaczynamy rzut, masy kości, od siły i kierunku rzutu, od kąta i jakości powierzchni... Wszystko można wcześniej obliczyć, jeśli będzie „liczydło" i zbiór danych. Jednak takie zadanie przerasta możliwości człowieka – nie ma on ku temu narzędzi. Dlatego po prostu kwitujemy jakieś zdarzenie słowami: przypadek, prawdopodobieństwo. Chociaż to rzecz jasna tylko „przypadek".

Właśnie tego rodzaju „przypadki" przeciwstawiają się naszemu hipotetycznemu człowiekowi szukającemu pracy.

Świat wokół nas posiada wyraźny porządek, mnóstwo procesów zachodzących w nim dąży do wyrównywania energii, procesy płyną wkoło nas, ale postrzegamy je jako zdarzenia przypadkowe, których zależności nie możemy obserwować. Nie mamy ani takiego narządu, ani doświadczenia, ani wiedzy.

Oto np. widzimy, że cel, do którego dążymy, oddzielony jest od nas ścianą z drzwiami. Idziemy do drzwi. A jeśli ta ściana zbudowana jest z niewidocznych okoliczności?

Niby nie ma szans na to, by zobaczyć, pozostaje tylko doświadczenie, metoda prób i błędów – jeśli rzecz jasna tej ściany można dotknąć jako jednolitej całości mającej konkretną formę. A jeśli ściana składa się z takich okoliczności, które ocenialiśmy jako przypadkowe i między którymi nie widzimy żadnego związku?

Wydawałoby się, że nic tu nie możemy zrobić i pozostaje tylko stwierdzić, że jedne cele osiągnąć trudno, a inne – łatwiej.

Jednak w rzeczywistości mamy możliwość badania także tych, wydawałoby się, niepoznawalnych reguł otaczającego nas pozazmysłowego świata. A skłonić nas do tej myśli powinien fakt, że jedni ludzie systematycznie nie osiągają celów, a inni odwrotnie – robią to z łatwością... Różni ludzie mają różne powodzenie. Bardzo dobrze ilustrują ten przykład loterie i gry hazardowe.

A przecież ci różni ludzie żyją w takim samym świecie!

Oznacza to, że zarówno ludzie, jak i świat posiadają pewną właściwość, która tworzy schemat ich wzajemnych oddziaływań, charakterystyczny dla każdego człowieka.

Ta właściwość nie jest przypadkowa – w przeciwnym razie różni ludzie mieliby takie same schematy. A co działoby się w świecie zewnętrznym? Dowolne uporządkowanie w człowieku zderzałoby się z przypadkowością, w rezultacie czego otrzymywalibyśmy znowu przypadkowość. Zatem człowiek w tym przypadku zderza się nie z przypadkowością, lecz z jakimś uporządkowaniem, z którym albo współdziała, albo nie.

W świecie społecznym znamy takie ukryte uporządkowania. To egregorialny rysunek przejawiający się poprzez myśli i zachowania ludzi, widoczny wtedy, gdy niemożliwością jest przepowiedzenie konkretnego zdarzenia, choć jego statystyczne prawdopodobieństwo można ocenić w pełni.

Podam przykład. W przygranicznym sklepie, do którego zaglądają obcokrajowcy nieobeznani z handlowymi markami towarów tego sklepu, na ladzie leży duża ilość np. batoników. Batoniki są kupowane. Jest niemożliwe do przewidzenia, jaki towar wybierze kupujący, nawet on tego jeszcze nie wie. Jednak pod koniec dnia, mimo wszystko, okazuje się, że niektórych batoników sprzedano o wiele więcej niż innych, a jeszcze inne sprzedano w śladowej ilości. Od czego zależy ten wybór, przecież kupujący nie orientuje się w markach firm produkujących batony i nie wybiera świadomie?

Ten przykład bardzo wyraźnie ukazuje wpływ koordynacji egregorialnej. Wybór padnie na batony mające wygląd znanych handlowych marek albo na takie, których kolory postrzegane są jako „bardziej smaczne", albo na takie, po których opakowania walają się przed sklepem, albo na takie, które kupujący chwycił pierwsze... niby przypadek, a jednak nie przypadek.

Otaczający nas pozaegregorialny świat jest także nierównomierny w swoich przejawach, podlega odrębnym procesom, które także przejawiają się w koordynacji zdarzeń. Takie łańcuchy koordynowanych zdarzeń nieuchronnie powstają w przestrzeni przenikniętej związkami przyczynowo-skutkowymi, gdzie każde zdarzenie jest wynikiem jakiejś przyczyny. Nazywamy to Światowymi Prądami.

Są zbyt złożone i wielkie, żebyśmy mogli przewidzieć ich szczegółowe zachowanie, ale możemy za to wcześniej określić swój charakter oddziaływania z nimi – na poziomie: uda się – nie uda, łatwo – trudno.

Światowe Prądy transformują przypadkowość na ogromnych przestrzeniach, popychając zdarzenia po trochu w tę czy inną stronę, zapewne tak, jak grawitacja popycha wirujące wokół planety odłamki, z czasem tworząc z nich wspaniałe pierścienie Saturna. Są obręcze, ale jak wiadomo, nauka nie jest w stanie dokładnie przewidzieć ruchu każdego ich elementu.

Logiczne jest wytłumaczenie, w jaki sposób umysł zdolny jest do wzajemnego oddziaływania ze Światowymi Prądami. Jeśli są uporządkowane, jeśli interferują z uporządkowaniem znajdującym się w umyśle – wtedy ta interferencja może być odkryta przez umysł, gdy próbuje on ocenić przypadkowe zdarzenie z punktu widzenia swojego uporządkowania.

Mówiąc prościej, trzeba „zamyślić" swoje znaczenia na zachowanie przypadkowego układu i popatrzeć, jaki poziom niezgodności otrzymamy. Akurat przy tym zachodzi takie skonfrontowanie dwóch uporządkowań, zgodność – niezgodność między wyborem upragnionego znaczenia i wypadnięciem odpowiadającego mu przypadkowego zdarzenia. Ocena stopnia zgodności – niezgodności w różnych dziedzinach postawionego celu, pozwala orzec, na ile łatwo lub trudno będzie ten cel osiągnąć. Oznacza to, że zadanie zorientowania się przez umysł w nieznanym mu łańcuchu przyczynowości okazało się w pełni wykonalne.

Pomyślcie tylko – zorientowanie się w tym, co nie poddaje się logicznej analizie – jest możliwe!

Można się dowiedzieć, czy cel okaże się osiągalny, i w jaki sposób. Można przygotować wariant działań, nie angażując się w nie jeszcze. Nie trzeba mówić, że to wielki przywilej, zaleta nawet dla zadań społecznych!

Ale to jeszcze nie wszystko.

Ta sama klasa prawidłowości umożliwia osiągnięcie jeszcze lepszych rezultatów, ponieważ fakt wzajemnego oddziaływania uporządkowania wewnątrz nas i uporządkowania w otaczającym świecie świadczy o tym, że te uporządkowania, tworzące dla nas rząd zdarzeniowy, podczas jego formowania są wzajemnie zależne. Przecież świat dąży do równowagi, a gdy dojdzie do jej zakłócenia, chce to naprawić – odbudować równowagę.

Oznacza to, że regulując jedno z uporządkowań, można wpływać na zdarzenia znaczące dla człowieka. Na Światowe Prądy wtedy nie mogliśmy mieć wpływu – nie pozwalał na to nasz poziom wiedzy. Mogliśmy jednak wykorzystać wiedzę energoinformacyjnej struktury umysłu człowieka, tej jej podstawy, która powoduje, że zdarzenia dla nas są znaczące lub nie.

Dlatego w programie pierwszego etapu piątego stopnia zajęliśmy się badaniem struktury własnego umysłu i odkryliśmy w naszej wirtualnej przestrzeni (jako wirtualna przestrzeń naszej świadomości służą ujścia kanałów energoinformacyjnych naszego własnego mózgu) obszary, których wpływ określa, jakie znaczenie nasz umysł nada zdarzeniu – pozytywne czy negatywne. Powoduje to, że zdarzenia są dla nas różne.

Gdybyśmy włączyli tylko jakiś jeden obszar – to tak, jakbyśmy nadawali jedno i to samo znaczenie wszystkim zdarzeniom, w których uczestniczymy, niezależnie od treści tych zdarzeń. Otaczające nas szeregi przypadkowości, niedotknięte interferującymi ściśle z nami skoordynowanymi łańcuszkami Światowych Prądów próbują nam skompensować równowagę. Ale znaczenie zdarzenia zostało utrwalone!

W praktyce to wszystko okazuje się podobne do sprężyny drobnych przypadkowych zdarzeń uznawanych przez nas za „nieprzyjemne", „niechciane". Z łatwością utrzymujemy te znaczenia, ponieważ drobne przypadki to drobne zdarzenia, które nie są ważne. Natura, że się tak wyrażę, „ma teraz wobec nas dług". Co dalej – łatwo można się domyślić. Jeśli jest nam potrzebne zdarzenie pozytywne, uwalniamy, odpuszczamy utrwalenie znaczenia. Sprężyna się prostuje i świat zwraca nam „dług".

Doskonała zasada umożliwiająca otrzymanie od świata tego, co niezbędne, według ustawionego schematu.

Jak to wygląda? Gdy pojawi się potrzeba jakiegoś zdarzenia (np. potrzebne będzie miejsce siedzące w autobusie lub miejsce do parkowania itp.), wystarczy „zachmurzyć czoło", a natura pospieszy, by naprawić zaniedbanie i potrzebna nam szansa pojawi się prawie na pewno. Czyż to nie jest wygodne?

W programie pierwszego etapu piątego stopnia (dokładnie wszystko opisano w książce „Pewność") znalazło się budowanie reżimu kierowanej strefowości, który pozwalał na zamianę niepowodzeń w drobiazgach na powodzenia w sprawach ważnych i umiejętność korzystania z systemów tekstowych. Ta umiejętność umożliwia wcześniejsze ustanowienie sposobu wzajemnych oddziaływań człowieka z uporządkowaniami Światowych Prądów na drodze do celu. Pozwala na wykrycie otwartych i zamkniętych dróg oraz na wcześniejsze określenie najbardziej optymalnego podejścia do zaplanowanych osiągnięć.

To wspaniałe, niczym niezastąpione w praktyce zdobycze i jednocześnie coś więcej.

Od początku wykorzystania technik piątego etapu nasz umysł stopniowo zaczyna zmieniać orientację związaną z kierunkiem swojego ruchu, ponieważ dla niego tworzy się nowy logiczny łańcuch: zmiana stanu prowadzi do zmiany w wydarzeniach. Umysł otrzymuje możliwość jakby zestrojenia się z warstwą, w której znajdują się potrzebne zdarzenia.

W ten sposób w rezultacie naszych treningów umysł po raz pierwszy zaczyna orientować się w otaczającym go świecie, niepokolorowanym społeczną iluzją, i robi to w oparciu o głębokie podstawy wspólnoty, łączności natury, samego siebie i wielkiego świata.

Taki sposób działań bardzo szybko wchodzi w krew, staje się przyzwyczajeniem i osiągamy to, o czym mówiliśmy – umysł zaczyna coraz głębiej wrastać w pozaegregorialne warstwy prawdziwego wielkiego świata i to staje się dla niego tak naturalne, jak zwrócenie się ku własnej pamięci. A to oznacza, że umysł w coraz większej części zaczyna rozporządzać nie tylko mózgiem, jako nosicielem, ale lokuje się także na łańcuchach zewnętrznych energoinformacyjnych kaskad. Umysł znajduje się tam zarówno w tym, co przeżywa, jak i w tym, co na niego się składa – pamiętacie? Umysł wychodzi w wielki świat.

Efekt nasila się wraz z zastosowaniem systemów tekstowych dających możliwość oparcia się na uporządkowaniu wielkiego świata. Stawiając zadanie za zadaniem, sprawdzając warianty dróg, umysł z coraz większym prawdopodobieństwem znajduje nowe, nienarzucone społecznie, skoordynowane zdarzenia, w wyniku czego jeszcze głębiej zaznajamia się i oswaja z przestrzenią wokół siebie.

Pierwszy etap piątego stopnia po raz pierwszy ustala głębokie związki między uporządkowaniami w umyśle a uporządkowaniami w pozaspołecznym, nadegregorialnym Wielkim Świecie, tworząc między nimi energoinformacyjną kaskadę stającą się częścią struktury naszego umysłu i rozprzestrzeniając umysł poza biologiczne granice.

Zadziwiająco szybko człowiek przyzwyczaja się do sposobu oddziaływania ze światem, z którym zapoznaje się na pierwszym etapie piątego stopnia.

Zresztą jeśli się zastanowić, nie powinno to dziwić: przecież podmiot to nieodłączna część realności, samoodczuwaniem przeniknięty jest cały nasz świat i w biologicznej formie wewnątrz społecznego kontekstu umysł czuje się zniewolony. Jego domem są niekończące się przestrzenie wszechświata, a nie ulica Budowniczych, dom 10, mieszkanie 3, ciało obywatela I. I. Iwanowa.

Każdy odczuwa to w dzieciństwie i potrzebuje tylko tego, by ktoś mu wskazał drogę, jak wyjść na naturalne dla siebie przestrzenie.

Ponieważ ponowne połączenie, przywrócenie jedności umysłu i świata przebiega bardzo szybko, wkrótce umysł będzie potrzebował dodatkowych narzędzi. To zupełnie naturalne – cóż jest dobrego w tym, żeby wyjrzeć na ogromną przestrzeń, odczuć ją i nie wiedzieć, jak się w niej aktywnie poruszać, nie posiadać narzędzi oddziaływania na to, co się widzi, czuje, na elementy tego nowo odkrytego świata?

Na razie umysł opiera się na tym fundamencie, który proponuje mu ciało. Ciału nie starczy jednak możliwości do działania w pozaspołecznym i w istocie pozabiologicznym środowisku.

Przede wszystkim potrzebna jest energia do swobodnego istnienia w tym nowym środowisku.

Jak zazwyczaj kumulujemy i ukierunkowujemy energię do działania? Do wykonania jakiegoś działania potrzebne jest najpierw zastanowienie się nad nim. Żeby pomyśleć, musimy zechcieć pomyśleć. A żeby zechcieć, potrzeba... a właśnie, co jest potrzebne, żeby zechcieć?

Tak proste pytanie, a jednocześnie tak złożone.

Oczywiste jest, że bez chęci, bez pragnienia nie ma energii do zrobienia czegokolwiek. Nawet wtedy gdy działamy bez żadnego pragnienia, działamy pod wpływem innego pragnienia, które pokonuje nasz brak pragnienia, by wykonać to działanie.

Chodzenie np. do dentysty okazałoby się całkowicie niemożliwe – gdyby nie pragnienie, by kosztem nieprzyjemnych leczniczych zabiegów uniknąć jeszcze bardziej nieprzyjemnych odczuć. Podstawą każdego działania jest jego emocjonalna natura, kwant energii wywołującej lawinę.

Skala działania może być różna, zapas energii centralnych strumieni – nieskończony, działanie może przybrać niewiarygodną siłę, ale...

Ale bez malutkiego, zapoczątkowującego je emocjonalnego odczucia, tej pierwszej molekuły energii w całej lawinie następujących po sobie zdarzeń, każde działanie okaże się niemożliwe. Nawet nie tak. Nie będzie niemożliwe. Po prostu nie powstanie, nie narodzi się. I nie narodzą się nawet jego przesłanki.

Zatem co powinniśmy robić, by zechcieć pomyśleć o tym, żeby zechcieć zrobić? Co możemy zrobić? Co może zrobić w tym kierunku umysł w ciele wedle swojej swobodnej woli?

Odpowiedź brzmi: nic.

Sama wola to także ta sama energia. Tę energię rodzi dla nas nasze ciało. Przeznaczona jest do obsługi programów biologicznych. Umysł nie potrafi kierować nią wedle swojej woli. Dlatego ludzkość nie wyszła poza coraz bardziej wyrafinowane rozwiązania biologicznych zadań i programów. Nie może. Beznadziejna sprawa.

Niestety, umysł i świadomość posiadają taką naturę, że są jakby pośrednim ogniwem między przyczyną i skutkiem.

Umysł może wybrać wariant skutku, np. czym wbijać gwóźdź – do tego służy pamięć, logika, zdolność do wyobraźni i abstrakcyjnego myślenia; jednak po to, by zacząć wybierać skutek, potrzebna jest przyczyna.

Bez przyczyny – ani rusz.

Bez przyczyny nie tylko niemożliwe jest działanie. Sam umysł bez niej nie istnieje. Przecież jeśli nie ma przyczyny, to nie ma działania, nie ma przeżywania, nie ma istnienia. Zero. Niebyt. Nicość.

Dlatego nasz umysł nie jest wolny w ciele. Wszystkie przyczyny dla niego rodzi ciało stymulowane ku temu przez zewnętrzne sygnały (np. dźwiękiem czy obrazem) lub przez cielesną biochemię (spadł poziom cukru – czujemy głód) albo przez poprzednią myśl (pomyśleliśmy o jutrze i zachciało nam się je przybliżyć), lub też przekazanie za pośrednictwem ciała sygnału pochodzącego od innego żywego organizmu (ktoś zasłabł i chcemy mu pomóc). To absolutnie wszystko.

W biologicznym ciele umysł nie jest panem, prędzej już przebiegłym niewolnikiem potrafiącym przekształcać pragnienia swojego pana w ich zupełne przeciwieństwo. Jednak u tego niewolnika nawet myśl nie ma prawa drgnąć – nie ma na to sił bez energii rozkazu pana.

Dodatkowo nasze zadanie utrudnia fakt, że wiedza zgromadzona przez ludzkość nie umożliwia logicznie innego sposobu działania.

Nawet posiadając energię niepochodzącą od mózgu umysł nie ma sił na rozmieszczenie jej w jakimś dowolnym punkcie i zapoczątkowanie od tego miejsca swojego ruchu.

„Zechcieć zechcieć tego" – to pozbawiona sensu kombinacja słów. Co miałoby oznaczać „zechcieć zechcieć" – połączenie słów wyrażające tęsknotę za dodatkową energią umożliwiającą działanie i przeżywanie.

Na poziomie gruntu, na równej powierzchni zechcieć zechcieć czegoś konkretnego jest absurdalne (od razu, przewidując Wasz sprzeciw, na wszelki wypadek pozwolę sobie odrzucić wariant hipotetyczny, gdy taki gwałt na sobie zachodzi pod wpływem energii innego pragnienia i motywu, np. w imię pokoju na całym świecie... nie mówimy tu o różnorodnych narzędziach, nie na darmo napisałem – na poziomie gruntu). Przecież już zobaczyliśmy to coś niecoś konkretnego i już wywnioskowaliśmy, że tego nie chcemy. Czy z samej tylko radości mielibyśmy wobec tego zechcieć tego zechcieć?

Niestety, dla umysłu, który stał się świadomy siebie w chwili uduchowienia przez niego biologicznego ciała, opisany przeze mnie paradoks jest jak najbardziej aktualny. Przykuwa umysł do niedługowiecznego ciała bardziej niż kajdany, to przecież nie jest jakiś tam związek, ale faktyczna logiczna tożsamość energoinformacyjnych kaskad umysłu i ciała.

Jednak mówimy o wolności dla umysłu. Umysł naprawdę wolny powinien mieć możliwość wykorzystania obecnej w nim z woli losu energii na ukierunkowanie myśli oraz powinien mieć możliwość pomnażania tej energii. Innymi słowy, powinien umieć wytwarzać przejawienie, wyjawienie własnej przyczyny w dowolnym miejscu, według swej chęci, niczym bóg tworzący sam siebie. Powinien chociaż mieć możliwość w nieskończoność podtrzymywać przyczynę własnego istnienia, posłużywszy się biologicznym ciałem, zapalając potem od tego źródła pochodnię za pochodnią w energoinformacyjnej przestrzeni i nieustannie podtrzymując źródło ognia.

To ogromny problem o praktycznym i filozoficznym charakterze, nad którym bezpośrednio lub pośrednio od dawna myśleli filozofowie egzystencjaliści różnych szkół. Problem ów sprowadza się do pytania: „po co?" we wszystkich możliwych jego formach. Po co istniejemy? Po co działamy? Po co człowiekowi dany został umysł? Po co się urodziliśmy? Po co umysł w ogóle istnieje?

Problem wynika głównie z faktu, że zarówno praktyka, jak i filozofia człowieka podporządkowane są logice. A logika jest narzędziem przerzucania mostów między przyczyną i skutkiem. Nie może istnieć bez przyczyny – podobnie jak umysł, i nie może kroczyć z rozerwaną przyczynowością. Dlatego wszystkie logiczne rozważania zawsze sprowadzają się do wniosku, że ktoś istnieje pierwotnie, że jest przyczyną albo warunkiem.

A natura – może tak istnieć. Jej niepotrzebne są długie uzasadnienia, po co żywej istocie ma się czegoś chcieć. Jeśli pragnienie jest nieprawidłowe, po raz drugi nie powstaje i zostaje wyłączone ze spisu możliwych pragnień. Jeśli się usprawiedliwia, ruch można powtórzyć wg podobnego przypadku. Za to w umyśle pojawia się droga, punkt wyjściowy dla ruchu, energetyczna nierównomierność.

W celu dalszego rozwoju samych siebie potrzebowaliśmy istotnego drobiazgu – na początek trzeba było nauczyć się stwarzać samemu sobie przyczynę do działania tam, gdzie nie może nam pomóc ciało.

Chcemy też dać swojemu umysłowi możliwość swobodnego istnienia. A to oznacza, że ta przyczyna powinna wyjść od umysłu.

Zadanie w ten sposób postawione różniło się celem i sposobem rozwiązania od analogicznych zadań – zapewnienie umysłowi energii niegenerowanej przez ciało, tj. zadania bezcielesnego istnienia umysłu.

Nawiasem mówiąc, jak myślicie, jakie analogiczne zadania mam na myśli?

A przecież były one podejmowane i rozwiązywane dawno temu w tradycjach religii. Aby mieć nadzieję na istnienie po śmierci, od człowieka wymagane jest pełne przeżywanie życia religijnego egregoru, wymagany jest zestaw standardowych zalecanych przyczyn – przeżyć dla wszystkich członków tego wyznania i to, by ten zestaw stał się sposobem i istotą własnego istnienia. Takie przeżycia podtrzymywane religijnymi rytuałami są energią przyczyny dla umysłu. Ponieważ wiarę wyznaje wielu ludzi, to źródło energii nie przestaje bić dla umysłu, jeśli podtrzymujące go ciało przestaje dostarczać energię. Jednak takie rozwiązanie ma jeden istotny minus – egregorialne energetyczne zaopatrzenie pochodzące tylko od jednego egregoru przykuwa umysł silniej, niż robi to ciało. A przecież chodzi nam o to, by umysł był wolny.

Nie zadowoli nas mniej, niż danie umysłowi narzędzi pozwalających mu na samodzielne kierowanie własną przyczyną; na tym etapie przyczyną w takiej postaci, by była mu znana. Jest to osiągalne.

Oczywiście początkowo korzystamy z energii własnej psychiki, takiej, jaka jest. Wykorzystujemy ją do prostych i jasnych zadań wykonywanych w tym momencie.

Jednak podobnie jak w innych technikach systemu nawyków DEIR, technika stworzenia emocjonalnych bodźców, które tworzą przyczynę i potencjał dla działania umysłu, umożliwia stopniowe rozszerzenie sfery ich użycia... pamiętacie, co mówiliśmy na temat stopniowego entuzjazmu wobec pozaegregorialnej składowej kierowania tworzeniem celów i ich realizacją? To właśnie ten przypadek.

Stopniowo sama technika przekształca się w głęboko zakorzeniony nawyk umysłu i dla zapewnienia sobie kolejnego ruchu wystarczy rozmieścić w przestrzeni wewnętrznej lub zewnętrznej dwa proste odczucia odpychające i przyciągające. Następnie ten bodziec sam z siebie rodzi przyczynę wystarczającą do wykonania następnego kroku oraz do stworzenia nowego bodźca, potem jeszcze jednego itd.... Tylko dwa proste odczucia pozwalają umysłowi samemu wprawić się w ruch, zamienić energię dostarczaną do tego energoinformacyjnego łańcucha przez biologiczną podstawę do jej pobudzenia na energię wprowadzaną tam przez umysł już z własnej woli, by ta energia służyła jako przenośny generator swojej przyczyny.

Jednak aby do tego doszło, odczucia te powinny stać się rzeczywistą częścią stałego przeżycia, wewnętrznego życia rozumu.

Do tego celu potrzebne są: czas i przyzwyczajenie do zastosowania metody. Sprawa zakończona.

Wybiegając naprzód, zdradzę, że do wykonania pozostanie nam już tylko jedno zadanie – zapewnienie płynnego przemieszczenia kierunku ruchu umysłu z biosocjalnego na samookreślany. Musimy rozwiązać największy problem polegający na tym, że umysł – nawet umysł oddziałujący z wielkim światem – mimowolnie wybiera spośród różnorodności spraw i wariantów tylko rzeczy znajdujące odzew w jego biosocjalnej strukturze znaczeń, dublując egregorialne motywy; podobnie koczkodan wybiera tylko owoce i zabawki spośród ogromnej ilości pożytecznych przedmiotów. Ale to już jest zadanie trzeciego etapu piątego stopnia.

Co jeszcze potrzebne jest umysłowi, żeby mógł zaadaptować się w Wielkim Świecie utkanym z przyczynowo-skutkowych łańcuchów wzajemnych połączeń?

Oczywiście bardziej bezpośredni sposób wzajemnego oddziaływania z nimi to odpowiednik przystosowań ciała umożliwiających nam wzajemne oddziaływanie z materialnymi przedmiotami tego świata.

Nasz umysł bez wątpienia może inicjować działanie, dzięki własnemu wysiłkowi wpływać na otaczający go świat. To jego nieodłączna właściwość.

Nie ma w tym żadnej tajemnicy – po prostu w zwyczajnej sytuacji dla umysłu otaczającym go światem jest mózg, a ruch umysłu wprawia w ruch tylko kilka molekuł znajdujących się w nim, i to molekuł będących w stanie chwiejnej równowagi, jakby tylko popychając proces prawdopodobieństwa.

Dalej pracuje już ciało będące ogromną wzmocnioną energoinformacyjną kaskadą. Działa, nie potrzebując do tego energii umysłu – świadomość jest zbyt efemeryczna, żeby znacząco wpływać na przedmiot materialny.

Kilka molekuł uruchamia pracę synapsy. Synapsa pobudza neuron i po jego membranie przechodzi fala depolaryzacji. Przekazywana jest przez inne synapsy i obejmuje jeszcze kilka neuronów. Zostaje pobudzony ośrodek nerwowy i znajdujące się w nim motoryczne neurony. W trakcie tego wszystkie neurony oddają zgromadzoną w nich energię, działając podobnie do padających na siebie kostek domina (choć to oczywiście jest bardziej skomplikowane). Akson motorycznego neuronu wywołuje falę depolaryzacji w komórce mięśniowej. Komórka ulega skróceniu, wykorzystując zgromadzone w niej zapasy energii. Mięsień wprawia rękę w ruch.

I oto jesteśmy świadkami cudu – niematerialny umysł pomachał nam materialną ręką.

Energoinformacyjna wzmocniona kaskada naszego działania zadziwia wyobraźnię swoją potęgą. Molekuła substancji – mediatora, waży około grama podzielonego na dziesięć do potęgi dwudziestej drugiej. Neuron to jedna miliardowa grama. Włókno nerwowe prowadzące do mięśnia – gdzieś około połowy grama. Mięsień – dajmy na to – kilogram. Ręka waży około pięciu kilogramów, a może podnieść, nie obciążając się zbytnio, około dwudziestu kilogramów.

Od kilku molekuł do kilku kilogramów. Czy nie sądzicie, że to fantastyczny biomechanizm?

Gdyby skonstruować dźwignię hydrauliczną i przyłożyć do jej jednego ramienia siłę tylko jednego grama, kładąc monetę o nominale jednej kopiejki, to drugim ramieniem dźwigni można by podnieść ciężar odpowiadający bez mała wadze Księżyca.

To może wstrząsnąć wyobraźnią.

Nasze ciało – jakież to cudowne narzędzie przejawienia umysłu.

Nawiasem mówiąc, powinniśmy jeszcze zastanowić się nad jedną kwestią. Ile umysłów oddziałuje bezpośrednio na każde zdarzenie wokół nas, ilu umysłom mogą posłużyć jako schronienie podmuchy wiatru, morskie fale, obłoki międzygwiezdnego wodoru lub plazma korony słonecznej? Przecież umysł przejawia się sam z siebie (bez wzmocnionej kaskady, która nie wala się na drodze) w postaci małych (z naszego punktu widzenia) zdarzeń. Wokół nas buzuje cały czujący ocean, żyjący swoim życiem. Jednak odbiegliśmy od tematu.

Ciało – to wzmacniacz umożliwiający umysłowi przejawianie się w świecie na zauważalnym przez nas poziomie. Jako wzmacniacz składa się z kaskad stałych przyczynowo-skutkowych związków, przy czym prawie każde ogniwo kaskad posiada własną energię, którą może uwolnić działanie poprzedniej kaskady.

Czy jednak otaczający nas świat tak bardzo różni się tym od ciała?

Na niego także składają się związki przyczynowo-skutkowe, on też posiada własną energię, którą może uwolnić na zasadzie ruchu kostek domina... tak, uwalnia się ona w każdym łańcuszku zdarzeń.

Oczywiście związki świata są bardziej elastyczne niż związki ciała i o wiele bardziej różnorodne. Nie są stworzone specjalnie w celu wzmocnienia sygnału, ale niedobór wzmocnienia na każdym ogniwie można kompensować długością kaskady.

Pytanie dotyczy kanału pierwotnego oddziaływania... choć tak naprawdę to nie jest pytanie. Umysł jest w stanie wpłynąć na nietrwałe zdarzenia dzięki efektowi obserwatora. Powiemy tak:

w pewnych przypadkach oczekiwania obserwatora mogą przesądzić, które z równych prawdopodobieństw poziomu kwantowego będzie realizowane. Cząsteczka czy fala. Tak czy nie.

Na poziomie makrozdarzenia: orzeł czy reszka.

Oczekiwanie obserwatora, czyli umysłu, jest połączone energoinformacyjną kaskadą ze zdarzeniem i wpływa na to zdarzenie. A energoinformacyjna kaskada, łącząca naszą świadomość i dowolny obserwowany element otaczającego świata, jest zawsze. Gdy widzicie przedmiot, część fotonów pada na siatkówkę waszego oka, tam powstaje sygnał i dochodzi do mózgu. Także reakcja mózgu na sygnał jest przekazywana oku; oko np. zmienia krzywiznę swej soczewki, średnicę źrenicy. Jednak pewna część fotonów nie dostaje się do źrenicy, ale odbija się od oka i znowu pada na przedmiot... Jesteśmy otoczeni energoinformacyjnymi kanałami związków z otaczającym światem.

Jeśli umysł przejawi swoje najlepsze cechy – przenikliwość, rzutkość, uwagę – jest w stanie wytworzyć w otaczającym środowisku kaskadę zdarzeń analogiczną do tej, jaka zachodzi w naszym ciele.

Posłużę się przykładem. Wiatr przypadkiem pochylił trawkę, cień prześlizgnął się po kamyczku i przykuł uwagę człowieka, który rzucił ten kamień w krzaki, a ten wpadł do beczki – rozległ się donośny odgłos. W odpowiedzi na ten dźwięk z okna wychylił się inny człowiek i zaczął krzyczeć, zwracając na siebie uwagę niezbędnego dla nas człowieka itd.

Magia, cuda. Choć oczywiście to nie żadne cuda, ale biegłe wykorzystanie naturalnych zdolności naszego umysłu.

Magiczne metody czasami, z powodu przeniesienia znaczenia i stworzenia kanału informacyjnego, trafiające do celu – bledną w porównaniu z uniwersalnymi możliwościami umysłu rozumiejącego zasadę procesu.

Inaczej mówiąc, jeśli w strefie przypuszczalnego zdarzenia w ogóle coś się dzieje, to umysł potrafi popchnąć kierunek przebiegu przypadkowości. My też tak robimy, popychając zdarzenia we własnym mózgu, to odczucie łatwo odkryć.

Po zajęciach DEIR można zobaczyć, jak kursanci, którzy opanowali tę metodę, kierują przypadkowym lotem papierka na wietrze – w jedną stronę i w drugą, w tę i nazad... Oczywiście wiatr wieje przeważnie w jedną stronę, a jednak poziom oddziaływania przez człowieczy umysł na przypadkowość zupełnie wystarcza, aby papierek poruszał się w wybranym przez człowieka kierunku.

Nauczenie się tego, reprezentowanie takiego poziomu wzajemnego oddziaływania ze światem natychmiast daje umysłowi nowy, ogromny stopień wolności, pojawia się głęboki związek między człowiekiem a światem. Sami wiecie, że gdy już raz spróbujecie wpłynąć myślą na zdarzenia, wkrótce staje się to waszym nawykiem.

Ten zrutynizowany sposób działania, podobnie jak sztuka kierowania własną przyczyną, staje się składową wewnętrznego życia umysłu, jego częścią. Umysł otrzymuje możliwość bardziej skutecznego opierania się na energoinformacyjnych mechanizmach niecielesnego pochodzenia.

Co jeszcze trzeba było zrobić w celu utrwalenia efektu?

Zapewne pomóc samemu sobie w częstszym wzajemnym oddziaływaniu ze zdarzeniami świata zewnętrznego nie z powodów biologicznej i egregorialnej koordynacji. Działać tak jak natura – „po prostu" i z tym wstępować w nowe nieoczekiwane wzajemne oddziaływanie z otaczającym światem, ułatwiając sobie poszukiwania nowych energoinformacyjnych kaskad.

Trzeba jeszcze mieć więcej energii – energii dla umysłu, energii, która nie pochodzi z ciała, ale jest wytworzona dzięki istnieniu umysłu.

Dlatego do programu drugiego etapu piątego stopnia (szczegóły zawiera książka „Mądrość”) weszło: nauczenie się wykorzystania emocjonalnej przyczyny i technik tworzenia zewnętrznych i wewnętrznych wektorów emocjonalnych; wykorzystanie technik szybkich i powolnych myśli w celu kierowania przypadkowymi zdarzeniami, stworzenie zewnętrznej czakry, niezależnej od zwykłej struktury czakralnej.

Jak sądzicie, zrobiliśmy ogromny krok naprzód w porównaniu z pierwszym stopniem?

Rzecz jasna, społeczna przewaga tych nawyków jest oczywista.

W żadnym wypadku nie mamy zamiaru ich lekceważyć, tym bardziej że doświadczenie w ich zastosowaniu jest konieczne dla odkrycia celów i prawidłowości pozaegregorialnego poziomu – wygodnie jest przecież wpłynąć na sytuację dzięki prostemu skupieniu myśli lub też zawczasu przesądzić bieg zdarzeń. Zamierza odwiedzić was teściowa, ale uważacie, że dzień jej wizyty jest dla was nieodpowiedni... Czy mam kontynuować?

A stworzenie w świecie bieguna zewnętrznego emocjonalnego wektora wpływającego na wszystkich znajdujących się między tymi biegunami, przeorientowującego uwagę na wektor pozytywny... Przykład? Oto wasz sklep, oto droga, którą idą ludzie... Czy mam pisać dalej?

Jednak znowu odbiegłem od tematu. Najprawdopodobniej, drodzy Czytelnicy, przeszliście już drugi etap piątego stopnia i wszystko, o czym teraz mówię, znacie z własnego doświadczenia.

Wiecie zatem doskonale, że proces, o którym mówiłem – to stopniowo coraz większe oparcie w pozaspołecznych łańcuchach zdarzeń i przeżyć, to stawianie sobie wciąż interesujących, wielkich, ale coraz mniej zależących od społecznie zdeterminowanego świata, celów. To wszystko bardzo szybko zwiększa część wewnętrznego życia powstałą ze wzajemnych oddziaływań z Wielkim Światem.

Cały czas gromadzimy doświadczenie i wielki świat wyłania się coraz bardziej dobitnie i wyraźnie.

Drugi etap piątego stopnia poinformował umysł o możliwości swobodnego działania w Wielkim Świecie, umożliwił samodzielne tworzenie energii dla swojego ruchu oraz nauczył bezpośredniego oddziaływania na tkankę przyczynowości świata. Uwolnił umysł dla samoistnienia.

Stopniowo człowiek zaczyna coraz bardziej korzystać z nawyków, które tak łatwo opanował, choć w rzeczywistości nie są takie proste, i prawie nie zauważa, że wszystkie nawyki tworzą zupełnie nowy algorytm działania, pogląd na rzeczy, sposób życia.

Człowiek zaczyna żyć jednocześnie na dwóch poziomach: na biologicznym, społecznym i na następnym – na poziomie światowej przyczynowości.

Rzućmy okiem na przebytą drogę, żeby wyraźniej dojrzeć dystans między tymi dwoma poziomami.

Człowiek istniejący na omówionym przez nas ewolucyjnym poziomie, takim, który obraliśmy za punkt wyjścia do zapoczątkowania pierwszego stopnia, korzysta tylko ze standardowych narządów zmysłów i standardowych znaczeń słów. Szuka sensu życia wyłącznie wśród zaproponowanego przez system społeczny zestawu „cudów", jakby naznaczono go podczas narodzin – gdy stał się malutką częścią mechanizmu – i potem rozkazano, by szukał miejsca, do którego będzie pasował, jako część maszyny. To jak kupujący w supermarkecie, zobowiązany do zrobienia zakupów za wszystkie posiadane pieniądze, a pieniędzmi w tym przypadku jest czas niepowtarzalnego życia. Jakby wokół niego nie było ogromnego, wspaniałego świata, ale ładownia galery płynącej w nieznanym kierunku, a jego zadaniem było wiosłowanie przez całe swoje życie, od narodzin, do śmierci, i to wiosłowanie nie wiadomo właściwie dokąd.

Myślenie takiego człowieka, jego postrzeganie świata jest nieprzerwanie kierowane przez egregorialne logiczne łańcuchy – o każdym przedmiocie można myśleć tylko tak albo tak – wybierz, człowieku, jak myśleć, jakiemu egregorowi dostarczyć porcję energii – głosuj albo przegrasz. Jest uczony pragnienia tylko standardowych rzeczy, dążenia do standardowych celów, tego, by odpowiadać standardowym wzorcom, standardowo ubierać się i jeść standardowe jedzenie. A gdy spotka coś niestandardowego, musi przekształcić to w to, co stanowi standard lub w ostateczności postrzec jako standardowe. Ma wierzyć obłudnym obietnicom polityków i kapłanów, czekać na standardową świetlaną przyszłość, która standardowo nastąpi tylko dla innych sług narodu, nie dla niego. Ma zgodnie z instrukcją rozważać zalecone tematy. Nie myśleć. Pragnąć na rozkaz i działać na rozkaz. Sądzić, że tylko takie życie jest możliwe. Nie widzieć wyjścia.

Być idealną śrubką. Mrówką. Najbardziej gorliwym mrówczym mrówkom dają możliwość pokierowania innymi mrówkami. To taka mrówcza samorealizacja.

Narzucone odczuwanie świata, narzucona percepcja świata, narzucone myśli, narzucone ideały, narzucone postępowanie, narzucone funkcje, narzucony epilog.

Słabą indywidualną iskrą w tej zamaskowanej ciemni bez perspektyw jest miłość, rodzina, marzenia... W rzeczywistości jednak jakże słaba, stłumiona jest ta iskra. Gdzie miejsce dla braterstwa, miłości i tego, co ludzkie w życiu człowieka, jeżeli ten człowiek, nawet będąc w domu, jest wciąż na służbie, przecież jest podatnikiem, zużywa wodę i światło, powinien – za to, że ma choć troszeczkę, zobowiązany jest od urodzenia, jest obywatelem, liczy się nie głos serca, lecz bat rozkazu, on nie żyje, tylko służy i uczy dzieci niewolniczego myślenia, a teraz działa na rozkaz: „Spocznij" i może mieć pięć minut przerwy na papierosa.

Jezus Chrystus przegnał handlujących w świątyni.

Jeśli zjawiłby się teraz, z pewnością przegoniłby cały ten sztywny kukiełkowy teatr społeczeństwa konsumpcyjnego, jako twór zupełnie nienależący do wyższych sfer.

Człowiek studiujący DEIR przyjął decyzję o rozwoju i wiele się do tej pory nauczył.

Przekształcił swoją energetykę z kierowanej egregorialnie na podporządkowaną swojemu własnemu umysłowi. Zaczął posługiwać się wieloma kanałami energoinformacyjnymi, znacząco różniącymi się od standardowych, kontrolowanych przez egregory. Stworzył ochronę przed niewidocznym sterowaniem. Zaczął wykorzystywać własne zasoby dla swojego dobra, przestał oddawać je na potrzeby energoinformacyjnych pasożytów w zamian za fałszywe skarby. Uwolnił swój wewnętrzny świat od egregorialnego sterowania. Zaczął pielęgnować swoje cele – wolne od egregorów. Dzięki metodom drugiego stopnia stworzył efektywny system zabezpieczenia swoich wolnych celów i teraz już nie potrzebuje egregorialnej koordynacji. Nauczył się energetycznego podtrzymywania porządku w swoim ciele, co umożliwiło mu przezwyciężenie chorób wynikających z zakłóconej pracy narządów i układów. Kształtował siebie jako wolną istotę wewnątrz kolektywnego organizmu.

Badał energoinformacyjne kanały swego otoczenia i mógł podłączyć się do nich na tym poziomie, na którym otoczenie kieruje bezmyślną egregorialną siecią. Otrzymał takie jak ona możliwości wpływu.

Stał się świadomy swojego umysłu i przestroił własną strukturę w dojrzałą wolną formę, nakierowując własny potencjał – energię, myślenie i intuicję – na osobiste potrzeby, stał się całkowicie jednolitą monadą rozwijającą się w zgodzie z nakazami swoich myśli. Jest gotów iść naprzód.

A to dopiero sam początek drogi, pierwsze cztery stopnie, chociaż jednocześnie to gigantyczny skok dla istoty ludzkiej, to tak, jakby mrówka z własnej woli przestała być zależna od rozkazów chemii mrowiska i zaczęła rozwijać się samodzielnie. Maleńki krok dla człowieka, ale ogromny – dla ludzkości.

To w pełni naturalne, że człowiek wyszedł poza granice społecznego mrowiska, za horyzont jego poznania. Zobaczyć świat nieskładający się już z socjalnych związków, jak mrowisko z patyczków, poczuć jego strukturę i zacząć przyzwyczajać się do niego razem z innymi, którzy też potrafili się uwolnić.

A potem zmienić swoje energoinformacyjne ciało w taki sposób, żeby mieć przyczynę myślenia w poprzedniej myśli, a nie w nacisku systemu społecznego i nastrojonego na nie ciała. Mieć możliwość myślenia niezależnego od czegokolwiek i podróżować tak daleko, dokąd się chce. Zrozumieć zasady tworzenia w nowym, odkrytym świecie, by móc budować z cegiełek nowego świata.

Oczywiście ten, kto potrafił to osiągnąć, ma przewagę nad tymi, których umysły są jeszcze wplecione w konsumpcyjną wspólnotę. Jego możliwości są możliwościami innego wymiaru, a rozumienia ich prawidłowości nie zmieszczono w siatce znaczeń egregorialnego doświadczenia (co absolutnie nie dziwi – to śmiertelne zagrożenie dla niewidzialnych sieci sterowania). Dlatego możliwości takiego człowieka postrzegane są przez tych, którzy jeszcze nie osiągnęli pewnego poziomu, jako coś wspaniałego, mistycznego, coś z innego świata.

Dlatego możliwości poziomu pozazmysłowego (a raczej rezultat ich zastosowania) nie znajdą odbiorcy wśród istot splecionych z egregorami, jak każda niezrozumiała rzecz niezrozumiałego przeznaczenia (należy to wyraźnie, precyzyjnie rozumieć) – z drugiej strony, mogą zrobić wewnątrz socjalnego mrowiska, co im się żywnie podoba. Wpływać na przebieg zwykłego dla wspólnoty procesu w niezrozumiały, czarodziejski sposób. Wnieść nową możliwość, niezwykle atrakcyjną i powabną, i dlatego czasem nawet powodującą lęk. Inicjować nowy proces oparty na niezrozumiałych prawidłowościach, z naturalnym oddźwiękiem. Ogólnie rzecz ujmując – potencjalnie – to władza we wszystkich jej przejawach. Ale jednocześnie, praktycznie rzecz biorąc, nie jest to żadna „władza".

Żeby to wszystko robić, trzeba mieć powód i energię popychającą do takiego działania. A żeby mieć motywację i prawdziwe zadowolenie z działania, widzieć w tym sens, trzeba być zestrojonym z egregorami, nie być od nich wolnym. To jest zupełnie naturalne – żeby zrobić coś, co spowoduje niezdrowe spekulacje, zaciekawienie w świecie, w którym królują egregory, trzeba posiadać te same wartości, które one mają.

Człowiekowi, który uwolnił swój umysł, trudno znaleźć w takim działaniu jakąś korzyść. Doświadczenie pokazuje, że podobne rzadkie eksperymenty trwają bardzo długo i wygasają samoistnie.

A dla człowieka, który jeszcze nie wszedł na nowy poziom, takie możliwości nie są dostępne. Dlatego żadne zdarzenia nie mają miejsca.

Krótko mówiąc, człowiek, który przekroczył w swoim rozwoju poziom przedszkolny, z łatwością może stać się władcą piaskownicy i zabrać sobie wszystkie foremki do robienia babek z piasku. Ale jednocześnie jest to zupełnie pozbawione sensu – na tyle, że historia nie zna przypadków podobnego idiotyzmu.

Dla człowieka znajdującego się na nowym ewolucyjnym etapie egregorialne środowisko w istocie jest źródłem rzeczy korzystnych dla działalności życiowej oraz miejscem, gdzie można znaleźć przyszłych zwolenników, którym można pokazać drogę do nowego świata, z którymi będzie ciekawie oswajać ten świat i z którymi będzie można połączyć siły w celu dotarcia do jeszcze bardziej oddalonych granic energoinformacyjnego wszechświata.

Chciałoby się mieć nadzieję, że kiedyś egregorialny świat zajmie właściwe mu miejsce – gdzieś w sferze młodzieńczych zachowań

– i dla homo sapiens, człowieka rozumnego, będzie czymś w rodzaju inkubatora, w którym ludzie rozwijaliby się przed wyjściem w wielki prawdziwy świat.

Aby tak się stało, tych, którzy uświadomili sobie siebie jako umysł, powinno być rzecz jasna więcej.

W tym celu powinna pojawić się jeszcze jedna możliwość.

Jakkolwiek paradoksalnie by to zabrzmiało, umysł, nawet po uwolnieniu się od egregorialnego przymusu i po uzyskaniu możliwości życia w Wielkim Świecie, wciąż nie jest wolny od egregorialnego śladu.

Nie może wejść na nowe tory.

Z miliarda możliwości może wybierać, co mu się żywnie podoba, a jednak zawsze wybiera klony biosocjalnych rozrywek. Jego umysł, posiadłszy skrzydła, nie może zerwać się do lotu, ponieważ jakoś nie może wyobrazić sobie tego lotu.

Tak – istnieje na granicy, tak – przejawia w egregorialnym świecie pozaegregorialne możliwości, tak – jego cele tworzy umysł, a nie wezwania energoinformacyjnych pasożytów, oczywiście, to wszystko prawda.

Jednak niestety, nie jest łatwo uwolnić jego myślenie, które przecież bazuje na egregorialnych pojęciach szlifowanych w ciągu tysięcy lat.

Wiąże się to ze szczególną cechą ludzkiego myślenia niepozwalającą człowiekowi zagłębiać się zbytnio w poznanie otaczającego świata i odrzucającą go do punktu myślenia podtrzymywanego przez egregory.

Dlatego najbardziej subtelne pojęcia, te niezbędne ogniwa w łańcuchu rozważań człowieka, szlifują egregory. Potem utrwalają się one w systemach ludzkich znaczeń w uwydatnionym przez egregory rodzaju wraz z całym zestawem egregorialnych związków.

Z jednej strony jest to w jakiś sposób zrozumiałe: przecież egregory to sieci łączące działalność myślową milionów ludzi i kosztem takiego paralelnego procesu opracowujące pojęcia bardzo skrupulatnie. Ta część procesu sama w sobie jest nadzwyczajna – jak wiadomości przedstawione przeze mnie w książce, będzie obrabiać się i szlifować, aż do pięknego wyostrzenia.

Z drugiej strony, właśnie z tą tendencją trzeba walczyć, w czasie tej obróbki każda idea ulegnie wypaczeniu, cechy potrzebne egregorom ulegną przerostowi, często na tyle, że idea utraci jakąkolwiek inną użyteczność. W ciągu lat, dziesięcioleci, wieków. Kto wie, obok czego, obok jakich odkryć i perspektyw egregorialna ludzkość już przeszła, niczego nie zauważając?

Na koniec, z trzeciej strony – przecież to prawdziwa tragedia – wiedzieć, że myślenie jest podobne do kozy na gumce. Koza może odchodzić od egregorialnego punktu wyjściowego, pokonując opór, ciągnąc ku nowemu, ciągnąć do utraty sił, ciągnąć – a mimo to kiedyś, przy najmniejszym zaniedbaniu, gumka się skróci, odrzucając myślenie znowu do centrum. Stąd myślenie, utraciwszy poprzedni kierunek, będzie znów dokądś dążyć, i znów zostanie odrzucone. W taki sposób pozostanie w zaklętym kręgu, póki zupełnie nie opadnie z sił.

To jeszcze nie wszystko – nasz umysł posiadający ograniczenie dotyczące głębokości przeniknięcia do przedmiotu rozmyślań, sam nie bardzo lubi odkrywać nowe. Jeśli to nowe nie przeniknęło do świadomości z siłą młota kowalskiego, świadomość najprawdopodobniej weźmie to za coś starego.

Sami wiecie, Przyjaciele, jeśli już opanowaliście poziom 5 – 2, z własnego doświadczenia wiecie, że w istocie nowe jest bardzo trudno odnaleźć... Wciąż niepokoi odczucie, że oto coś świta, coś wdziera się do naszego życia, ale wystarczy próba pochwycenia tego czegoś uwagą, by wszystko zniknęło, obróciło się w pył. Trzeba koniecznie rozwiązać ten problem.

A jego istota tkwi w niemożności znalezienia przejścia od biosocjalnego łożyska umysłu do łożyska w Wielkim Świecie.

Ileż człowiek mógłby odkryć, gdyby miał możliwość zachowania kolejności myślenia i czujnego wyławiania tego, co nowe! Ileż tajemnic ducha i materii stałoby przed nami otworem...

Wyobraźcie sobie, że przypuszczalnie (cyfry służą tylko w charakterze przykładu), człowiek może zachować motywację i nie stracić orientacji do np. tysięcznego kolejnego wniosku w rozważaniach. Jego ciało posiada siły na sto prób w ciągu całego życia – prób przejścia dalej, do przodu, po doświadczeniu kryzysu. I za każdym razem zaczyna od nowa. Może nie od pierwszego wniosku, ale np. od dziesiątego z ostatniego łańcucha (inny człowiek podbiera taki wniosek już egregorialnie wzmocniony, co zresztą ogólnie rzecz biorąc, nie zmienia sytuacji na lepszą). W ostatniej próbie on, lub setny człowiek, który podebrał myśl – przenika do wniosku dwutysięcznego poziomu.

A mógłby dotrzeć do stutysięcznego!

Jednak przez taką właściwość umysłu – zerwania, przerwania myśli – do przejścia takiej drogi potrzeba stu żywotów lub stu ludzi, którzy kolejno podbieraliby myśli – podtrzymywali myśl poprzedników i kontynuowali ją...

Nie dziwi zatem fakt, że ludzkość doskonali się jak umysł, TAK wolno.

Człowiek od zarania dziejów szukał sposobów przedłużenia życia. Wszystkie poszukiwania wcześniej czy później kończyły się na zwykłych węzłach egregorialnych pojęć, stały się ślepą uliczką dla zagubionych lub eliksirem dla głupców. A może rozwiązanie zagadki znajdowało się w zasięgu możliwości pojedynczego człowieka, może było na wyciągnięcie ręki... Jednak wtedy właśnie powiał wiatr i człowiek zapomniał, o czym myślał, a teraz jego koncepcję otoczyły egregory i stała się bezpłodna.

Niestety, ten problem ściśle wiąże się z czymś ważnym – ze strukturą naszego myślenia.

Na szczęście istnieje rozwiązanie tego problemu.

Jak się już pewnie domyśliliście, teraz porozmawiamy o teorii trzeciego, końcowego etapu piątego stopnia.

Sam centralny mechanizm umysłu jest przeszkodą rozwoju tego umysłu.

Zadaliśmy bardzo głębokie, poważne i złożone pytanie.

Poszukamy na nie odpowiedzi i znajdziemy ją.

Na razie jednak czas na podsumowanie.

Nawyki piątego stopnia dają umysłowi człowieka możliwość wzajemnego oddziaływania ze zjawiskami Wielkiego Świata, zwykle ukrytego za egregorialną iluzją, i zasadniczo pozwalają na niezależne w nim istnienie.

Pięta achillesowa myślenia

Aby rozwiązać problem, który pojawił się przed nami, musimy zanurzyć się w stosunkowo intymnym procesie, w trakcie którego nasz umysł pracuje nieustannie, stawiając pytania i szukając na nie odpowiedzi.

W jaki sposób kieruje własną energią i dokąd ją kieruje?

Po co, i najważniejsze, jak myślimy?

Coś na ten temat już wiemy.

Nasze myślenie przeznaczone jest do budowania modeli otaczającego świata – to nasza szczególna maszyna czasu, może niedokładna, nie może przecież zobaczyć przyszłości, zdarzają się jej pomyłki, ale nam to wystarczy. Żywemu organizmowi myślenie przynosi ogromną korzyść – pozwala zobaczyć, jak będą rozwijać się zdarzenia, jeśli będzie zrobione to i owo. Daje możliwość przeżycia w zmieniającym się świecie, wyprzedzania zdarzenia o krok.

Dzięcioł w oparciu o grubość drewna wylicza położenie poczwarki i wyobraża sobie, jaka jest smaczna... jeśli, oczywiście, dostuka się do niej pod wpływem tego pragnienia i nie zrezygnuje w pół drogi.

Myślenie człowieka zasadniczo nie różni się od myślenia zwierząt. Oczywiście jest bardziej wyrafinowane, może tworzyć abstrakcyjne i znacznie bardziej złożone pojęcia, ale ogólnie służy tym samym celom.

Można wyrazić to następująco: jeśli myślenie zwierząt to maszyna czasu posyłająca je do niedalekiej przyszłości tego świata, to myślenie człowieka jest maszyną posyłającą go w alternatywne światy, które niekoniecznie wchodzą w jakieś wzajemne oddziaływania z realną przyszłością realnego świata. Dzięki tej właściwości naszego myślenia możemy poszczycić się takimi wspaniałymi tworami człowieka, jak nauka, sztuka, literatura czy filozofia.

Jednocześnie jednak w pewnym aspekcie nasze myślenie niedaleko odeszło od myślenia zwierząt.

Ani zwierzęta, ani ludzie poprzez swoje myślenie nie odzwierciedlają świata całkowicie.

Nie jest to dziwne – przecież po to się myśli, żeby prognozować nie wszystkie, a tylko znaczące zjawiska. Niechby tylko potencjalne, pośrednio znaczące, ale taką cechę powinien mieć każdy przedmiot myślenia.

Oznacza to, że wszystko, o czym myślimy, powinno nas interesować, przynosić korzyść. Co stanowi przyczynę tego zainteresowania, tej korzyści? Coś abstrakcyjnego?

Nie, drodzy Czytelnicy, wszystko jest znacznie bardziej banalne.

Wartość przedmiotu – to (pewnie przykro to będzie usłyszeć istocie uważającej się za rozumną) tylko stosunek tego przedmiotu do biologicznych (w tym także społecznych) potrzeb człowieka, które wyrażają się poprzez emocje.

Fizycznie nie jesteśmy w stanie nie tylko myśleć, ale nawet pomyśleć o przedmiocie nieposiadającym dla nas żadnej emocjonalnej otoczki.

Pewnie sprzeciwicie się temu stwierdzeniu i powiecie, np.: „Nie, teraz mogę przecież z łatwością pomyśleć o gwieździe nr 35 w gwiazdozbiorze Kasjopei, a przecież gwiazda ta w żaden sposób nie jest dla mnie cenna. Mogłoby jej w ogóle nie być".

Jednak wystarczy uważnie skupić się na tym przykładzie, a stanie się jasne, że choć sama gwiazda nie przedstawia dla nas żadnej wartości, to obraz kojarzący się w danej chwili z przedmiotem tę wartość posiada, i ta wartość jest znacząca. Rozszyfrujmy to.

Mówię o rzeczach, które was interesują (taką mam nadzieję). Ciekawią, ponieważ wprost odnoszą się do pytania o życie, o osobiste przeżywanie i o jakość tego życia. Mówiłem już, że myślenie może dotyczyć tylko tego, co ma jakąś wartość. Ta teza także posiada wartość, ponieważ dotyczy spraw ważnych dla przeżycia. Powiedziałem, że nawet nie jesteśmy w stanie pomyśleć o nieznaczących rzeczach. Tym samym pojęcie „nieznacząca rzecz" uzyskało wartość jako „zdolny lub niezdolny", co jest przecież naprawdę ważne.

Teraz pewnie szukacie w pamięci rzeczy, które – nieznaczące (ale przecież skądś je znacie, coś zmusiło was do skupienia na nich uwagi, nieprawdaż?), znalazły tę naszą wspomnianą gwiazdę.

Teraz ta gwiazda nie posiada dla was żadnego znaczenia – jako gwiazda. Jednak ma wielkie znaczenie jako argument w naszej rozmowie!

Udało się jej wejść do procesu naszego myślenia tylko dlatego, że będąc związana z emocjonalnie znaczącym przedmiotem rozmowy, stała się jakby mentalnym narzędziem mogącym zmienić równowagę w ukształtowanym rysunku pojęć – wyciągnąć wniosek, przygotować prognozę różniącą się od rysunku, który istniałby bez tego pojęcia. Cała wartość, znaczenie tej gwiazdy polega na tym, że mogła posłużyć w charakterze narzędzia. W przeciwnym razie nawet nie wspomnielibyśmy o niej.

Jednak pomyślcie, przecież żywa istota nie może – za każdym razem gdy musi przygotować prognozę o znaczeniu dla niej tych czy innych przedmiotów – testować, na ile te przedmioty są dla niej znaczące w danym momencie.

Coś w stylu: oto pies... warczy i szczeka; ogień... pali się, jest gorący; narty... można je przypiąć, zjeżdżają; pałka... jest ciężka, stukniesz – boli; mamut... ugryziesz – jest smaczny – wobec tego chodźmy na polowanie z psem, zabijemy mamuta i upieczemy go nad ogniem.

Znaczenie, ważność przedmiotów wraz z ich właściwościami powstaje w trakcie doświadczenia – realnego lub mentalnego, a potem jest przechowywana w pamięci. To przechowywanie nie działa według zasady oddzielności przedmiotów czy ich spisu. Byłoby bezużyteczne – woda np. miałaby etykietkę „dobrze", jeśli trzeba by się umyć i „źle", jeśli kapie z dachów – spis okazałby się zbyt duży.

Elementy doświadczania są przechowywane w pamięci w sposób indeksowany, w postaci całych znaczeniowo powiązanych systemów znaczeń, co umożliwia szybkie i efektywne konstruowanie kolejnych rozumowań, przechodząc z pojęcia na pojęcie.

Dzięki temu możemy wykorzystać pojęcia – narzędzia, czasem nawet mogą to być abstrakcje w czystej formie.

Podam przykład – cyfra 7. Cyfra mistyczna – siedem nut, siedem dni tygodnia, kolorów tęczy, podstawowych czakr... Jednak z pewnością nie możecie tak powiedzieć o jakiejś innej liczbie, np. 58.257. Co to za liczba, do czego jest potrzebna? Większości ludzi z niczym się nie kojarzy. Może ma dla kogoś znaczenie symboliczne, może mówi coś matematykowi.... Zainteresuje natomiast każdego, jeśli będzie oznaczać wysokość jego zarobku. Jeśli jest znaczenie, przedmiot „jest obrabiany" przez myślenie. Nie ma znaczenia – pozostaje zignorowany.

Znaczenie nowego pojęcia – pojęcia stworzonego w procesie myślenia – stworzone jest tylko przez stopień jego pokrewieństwa ze znaczącymi rzeczami, zdolnością doprowadzenia do ich realizacji – jak w dziecięcym wierszyku: „Przez to, że w kuźni nie było gwoździa".

Istnieje bardzo znacząca rzecz, np.: niebezpieczne zwierzę – tygrys. Jest ślad tego tygrysa. Jest stary ślad tygrysa. Jest rysunek tygrysa. Jest coś, co przypomina tygrysa. Czy zauważyliście, jak zmniejsza się ranga znaczeń?

Natomiast tygrysia skóra zawiera połączenie znaczenia: drogo – prestiż – ciepło – niebezpieczeństwo – ekologia.

Wszystkie znaczenia obecne w naszej świadomości są utworzone właśnie w taki sposób.

Oznacza to, że możemy mówić o drzewie znaczeń (widok z góry, lepiej przedstawić jego gałęzie i pień tak, by świeciły, proporcjonalnie do grubości) lub polu znaczeń, gdzie znaczenia jakby wychodzą ze wspólnego pnia, od najbardziej potężnych reakcji biologicznego ciała, do których świadomość zupełnie się nie odnosi, wszystkie są zaprogramowane instynktownie. Marginalnie podjęliśmy ten temat na drugim etapie piątego stopnia.

Nasz umysł jest zmuszony do obsługiwania potrzeb biologicznych i emocji – to napęd, pierwotna energia przekształcająca się przez myślenie, które wiecznie rozwiązuje równanie przemieszczenia na skali od „źle" do „dobrze". Ta energia zmusza do ruchu nasz umysł i ciało.

To nawet wspaniale. Przecież umysł pojawia się na świecie bez pokus i doświadczenia. Bez instynktownych podpowiedzi, że to coś według warunków gry znaczy „dobrze", a tamto coś – „źle" (boleśnie, strasznie, nieprzyjemnie) nie miałby ani bodźca, ani kierunku rozwoju. Niczego nie mógłby zrobić na tym świecie.

Jednak dla dojrzałego umysłu pragnącego dalszego rozwoju taka właściwość stanowi poważny problem.

Energoinformacyjny rozwój jest wartością tylko dla dojrzałego umysłu. Niedojrzałemu umysłowi przeskok przez egregorialną fazę rozwoju nie przyniesie korzyści.

Im pojęcie znajduje się bliżej pnia – źródła emocjonalnych znaczeń utrwalonych przez doświadczenie – tym jaśniej świeci, z większym natężeniem. Im dalej, tym jest słabsze, delikatne, nikłe.

A ta energia jest całkowicie niezbędna dla ukierunkowania myślenia, przyciąga każdą swobodną energię, którą techniki drugiego etapu piątego stopnia ofiarowały nam w nadmiarze, określa jej kierunek, w którym umysł zadecyduje o ułożeniu wektora, przecież myślenie wciąż usilnie chce ułożyć swoją drogę do strefy jasnych punktów orientacyjnych.

A słowo „jasnych" oznacza: powodujących wyraźną jednoznaczną emocjonalną reakcję biologicznego programu.

Gdy pogrążamy się w rozmyślaniach, budujemy łańcuch rozważań, zgłębiając naturę rzeczy, żonglując coraz bardziej subtelnymi pojęciami, konstruując między nimi niepewne linie połączeń, szukając narzędzia mogącego pomóc w rozwiązaniu postawionego przez siebie równania... I coraz bardziej oddalamy się od pnia.

Pojęcia stają się coraz bardziej subtelne i coraz trudniej je rozróżniać.

Jednak mamy tylko jedną uwagę, a ona z kolei ma tendencję do zwracania się w stronę bardziej jaskrawych, olśniewających figur. To instynkt, nic się na to nie poradzi.

Im większa różnica między znaczeniem figur, tym trudniej skupiać się na tej bardziej subtelnej i tym więcej energii pochłania ten proces.

Co się stanie, jeśli nagle coś odwróci naszą uwagę?

Nasza uwaga ześlizgnie się z przedmiotu rozmyślania.

Czy wiele potrzeba, by coś odwróciło uwagę człowieka?

Im pojęcia są subtelniejsze, tym łatwiej to następuje.

Nieuchronnie pojawia się granica, gdy detale przedmiotu rozmyślania stają się mentalnie nie do odróżnienia na tle zwykłych sygnałów zewnętrznego świata - światła, dźwięku, odczucia własnych ruchów.

Właśnie dlatego wszyscy wielcy myśliciele starają się minimalizować zewnętrzne bodźce i choć trochę zaoszczędzić energię niezbędną do ukierunkowania umysłu, badają najbardziej złożone systemy logiczne umożliwiające wyodrębnienie potrzebnego pojęcia. Odkrycia wielu z nich są dla ludzkości bezcenne.

Nieprzenikniona mgła, kotłowanie się sygnałów, które trudno od siebie odróżnić, zamykają przed człowiekiem dalekie granice rozmyślań.

Człowiek nie może wyrwać się z kręgu swojej wrażliwości i z tym nic się nie da zrobić - bez przygotowania.

Jednak wrażliwość - to nie taka prosta sprawa. To powodzenie, skuteczność myśli.

Co to jest ja? „Wielcy", „myśliciele"... a przecież ta granica umysłu nie mniej, a może nawet bardziej, ogranicza zwyczajnego człowieka!

Umysł niewytrenowany, wypełniony potężnymi sygnałami ciała, chaotyczne zdarzenia przeszkadzające w skupieniu... Myślę, że nie trzeba podkreślać: ma to bezpośredni związek z tym, dlaczego niektórzy ludzie nie mają sił, by doskonalić się, krocząc dalej - dalej niż niewykwalifikowani robotnicy.

Ktoś nie może znaleźć rozwiązania problemu o zasięgu światowym, a ktoś inny - wyjścia ze zwykłej trudnej sytuacji życiowej. Waga problemu nie ma znaczenia.

Ma natomiast znaczenie fakt, że każdy człowiek z powodu tej szczególnej cechy myślenia ma swoją granicę nie do pokonania.

Wydawać by się mogło, że sytuacja jest beznadziejna. Jeśli jednak faktycznie nie można byłoby jej przezwyciężyć, to każde następnie pokolenie „ospale" podtrzymywałoby te same myśli (pamiętacie „wieczne pytania"), co poprzednie pokolenie, dochodząc do takich samych wniosków.

A tak się nie dzieje. Dlaczego? Z pomocą przychodzą ludzkości (rzecz jasna niebezinteresownie, wywierając na myśleniu ludzi trwałe piętno) nasi starzy znajomi – egeregory – sieci socjalnego myślenia.

Oczywiście (z braku posiadania świadomości), same z siebie nie ofiarują tej pomocy. Rzecz w tym, że część pojęć, do których ludzie doszli drogą myślenia, to osiągnięcie społeczeństwa wykorzystywane przez egregory w charakterze obiektów ogniskujących – kluczowych (węzłowych) punktów przełączenia tych czy innych łańcuchów egregorialnych. Stają się przewodnikami egregorialnych interesów i opracowywane są przez zbiorowe myślenie.

Żeby mieć wyobrażenie, jak to się dzieje, porozmawiamy o zjawisku fizycznym zwanym efektem tunelowym (zjawisko tunelowe). To złożone teoretyczne matematyczne zjawisko z dziedziny fizyki kwantowej, jeden z wywodów wynikający z zasady nieoznaczoności Heisenberga, zgodnie z którą cząstka elementarna nie ma konkretnego położenia w przestrzeni, bardziej istnieje gdzieś w niej z określonym prawdopodobieństwem i właśnie dlatego elektron na swojej orbicie nie może być określony jako cząstka znajdująca się w tym czy innym miejscu.

Prawdopodobnie wywód ten mógł nieco znudzić i wielu Czytelników zaczyna już gubić linię rozważań, ściśle związaną z omawianymi tu szczególnymi cechami myślenia. Proszę jednak jeszcze trochę wytrzymać.

Jeśli trzymać się zasady nieoznaczoności Heisenberga, to w określonych warunkach elektron może przechodzić przez nieprzeniknione dla niego bariery, nie przebijając ich, ale od razu powstając – jakby z niczego, po drugiej stronie tej bariery, pokonując barierę niczym podczas teleportacji.

Brzmi już bardziej interesująco, prawda? To dlatego, że od dzieciństwa każdy marzy o posiadaniu umiejętności przechodzenia przez ściany. Ciągle jednak nie zaspokoiliśmy pragnienia – nie jesteśmy przecież elektronami.

Można by naliczyć setki różnorodnych zjawisk kwantowych. W specjalistycznych czasopismach doczekały się mnóstwa publikacji, ale nic poza tym.

Jednak, jak już wspominałem, efekt tunelowy stał się obiektem społecznego wpływu. Można stworzyć takie warunki, że jedne elektrony nie pokonają bariery, a inne ją przejdą. Można stworzyć przełącznik.

Wiem, na razie, jeśli nie jesteście wtajemniczeni w istotę rzeczy, nie brzmi to zbyt interesująco.

Cała sztuczka polega na tym, że takie przełączniki będą bardzo malutkie. Można ich zrobić bardzo dużo. Cała mikroelektronika oparta jest na zjawisku tunelowym.

Telewizory, automaty, stanowiska pracy, komputery, telefony. Sam Heisenberg nie mógłby za pomocą myślenia dojść do tego, osiągnęli to różni ludzie za pomocą gry egregorialnych interesów.

Prawda, że telefony, telewizory, komputery są pod względem emocjonalnym bardziej interesujące, bardziej „smakowite" niż sam efekt tunelowy? Czy stanowią bardzo przyjemne i bardziej zrozumiałe wykorzystanie tego efektu? Czy są dobrym powodem do pamiętania o jego istnieniu?

W ten sposób egregory, grając mało znaczącym pojęciem, w interesie zaspokojenia standardowych biologicznych dążeń, ludzkimi rękami dodają temu pojęciu coraz więcej znaczenia. Urzeczywistniają w ten sposób coś w rodzaju ewolucji pojęć, lokując pojęcie, w przypadku powodzenia, gdzieś w centrum energoinformacyjnych związków, gdzie energia jest energią interesu, emocji człowieka.

Jeśli człowiek nie posiada jeszcze wyostrzonego drzewa znaczeń, urodził się później niż odkrywca, to w porównaniu z pierwszym odkrywcą po raz pierwszy otrzymuje to pojęcie w innej sytuacji, o wiele bardziej znaczącej pod względem emocjonalnym. Pojęcie to jest znacznie bliżej pnia jego drzewa znaczeń, dlatego człowiek w swoim myśleniu może przejść nieco dalej od tego pojęcia, w porównaniu z pierwszym odkrywcą – dopóki znowu nie zatrzyma się na granicy własnego myślenia. Potem warstwa egregorialna znowu przekaże to, co stworzył, kolejnemu człowiekowi... itd., itp.

To bezpośrednia ilustracja powiedzenia: „Starego psa nie wyuczysz nowych sztuczek". Zupełny dzikus nie nada wartości obligacjom pieniężnym, nie nosząc w sobie pojęć podtrzymanych egregorem, tych pojęć, które umożliwiłyby zrozumienie mechanizmu relacji towarowo-pieniężnych. Obligacji nie można zjeść ani się w nie ubrać... A człowiek świadomy, wykorzystując te papiery, potrafi stworzyć system zdolny wykarmić i odziać tysiące ludzi.

Opisana funkcja egregorialnych sieci faktycznie jest dla ludzkości drogocenna, nieprawdaż? Przecież to właśnie komputer dał bodziec do ewolucyjnego rozwoju ludzkości i właśnie jemu powinniśmy być wdzięczni za to, że dziś rozmawiamy na ten temat.

Ale jemu także powinniśmy „dziękować" za to, że nie jesteśmy w stanie porozmawiać na mnóstwo innych tematów, pominiętych przez ludzkość w swoim rozwoju.

Weźmy np. pod uwagę temat książki – ile w niej słów dla opisania stosunkowo prostej sytuacji. To wszystko dlatego, że egregorialny organizm nie dał żyjącym w nim ludziom możliwości wypracowania wyostrzenia pojęcia pozwalającego skupić się na tym, co jest poza nim. Tylko tyle i aż tyle.

Fantastyczna potęga egregorialnej maszyny obliczeniowej zniewolona jest faktem, że każde opracowane, obrobione przez nią pojęcia „docierają się" na potrzeby uśrednionych biologicznych podniet, stając się wyspecjalizowanym narzędziem ich zaspokojenia.

Każdy ruch człowieka maszyna ta zawraca – przybliża do instynktownych zadań.

Sprowadza umysł w światek zwierzęcy.

Im dłużej opracowuje, obrabia, tym bardziej zawęża sensy.

Prowadzi do szczęścia zaspokojenia, a nie do szczęścia tworzenia.

Do sytej niepamięci, a nie do wolnych, bezkresnych przestrzeni.

Do biologicznego finału.

Mówimy przecież o indywidualnym rozwoju energoinformacyjnym.

Nas, którzy rozumiemy nieskończoność umysłu i wielką przestrzeń odkrytą za karmionym instynktami egregorialnym światkiem, interesuje to, żeby rozum mógł zajść w swoim badaniu świata tak daleko, jak to będzie potrzebne.

Cenimy rolę i siłę machiny egregorialnej, jesteśmy jej wdzięczni – jednak ograniczoność osobistego myślenia w żaden sposób nas nie satysfakcjonuje.

Chociaż zapamiętamy to, że pojęcie z nasilonym znaczeniem może zostać dokładniej zbadane. Ten rezultat mógłby być dla nas korzystny, ale pomówimy o nim podczas rozważania technik trzeciego etapu piątego stopnia.

Zatem pierwsze ograniczenie umysłu polega na tym, że granica zanurzenia się indywidualnego umysłu w problem istnieje – jest skończona, ograniczona z powodu samej konstrukcji naszego myślenia.

Istnieje jeszcze drugie ograniczenie.

Przejawia się ono w tym samym miejscu, na granicy indywidualnego poznania, pośród nowych pojęć – niedomyślanych do końca i niezabarwionych znaczeniami.

Przynosi największą szkodę ludziom doświadczonym – tym, których system znaczeń jest złożony i znaczący.

Dzieje się to w chwili uświadomienia sobie nowej rzeczy. W polu widzenia pojawiło się coś nowego. To nowe teraz oczywiście należy zrozumieć. Wbudować do tego systemu znaczeń, który jest w człowieku, uformować związki, asocjacje, stworzyć analogie – mówiąc krótko, rozszyfrować to nowe ze wszystkich stron.

Im system znaczeń jest większy i różnorodniejszy, tym lepiej można kwalifikować i opisać nowy przedmiot. Przedmiot, który przykuł już uwagę i został rozpoznany jako nowy. Bardzo wyraziście to widać na przykładzie przedmiotów świata materialnego ze zjawiskami w nim zachodzącymi – im bardziej złożony jest system znaczeń, tym lepiej doświadczony człowiek pojmie napotkane zjawisko.

Tak bywa z przedmiotami, które są zadowalająco klasyfikowane za pomocą elementów systemu znaczeń, gdy fragmenty doświadczenia starczą do opisania przedmiotu, oczywiście, jeśli brać pod uwagę zestaw znanych cech...

Myślę, że już się domyśliliście. A czy to jest nowy przedmiot?

Nie, oczywiście, z pewnością nowy, ale przecież składa się ze starych elementów, to jest jakby kombinacja – zasadniczo może się w nim budzi nowe w charakterze jakichś oddzielnych właściwości, ale mimo wszystko jest z tego samego zestawu... Jakby nowy, jednak w rzeczywistości wcale tak nie jest!

W istocie rozwinięty system znaczeń pozwala wspaniale rozpoznać nowy element w klasie już znanych elementów.

To wspaniale – oto jest przedmiot, zjawisko, ogromne życiowe doświadczenie w mgnieniu oka znajduje analogie, zauważa cechy szczególne, wydziela to, co główne... Raz! I wszystko jasne! Doświadczenie, najważniejsze jest doświadczenie.

A co się stanie, jeśli ten przedmiot będzie NAPRAWDĘ nowy? Nowy – tzn. jego elementy są nowe lub składają się na jakąś nową cechę, która powinna być odpowiednio zapisana na nowej asocjacyjnej gałęzi, stworzyć, jak by to rzec – nową klasę. Co wtedy?

Zaraz po pojawieniu się – przedmiot (zjawisko, obraz, słowo) – posiada bardzo małe znaczenie (oczywiście mowa o poznaniu, procesie mentalnym i znikomych oznakach, dzięki którym nowość się przejawia, dlatego prawdopodobieństwo tego, że przedmiot przejawi się niejednoznacznie, np. boleśnie ugryzie, jest bardzo małe). Małe – oznacza, że w chwili swego pojawienia jakby wdziera się w postrzeganie świata przez człowieka, dotykając jego systemu znaczeń, będąc maksymalnie oddalonym od elementów systemu znaczeń mających wyrażone znaczenie.

Pojawia się, ale jakby w cieniu.

Należy go sobie uświadomić, czyli przyporządkować jakiemuś systemowi znaczeń.

Czasem jest to osiągalne poprzez jakiś absurd, hiperbolizację – tak, człowiek cały czas, nie wiadomo dlaczego, próbuje leczyć się wszystkim tym „nowo odkrytym".

Leczył się już: magnesami, rentgenem, radiacją, absyntem, opium, laserem, heroiną, kokainą, amfetaminą, hologramami, a teraz przyszła kolej na nanocząstki i pola torsyjne... Człowiek ma skłonność do łudzenia się, poddawania pokusie i w zasadzie takie wymuszone wprowadzenie przedmiotu do pola znaczeń sprzyja jego szybkiemu rozpoznaniu przez ludzkość.

Jest to łatwe do przeprowadzenia z przedmiotem wyraźnie przejawionym, np. takim, który gryzie.

W latach trzydziestych dwudziestego wieku istniała w ZSRR pewna firma produkująca pastę do zębów (do dziś pamiętam nazwę pasty – „Doramat") z substancjami radioaktywnymi. Produkowano też odmładzające kosmetyki z radem i torem. W sprzedaży były także czekoladowe cukierki o nazwie „Rad" – z „naturalnym i korzystnym" metalem – radem, o czym dumnie informowano na opakowaniu (nazwa cukierków przetrwała do dziś, choć same cukierki nie zawierają już tej „korzystnej substancji".).

Nawiasem mówiąc, to świetny przykład potwierdzający zarówno „rozumność" egregora, jak i ogólną korzyść wypływającą z egregorialnego „myślenia" – dla ludzkości.

Oczywiście na tyle wyraźnie i jednoznacznie przejawiająca się substancja nie mogła pozostać nierozpoznana szybko i prawidłowo, inne egregory pochłonęły ją przy pierwszych oznakach słabości.

Bywa, że przejawienie się nie jest wyraźne, gdy człowiek jeszcze nie może określić, czy to, co zauważył, ma jakieś znaczenie.

A jeśli mamy do czynienia z rzeczą nie całkiem przyjemną? Przedmiot rozmyślań jest zamglony, jego znaczenia – słabe, jest ledwo, ledwo rozpoznawalny.

Tam, na przykład w tej samej strefie znaczenia, znajduje się wiele takich subtelnych znaczeń, nie do końca zauważonych przez człowieka.

Z ich pomocą, jak za pomocą mozaiki, człowiek uświadamia sobie nowy przedmiot pojawiający się w jego polu widzenia – przecież rozmawiamy o znaczeniu osobistym, które niełatwo wyjawić, prawda?

Wtedy ten przedmiot przyłącza się do systemu niedokładnie, z błędami.

Wyobraźmy sobie – człowiek z doświadczenia znający tylko trójkąty, ujrzawszy kwadrat, rozpoznał go jako figurę składającą się z trójkątów. To oczywiście jest prawidłowe, ale w takim toku rozumowania główna właściwość przedmiotu zatraca się.

Do naszej percepcji w ciągu jednego dnia przenika tysiące rzeczy, pojęć szczególnych cech, znaków. Czasami trzeba liczyć je w setkach tysięcy.

Fizycznie nie jesteśmy w stanie poświęcić im maksimum uwagi. Część z nich jest bezwzględnie nowa, ważna dla naszego poznania, zawiera odpowiedzi na życiowo ważne pytania, które mogą otworzyć przed nami ogromne możliwości... A my ich nie zauważamy.

Nie zauważamy z powodu posiadanego przez nas złożonego systemu znaczeń, doświadczenia życiowego, które dostarcza tyle części mozaiki, że z ich pomocą można zmienić każdą rzecz w obrzydliwie znaną.

„Przez usta młodzieńca przemawia prawda". „Starego psa nie wyuczysz nowych sztuczek"... Jak wiecie, w ten właśnie sposób ludzie w podeszłym wieku, jakoby bardziej doświadczeni, z nieznanych powodów dają się złapać na haczyk tanich oszustów... Czy zastanawialiście się kiedyś dlaczego? Przecież to ludzie bogaci w doświadczenia, mający wiedzę.

Odpowiedź jest bardzo prosta – oszuści zmienili się od czasu, gdy ich ofiary sformułowały sobie to pojęcie – i byli postrzegani przez ofiary jako ludzie mili, zasługujący na zaufanie. Ot i wszystko.

Człowiek pragnie tego, co nowe, szuka tego, jego umysł rozpaczliwie pragnie zobaczyć, poznać, móc...

Jednak w zbiorze pojęć znajduje się rozdrobnienie na części składowe znajomych rzeczy i świat odtworzony na podstawie tych pojęć nie wiadomo dlaczego okazuje się taki, jaki był wcześniej, aż do bólu znajomy, codzienny, zwykły, szary.

Wiele wiedzy, wiele smutku.

Takie życie jest nudne.

Jeśli odczuło się tę prawidłowość, życie staje się nieprzyjemne.

Mało tego, że nasz umysł w swoich rozmyślaniach nie może daleko odejść od tego, co osobiste lub, jak bywa częściej – od pojęć „zabarwionych" pod względem socjalnym.

Mało tego, że te pojęcia znaczące coś pod względem społecznym, zanim pojawią się w systemie znaczeń człowieka, przechodzą obróbkę, w czasie której pozostają po nich jedynie biologiczne sensy.

To jeszcze – im więcej elementów chroni się w ukształtowanym przez doświadczenie systemie znaczeń człowieka, tym trudniej jest człowiekowi, który dojrzał nowe, zrozumieć, że to jest właśnie to nowe, i rozpoznać to nowe prawidłowo, a nie jako element starego.

Jakie są tego następstwa, oprócz ogólnie mówiąc, skrajnie niewygodnego i przykrego położenia?

Czy to położenie jest niekorzystne tylko dla człowieka, który uświadomił sobie siebie jako umysł i wnikliwie, badawczo wpatruje się w otaczający świat? Czy dla większości ludzi to nie ma znaczenia?

Brzemienne w skutki jest to, że taka pozycja, takie położenie rzeczy jest niebezpieczne dla kryzysów uzmysławiania, uświadamiania sobie.

Gdyby nie było tych kryzysów, których wiarygodność zależy od kilku czynników, być może znacznie zmniejszyłaby się ilość uzależnionych od telewizora i ludzie nie musieliby tłumić braku samorealizacji przeglądaniem programów niskich lotów wypełniających eter.

Oto, co ma miejsce.

Wyjaśniliśmy już taką kwestię: im głębiej umysł wniknął w świat (a umysł stać w miejscu nie może, nawet we śnie poznajemy świat), tym bardziej efemeryczne i złożone znaczenia go otaczają.

Im więcej tych znaczeń, tym bardziej prawdopodobne jest to, że nowe zostanie nieprawidłowo rozpoznane i nieprawidłowo przyłączone do systemu znaczeń.

Jeśli to nowe odgrywa w życiu choćby minimalną rolę, to człowiek, pojmujący to nowe w sposób nieprawidłowy, wchodzi z nim w nieprawidłowe oddziaływania. Nakręca sprężynę.

A potem są tego nieprzyjemne konsekwencje, dochodzi do niekorzystnych następstw.

A takich nieprzyjemności bardzo trudno nie rozpoznać.

Traach!

Jednocześnie następuje kryzys, ponieważ trzeba działać, a działanie przyciąga sprawdzone prymitywne znaczenia.

Wszystkie złożone, głębokie, progresywne znaczenia, powstałe na bazie nieprawidłowego znaczenia, lecą na łeb na szyję.

Człowiekowi żyjącemu w stanie stresu nie starcza energii, żeby skupić się na złożonych znaczeniach w innych dziedzinach.

Opiera się na społecznych egregorialnych pojęciach znacznie niższego poziomu.

Próbuje uformować, uszeregować system, aby zapanować nad nieszczęściem. Tworzy system (znowu się będę powtarzał) – na podstawie własnych znaczeń niższego poziomu i na podstawie znaczeń otrzymanych z zewnątrz, już obrobionych pod względem egregorialnym, i dlatego nasyconych emocjonalnie, energetycznie...

Gumka uległa skróceniu.

Koza została wyrzucona do środka okręgu, do pnia programu biologicznego. Kamień wtoczony przez Syzyfa stoczył się z góry.

Drogi powrotnej już nie ma, przecież wśród subtelnych progresywnych znaczeń nie ma kompasu.

Słowa, być może, pamięta, ale znaczeń, czyli tego, co dawało życie rozmyślaniom – już nie, te znaczenia zostały jakby przeszacowane, zniszczone.

Wszystko zaczyna się od nowa.

I jest to bardzo smutny obrazek.

Nawet wtedy gdy rozmawiamy przede wszystkim o poznaniu, musimy pamiętać, że to zjawisko dotyczy życia człowieka.

Po takim kryzysie człowiek czuje się lepiej, ale musi poznawać i działać od nowa, część jego doświadczenia zda się psu na budę.

Podobnie jak inflacja zaplanowana przez państwo niszczy oszczędności człowieka, tak ta właściwość naszego umysłu niszczy to, co jest nieskończenie droższe od pieniędzy – linię myślenia opłaconą czasem życia.

A najgorszy i bardzo przykry w tym wszystkim jest fakt, że umysł działa przeciwko sobie. Jego proces rozumienia, poznawcza praca sama przez się przybliża kryzys – to tak, jakby jednocześnie hodować drzewo i podpiłowywać je.

Krąg poznania każdego człowieka jest ograniczony, jego centrum stanowią niejasne biologiczne pobudzenia. Im więcej wiedzy, tym więcej przeszkód w poznawaniu nowego. Znaczeniowe naciąganie w centrum, znaczeniowe naciąganie na peryferiach. Zerwanie systemu będzie nieuniknione i konieczne stanie się tworzenie go od nowa.

To smutne, nawet beznadziejne. Kucyk Pony biega po kręgu.

Dodatkowo przykre jest to, że w kryzysie zostaje wyrzucona, bez naszej winy, spora część naszego doświadczenia, które opłaciliśmy czasem swojego bezpowrotnie utraconego biologicznego życia.

Umysł może nawet tworzyć energetyczną przyczynę dla własnego ruchu, ale nie będzie w stanie utrzymać jej kierunku.

Kolejność życia, drogi, poszukiwań jest zakłócana przez kryzysy.

Co by się działo, gdyby umysł nie miał takiej pięty achillesowej?

Proszę sobie wyobrazić krystalicznie jasny umysł.

Taki, który nie pominie ani jednego znaku.

Potrafiący zawsze rozwiązać zadanie, które sobie postawił.

Taki, który postrzega świat od nowa, niczym dziecko, ale mądrze, jak starzec.

Jeśli nasz umysł nie miałby defektu, ludzkość byłaby całkowicie inna, na świecie byłoby mniej głupoty i strachu, a więcej szczęścia i wolności.

Świat byłby zupełnie inny.

Rozwiązanie tego potrójnego problemu składającego się z granicy głębokości indywidualnego poznania, utrudnień w uświadomieniu sobie nowego i, w wyniku tego, egregorialnego ukierunkowania znaczeń, otworzyłoby przed ludzkością zupełnie nową erę.

Wtedy każdy ruch umysłu dawałby dobre plony, które nie przepadałyby bez efektu.

Dla wolnego umysłu, żyjącego w wielkim świecie, poza społeczno-egregorialną iluzją, uporanie się z tym problemem jest sprawą życiowej wagi.

Przecież tylko wtedy umysł może czerpać nie tylko przyczyny, ale także kierunek swojego ruchu z siebie samego, z przeszłego momentu swojego życia, a nie z zewnętrznych dla niego biologicznych i egregorialnych instrukcji.

Rozwiązanie tego problemu oznacza Wolność.

Umysł, którego działalność nie stwarza warunków do rozbicia, do niepowodzenia, może przeniknąć bezgranicznie daleko, dotrzeć do niezliczonych odkryć, dostarczyć radości, szczęścia ile dusza zapragnie, wnieść multum możliwości, światła do swojego życia i do życia otaczających go ludzi.

Cokolwiek leżałoby u podstaw umysłu oraz niezależnie od tego, od czego zaczęłaby się jego droga, on jest życiem, a życiu potrzebne są tylko szczęście, światło i nieskończoność.

Dlatego nie może dziwić fakt, że rozwiązanie właśnie tego problemu leży u podstaw ostatniego już, trzeciego etapu piątego stopnia DEIR.

Wszystko pozostałe, nawet możliwość tworzenia Światowych Prądów, które pomagają umysłowi w poruszaniu się w Wielkim Świecie, to tylko uzupełnienia.

Najważniejsze – umysł jest wolny, głęboki i wiecznie młody.

Możliwości człowieka są ograniczone przez samą strukturę umysłu, a zlikwidowanie tych ograniczeń oznacza prawdziwe wstąpienie Człowieka Rozumnego na nowy ewolucyjny etap i w przestrzenie Wielkiego Świata.

Otworzyć na oścież drzwi w świat

Nadszedł czas na rozważenie naszego głównego pytania: w jaki sposób naprawić tę właściwość myślenia? Przecież opisana sytuacja świadczy o tym, jak znacząco ograniczone są możliwości umysłu niezależnie od środowiska, w którym przebywa. Wątpliwe jest, by umysł potrafił na długo wyrwać się z biosocjalnej warstwy – on może tylko wyskoczyć niczym psotna rybka z wody, by w niej szybko na powrót się zanurzyć.

Jestem prawie pewien, że każdy z Czytelników niejeden raz z niedowierzaniem patrzył na człowieka, który zadziwiał głębią poznania, śmiałością zamierzeń... A potem, po jakimś czasie zauważyliście, że ten sam człowiek, spotkany nagle, jest zajęty jakimiś drobnymi marnymi problemami, ale mówi o nich poprzednim, podniosłym, ale z jakiejś przyczyny na wskroś fałszywym tonem... Pewnie nawet sami znajdowaliście się w takiej sytuacji, kiedy inni byli wami rozczarowani – na jakiś czas albo na zawsze.

Tak właśnie przejawiają się kryzysy umysłu w życiu codziennym.

Niektórzy z Was znają z pewnością podobne przykłady, gdy człowiek, rozpaczliwie rwący się w górę – do wiedzy, nagle stacza się do poziomu takich przyziemnych rzeczy, że jest to zupełnie niezrozumiałe – czy to faktycznie ta sama osoba, którą znaliście wcześniej?

To także kryzysy, ale o większej amplitudzie.

Niestety, w tej dziedzinie istnieje pewna prawidłowość – im wyżej człowiek się wzniósł, tym bardziej potem „staje na głowie", tłukąc się boleśnie podczas upadku, tym dłużej potem musi wspinać się z powrotem. Wszyscy, którzy żyją „równo", z natury rzeczy nie posuwają się do przodu. To także nie jest wspaniały wariant, niestety.

Trzeba nadmienić, że wada dotyczy samego sposobu funkcjonowania naszego umysłu. Dlatego dostarczenie mu jakichś dodatkowych możliwości będzie tylko zwiększać amplitudę: wzlot – upadek, a problemu nie będzie można ostatecznie rozwiązać.

Człowiek tak jest skonstruowany przez naturę, że z jednej strony pragnie duchowego postępu, a drugiej ogranicznik – hamulec tego ruchu leży w jego naturze.

Nie zważając na to, człowiek, usprawiedliwiając swoje wysokie przeznaczenie, którego sam się w sobie dopatrzył, dąży naprzód. Powstawszy jako jedno ze zwierząt na ciele matki Ziemi, stał się podstawą, w której zamieszkał umysł, i ten umysł, nie należąc do biologicznego świata, wyrywa się w nieskończone przestworza wszechświata, niczym pisklę wylęgłe ze skorupki.

Jak pomóc umysłowi – duszy w jego podróży?

W zasadzie można byłoby wyobrazić sobie idealną sytuację, że istnieje jakieś zewnętrzne środowisko, które utrzymuje nowe graniczne pojęcie i rozwija je, wzmacniając pod względem emocjonalnym i przekazując je człowiekowi z powrotem.

Takie środowisko rzeczywiście istnieje!

Jest to np. naukowa wspólnota połączona jakimś jednym tematem. Tak jak w fizyce – zadziwiające, subtelne rzeczy rodziły się czasami w wyniku żartobliwego sporu, łobuzerskiego współzawodnictwa uczonych.

Nawiasem mówiąc, taką wspólnotą jest także środowisko naszych znajomych zajmujących się dalszym energoinformacyjnym rozwojem. Środowisko podobnych wspólnot posiada piękną właściwość – występuje jako partner umysłu w stosunku do wskazanych celów. Ale jednocześnie mimo wszystko jest monotematyczne i nie może być podporą dla człowieka we wszystkich dziedzinach jego życia.

Najszersze spektrum postrzegania rzeczy człowiek może nabyć tylko wtedy, gdy odznacza się świeżym i przenikliwym spojrzeniem. Istnieje też inny wariant – należy próbować skupić się na jednej sprawie... Ale doskonale wiecie, że jest to raczej niemożliwe. Przecież dla naszego myślenia nawet zwykłe plany dotyczące zaparzenia filiżanki herbaty są takim samym doświadczeniem jak inne – tak samo odciąga myślenie i tak samo rozprasza znaczenia subtelnych pojęć, jak cokolwiek innego. A pełne, ascetyczne wręcz skupienie dla naszej kultury jest zjawiskiem obcym, więc nie ma dla niego przestrzeni.

W rzeczywistości odpowiedź zawarta jest w czymś innym: gdybyśmy stworzyli takie warunki, żeby nasz umysł mógł jednocześnie gromadzić nowe ważne dla siebie informacje i zwiększać znaczenie każdej nowej informacji, nie dotykając jej do czasu, aż świadomość będzie w stanie właściwie, adekwatnie ją rozpoznać, to cel zostałby osiągnięty.

I rzeczywiście, w tym przypadku nowe odkryte elementy zaczynają być analizowane przez świadomość wtedy, gdy będąc niczym chorągiewki sygnałowe na trasie, mogą zostać właściwie rozpoznane – przecież ich znaczenie jest zwiększone. Wtedy rozwiąże się problem z otrzymaniem nowego w takiej formie, żeby w sposób korzystny to nowe wgrało się do naszego systemu znaczeń i nie powodowało ryzyka wystąpienia kryzysów z odrzucaniem części rezultatów pracy umysłu.

I jeszcze – odpowiedzi ciąg dalszy. Gdyby można było zrobić tak, by centralne znaczenia, określające kierunek naszego ruchu (przecież dokądkolwiek byśmy poszli, poruszamy się po ścieżce wewnętrznych punktów orientacyjnych: naszego marzenia, naszego celu, życzenia) otrzymywały dość wyrazistości umożliwiającej rozdzielenie poprzez nie tyle energii, ile potrzebowalibyśmy, to zwiększałyby swoje znaczenia i znaczenia związanych z nimi figur. W tym przypadku nasze drzewo znaczeń jakby dawało wyrosnąć potężniejszym gałęziom w kierunku naszego ruchu.

Obok nich jest jaśniej. Na nich łatwiej się oprzeć. I można iść jeszcze dalej. I dalej. W Wielki Świat.

W tym przypadku umysł może pokonać ograniczenie kręgu jasnego poznania i przenosić jego centrum geometryczne, przesuwając się razem z kierunkiem tego ruchu. Zadanie długiej drogi poznania zostało rozwiązane.

Zadanie rozwoju umysłu rozwiązują tylko dwa elementy: zwiększenie mocy znaczeń ważnych dla kierunku ruchu umysłu i nasilenie mających znaczenie oznak nowego. Umożliwia to wytyczenie drogi niezwiązanej z aspektem biosocjalnym.

Dalej – pomagają w tym uniwersalne techniki drugiego etapu piątego stopnia, które już wytrenowaliśmy. Rozpoczęcie drogi umożliwią jednak tylko techniki trzeciego etapu.

Powodują, że droga staje się niezależna w sensie znaczeniowym od egregorialno-biologicznego środowiska i pozwalają na rozwój w dowolnym środowisku energoinformacyjnym, stawiając tam swoje cele, osiągając je, pojmując otoczenie – jednym słowem, pozwalają na pełnowartościowe życie.

Przypomina to wodowanie statku: dopiero co stał na rusztowaniach, w pełnej gotowości, z wielkimi możliwościami, jako wcielona obietnica podróży i odkryć, jednak dochodziły do niego tylko krople oceanicznej piany, drobny wodny pył przyniesiony przez wiatr z bezkresnych przestrzeni – a oto teraz, przyśpieszając, sunie w fale, a długo oczekiwana woda podchwytuje go, stając się dla niego podporą w innym świecie.

Co można byłoby jeszcze zrobić, jak pomóc umysłowi poruszać się w Wielkim Świecie?

Trzeba pomóc mu w zgromadzeniu większej liczby informacji o Wielkim Świecie, żeby bardziej wniknął w sensy i bardziej zarysowywał się w świadomości. Można to zrobić – wszak w biologicznym świecie istnieje sposób, za pomocą którego natura pomaga naszemu umysłowi aktywnie katalogować świat, ustalać jego wzajemne powiązania. W porównaniu z poprzednim zadaniem nietrudno będzie powtórzyć ten sposób na innym poziomie.

Dopiero wtedy i tylko wtedy otworzy się przed nami w całej rozciągłości jeszcze jedna możliwość, która właściwie była dostępna jeszcze na poprzednich stopniach, ale wtedy nie miała większego sensu, ponieważ umysł, nie potrafiąc uświadamiać sobie Wielkiego Świata, nie mógł wyciągnąć z niej prawie żadnej korzyści. To możliwość stworzenia socjalizowanych Światowych Prądów.

Tak, to oczywiście przydatne narzędzie, umożliwia otwarcie zamkniętych dróg, tworzy porządek sprzyjający samemu ruchowi człowieka, jednak trudno porównać przynoszoną przez niego korzyść dla umysłu ograniczonego egregorialno-socjalnymi systemami znaczeń, z korzyścią dla umysłu wolnego od takich związków.

Być może, bliższą analogią będzie taka – to wiatr dla chorągiewki rozwijającej się w tę czy inną stronę, i dla statku z rozwiniętymi żaglami, który płynie do ważnych dla niego krajów.

Ten sam wiatr, a jednocześnie – jakże różny!

To unikatowy nawyk, choć prosty dla doświadczonego człowieka, nawyk godnie wieńczący zadanie studiowania podstawowego kursu nawyków DEIR – oswobodzenie umysłu człowieka dla wolnego i szczęśliwego życia w Wielkim Świecie, życia pełnego odkryć, nieposiadającego granic.

Korzystającym z niego przynosi całkowicie inne doświadczenie i spojrzenie na świat.

Wy sami (jak wielu Waszych kolegów przed Wami), patrząc wstecz, dojrzycie tę różnicę i tę przepaść, które oddzielają postrzeganie świata uwarunkowane egregorialnie od jasnej percepcji wielkiego świata. Być może nawet zdołaliście to dostrzec (jak wielu innych) na poprzednim stopniu. Niech moje słowa staną się dla Was gwarancją tego, że tak będzie.

Prawdopodobnie ani rozmiarów, ani głębokości tej różnicy nikomu w tym świecie nie uda się opisać słowami, nawet sztuka pozostaje w tej kwestii bezsilna – przekazuje tylko dławiącą tęsknotę i mglisty obraz jasnej realności pod nieskończenie wysokim niebem żywych konstelacji.

Przyczyna tego jest Wam już znana – pojęcia wypracowane egregorialnie nie są przystosowane do tego, by opisać Wielki Świat i kierunki energii umysłu w jego stronę. Wielki Świat jest całkowicie inny, choć złożony z tych samych codziennie spotykanych elementów, dostępnych każdemu.

Jednak różne umysły inaczej postrzegają te elementy.

Tam, gdzie ktoś widzi zwykłe rzeczy w zwykłym świecie, w Wielkim Świecie, wśród czarodziejskich rzeczy chodzą czarodzieje, ale to czarodziejstwo jest widoczne tylko dla czarodziejów.

Można do woli pasjonować się egzotyką, plątać się w poszukiwaniach, podróżować do Tybetu i na Arkaim, obwieszać się amuletami, prowadzić mętne rozmowy na ezoteryczne tematy, rozważać o magii, zen, rozwoju, widzeniach sennych, kanałach, psychologii, subtelnych planach, uzdrowicielach, kwestiach astralnych i mentalnych, stalkingu, być dumnym z własnej „zagadkowości” czy wyjątkowości, twierdzić, że wszyscy inni ugrzęźli gdzieś na poziomie podstawówki (nie to, co on – niczym profesor uczelni...), obnosić się z kolejnym „kamieniem filozoficznym". Jednak dopóki człowiek nie Zobaczy i nie Uświadomi sobie, wszystko to jest niczym potargane szmatki, bynajmniej nie skrywa duchowej nagości.

Gdy człowiek Zobaczy, wtedy jest już zupełnie innym człowiekiem. W gruncie rzeczy znacie to nie gorzej ode mnie.

Jednakże wystarczy już słów.

Przecież wszyscy jesteśmy praktykami.

Plan naszych działań mieszczących się w programie trzeciego etapu piątego stopnia bazowego kursu nawyków DEIR zawiera się w kilku punktach. Po pierwsze: zasady, metody i techniki stworzenia w umyśle struktury umożliwiającej mu poruszanie się bez kryzysów w swoim badaniu świata i ogarnianie w sposób pełnowartościowy wszystkich nowych spotkanych na drodze sensów. Stworzenie systemu „maska – nie-maska". Po drugie: malutki i uzupełniający, ale wesoły i nęcący sposób podwyższenia jakości i szybkości orientowania się w Wielkim Świecie – myślenie Metaforyczne. Po trzecie: sposób tworzenia w związkach przyczynowo-skutkowych i wzajemnych oddziaływaniach Wielkiego Świata swoich znaczeniowych uporządkowań, umożliwiających poruszanie się w nim do pożądanych dla siebie obszarów zdarzeń, tj. celowych Światowych Prądów.

Oto wszystkie dyspozycje.

Trzeci etap piątego stopnia daje umysłowi możliwość swobodnego podróżowania poza granice egregorialnego świata zrodzonego z biosocjalnych prawidłowości – do przyczynowo-skutkowej tkanki samego wszechświata.

Zanim przystąpimy do pracy z technikami trzeciego etapu piątego stopnia, należy przypomnieć sobie pewne niezbędne techniki poprzednich stopni. Musimy je sobie bardzo dobrze przypomnieć i pewnie nimi władać.

Przed nami pojawi się teraz tylko materiał informacyjny, zatem jeśli doskonale pamiętacie nawyki poprzednich stopni, śmiało możecie ten fragment opuścić.

Jeśli jednak zapomnieliście, radzę przeczytać kolejny rozdział.

A dla tych, którzy dopiero zawarli znajomość z systemem nawyków Dalszego Energoinformacyjnego Rozwoju, DEIR, od tej książki, techniki i metody mogą okazać się zbyt złożone.

Dlatego radziłbym zacząć znajomość z DEIR od przeczytania podręczników dotyczących poprzednich stopni, w których wszystko jest dokładnie opisane, łącznie z przykładami, teorią, praktyką i ćwiczeniami. Powyższe informacje znaleźć można w książkach: „Wyzwolenie", „Kształtowanie", „Wpływ", „Dojrzałość", „Pewność", „Mądrość".

Zawierają one wystarczającą ilość informacji do samodzielnego opanowania technik, choć rzecz jasna trudność samodzielnej pracy polega na tym, że wymaga wewnętrznej dyscypliny i czasu, a teraz o niego trudno w codziennym zabieganiu. No cóż, po to właśnie istnieje Szkoła Nawyków DEIR. Rzeczywiście, łatwiej i szybciej jest opanować nawyk razem z tymi, którzy posiadają już znaczne doświadczenie, wyraźny talent i którzy przeszli szczególne treningi umożliwiające niezawodne przekazywanie nawyków innym ludziom. Mimo wszystko pewniej i lepiej jakościowo nawyk jest przekazywany kursantowi przez nauczyciela, a w szkole wykładowcy przechodzą regularne sprawdziany kwalifikacji – to są naprawdę doświadczeni specjaliści.

Zajęcia Szkoły DEIR odbywają się w setkach miast w wielu krajach. Na końcu książki podano dane kontaktowe, jeszcze więcej informacji można znaleźć w Internecie – tam pokazano wiele materiałów, audiozapisy, tam odbywa się wymiana informacji między tysiącami ludzi zajmujących się DEIR, tam też codziennie można zadać pytanie i otrzymać na nie odpowiedź.

Gdybyście napotkali trudności, zawsze możecie zapisać się na kursy czy porozmawiać z pracownikami szkoły – w Sankt Petersburgu, nr telefonu: +7 (812) 3466886 lub skonsultować się ze zwolennikami DEIR na forum szkoły.

Czekamy na Was, koledzy!

A tymczasem przechodzimy do poznanych nawyków.

ZNANE NARZĘDZIA

Będziemy potrzebować niektórych metod poznanych w trakcie poprzednich stopni. Zapewne dobrze je znacie.

Mam jednak jedną prośbę – jeśli zapomnieliście, powtórzcie, może nawet zajrzyjcie do podręcznika poprzedniego stopnia.

Odczucia – to siła

Zaczniemy od rzeczy najbardziej znanej i wydawałoby się najprostszej, o której jednak łatwo zapomnieć, mając wizję Wielkiego Świata. Przypomnimy sobie mianowicie to, że strumienie energetyczne płyną wszędzie. Pole energoinformacyjne przenika cały świat, a to oznacza, że można je odczuć w dowolnym punkcie przestrzeni i czasu. Energetyczne struktury możemy odczuwać za pomocą receptorów ciała fizycznego. To ważna informacja, dalej przecież trzeba będzie uczyć się kontaktu bezpośrednio z energetycznymi strukturami świadomości, a także oddziaływać z innymi energetycznymi treściami.

Obowiązkowe odczucie własnej energetycznej otoczki

Siądźcie na krześle, przyjmując wygodną pozycję, swobodną, pozbawioną napięć. Połóżcie ręce bokiem przed sobą na kolanach – tak, by dłonie zwrócone były do siebie i ułożone względem siebie równolegle w odległości 20–25 cm. Teraz zacznijcie oddychać – powoli, rytmicznie i głęboko (wdech – wydech). W trakcie wdechów zaczynajcie powoli przybliżać dłonie do siebie, skupiając się jednocześnie na odczuciach między nimi. Możecie sobie wyobrazić, że między dłońmi trzymacie balonik. Całkowicie skupcie się na odczuciach skóry Waszych dłoni.

Pod żadnym pozorem nie można oddychać głęboko, ponieważ mogą pojawić się nieprzyjemne odczucia i percepcja będzie utrudniona. Po prostu ruch rąk musi współgrać z rytmem oddechu.

W miarę skracania się odległości między dłońmi poczujecie pewien opór – jakby faktycznie między nimi znajdował się balonik. Czy czujecie, jak „balonik" przeszkadza w przesuwaniu rąk? Czujecie, jak jego sprężystą powierzchnię wyraźnie odczuwają Wasze dłonie?

Ucieszcie się ze swoich odczuć, upajajcie się nimi – przecież wcześniej niczego podobnego nie doświadczyliście!

Najważniejsze – to poczuć pole między dłońmi fizycznego ciała. Ta projekcja powstaje od razu, tylko nie należy oczekiwać jakichś mistycznych odczuć, a nastroić się na te realnie istniejące. Dlatego dobrze jest wykonywać to ćwiczenie, patrząc na ręce – wtedy psychice łatwiej będzie utworzyć projekcję. Odczucie pola rękami ciała eterycznego jest już zadaniem trudniejszym, takie odczuwanie możliwe jest wyłącznie na stosownych treningach.

Doskonale wiecie, co zachodzi podczas tworzenia „balonika": jedna ręka przewiduje odczucie dotknięcia drugiej, ta projekcja odbija się na odczuciu drugiej ręki itd. Między dłońmi powstaje odczucie sprężystej warstwy, w praktyce szkoły nazywane balonikiem. Jednak prawidłowość tego odczucia należy prześledzić.

Nieprawidłowe jest oczekiwanie, że te odczucia będą porównywalne pod względem siły z odczuciami dłoni fizycznej ręki. Nieprawidłowe jest przypuszczenie, że mocno odczujemy zauważalne ciepło lub zimno. Pod względem intensywności, odczucia te można porównać do lekkiego dotyku miękkiego futra. Powinniśmy po prostu czekać, dopóki w dłoni nie pojawią się odczucia, a potem – opisać je.

Jak odczuwalny jest „balonik"? Jako ciśnienie, wibracja czy jako ciepło? Każde z tych wrażeń jest prawidłowe – a w rzeczywistości w projekcji obecne są wszystkie trzy, a Wy po prostu zwróciliście uwagę tylko na jedno z nich. Ważne jest to, że podczas zbliżenia rąk odczucie nasila się, a przy oddalaniu – słabnie. A teraz szczegółowo opiszcie swe odczucia.

Strefa odczuć leży w ręce. Środek dłoni (tam, gdzie jest wgłębienie) odczuwa ciśnienie. Wypukłości dłoni – ciepło, a bruzdki, szczególnie te na palcach rąk – słabą wibrację. Energia – to wasze odczucia, dlatego z łatwością można zrobić balonik bardziej zwarty lub bardziej gorący.

***Sprawdzenie.** Zróbcie „balonik" – gorący, zwarty, sprężysty. Im wyraźniej będzie odczuwalny, tym lepiej. Zachowując odczucia, ułóżcie dłonie tak, by były jedna nad drugą. Nie traćcie odczuć. A teraz zdecydowanie zabierzcie górną dłoń (numer 1), pozostawiając dolną (numer 2) na miejscu. I od razu porównajcie odczucia w dłoniach.*

Pokiwajcie, pokołyszcie dłonią numer 2. Odczujecie, że na niej dalej leży sprężystość i ciepło. A na dłoni numer 1 nie ma już żadnych odczuć!

Wszystko robicie tak, jak należy. Energetyczny balonik rzeczywiście można przekładać z dłoni na dłoń.

Unieście pustą dłoń i przełóżcie na nią niewidzialny balonik. Odczucia przepłyną razem z balonikiem i teraz na dłoni numer 1 będą obecne, a na dłoni numer 2 – nie. Zniszczcie balonik, zgniatając go między dłońmi.

Centralne strumienie energetyczne

Zgodnie z medycyną Wschodu, człowiek to system energetyczny, który na poziomie energetyki ściśle powiązany jest z całym światem. Strumień energetyczny w ciele człowieka składa się z dwóch strumieni płynących w przeciwnych kierunkach: strumień zdążający z dołu do góry przebiega w pewnej odległości z przodu kręgosłupa i znajduje ujście przez górne czakry, a strumień z góry na dół płynie tuż przy kręgosłupie i uchodzi przez czakry dolne.

Strumień wstępujący (wschodzący) albo trigger – odczucie transformującej aktywności *odczuwalne jest jako idąca z dołu do góry fala napięcia lub zgęszczenia w głębi ciała, przeważnie przed kręgosłupem; w większości przypadków towarzyszy jej odczucie ciepła. Interesujące jest to, że przy nasileniu odczucia wstępującego strumienia powstają dodatkowe zmiany – ociężałość głowy i ciała, często gorąco i niewielkie przyśpieszenie akcji serca oraz zmiana postawy.*

Kierowanie strumieniem wstępującym

Siądźcie lub stańcie prosto, bądźcie spokojni i rozluźnieni i skupcie się na odczuciach własnego ciała. Stopniowo odczujecie z przodu kręgosłupa pewien ruch energii – z dołu do góry.

Początkowo ruch ten może być ledwo odczuwalny, ale jeśli nie zniechęcicie się, będziecie uparci i nie zrezygnujecie po pierwszej próbie, ruch będzie coraz wyraźniej zauważalny. Wreszcie poczujecie strumień z całą wyrazistością. Najpierw, niczym strumyczek, będzie torował sobie drogę od pierwszej czakry do drugiej, do trzeciej, zbliży się do klatki piersiowej, przejdzie przez gardło, przegrodę nosową do ciemiączka... Czujecie?

Jeśli często będziecie wykonywać to ćwiczenie, wasz strumyczek odczuć stopniowo przekształci się w potężną rzekę. Trudno go odczuć nie dlatego, że jest słaby, ale dlatego, że jest całkowicie zgodny z naturą człowieka. Jest to tak trudne, jak usłyszenie bicia własnego serca.

Gdy opanujecie sprawne, wyraźne odczuwanie ruchu strumienia, wyobraźcie sobie, że w centrum Waszej głowy jest umocowana strzałka, którą możecie siłą woli przekręcać w różnych kierunkach. Strzałka przymocowana jest do podstawy czaszki i w danym momencie skierowana do przodu. Odczujcie, jak strumień podnosi się do góry, jak wzmacnia się i wypływa z górnych czakr, przede wszystkim z Adźny.

A teraz odwróćcie strzałkę do tyłu. Poczujecie, że czakra Adźna, niczym odkurzacz, zaczęła wciągać energię!

Powtórzcie to ćwiczenie kilka razy, dopóki wasze odczucia nie uzyskają wystarczającej mocy i nie będą wyraźnie odczuwalne.

Ćwiczenie samo w sobie nie jest trudne, ale za to niezwykle ważne. Od razu zwróćmy uwagę na ewentualne nieprawidłowości w jego wykonaniu. Nieprawidłowe byłoby wyobrażenie sobie swojego ciała poza sobą i wizualizowanie w nim przepływu jakiejś mistycznej energii. Musimy skoncentrować się wyłącznie na realnych odczuciach w ciele.

Drugi z możliwych błędów – to oczekiwanie wyraźnych odczuć już podczas pierwszego ćwiczenia. Odczucie wstępującego strumienia (WP) zwykle charakteryzowane jest tak: to strumień gorący, potężny, sprężysty. Jednak nie wszystkie te odczucia powstają za pierwszym razem. Najpierw powstaje ruch i sprężystość.

Trzecia możliwa nieprawidłowość polega na wyobrażaniu sobie strzałki umożliwiającej kierowanie ruchem strumienia wizualnie. Postarajcie się lepiej ją odczuć – zwartą, ciężką, ostrą na jednym końcu. Wtedy uwaga będzie się ześlizgiwać z niej w pożądanym kierunku, dając nowy kierunek dla naszych odczuć – naszej energii.

Ogólnie mówiąc, trigger – odczucie aktywności – zawsze pojawia się i nasila u każdego człowieka znajdującego się w sytuacji wymagającej natychmiastowej reakcji ruchowej. Dlatego spróbujcie usiąść, zamknąć oczy i całkowicie skupić się na odczuciach w ciele. A potem przypomnijcie sobie jakąś sytuację, np.: stoicie zamyśleni na przystanku i nagle widzicie, że wasz autobus ma już odjechać... I, uświadomiwszy to sobie, rwiecie się do przodu, do autobusu... Całą uwagę skupcie na odczuciach w ciele! Zwróćcie uwagę na głębokie napięcie ciała w okolicy splotu słonecznego, teraz skupcie uwagę na klatce piersiowej – i tam też zauważacie napięcie, teraz skupcie się na szyi – i tam też wyczuwacie to samo, w głowie też powstaje napięcie... Prześledźmy te odczucia, nasilmy je samodzielnie, z dołu do góry. Zwróćcie uwagę na to, że w chwili wyprowadzania centralnego strumienia na zewnątrz, odczuwamy go wewnątrz – to jakby sensoryczna kontynuacja naszego wewnętrznego świata w przestrzeni zewnętrznej. To ważna właściwość, charakterystyczna także dla zstępującego (schodzącego) strumienia.

Otwieramy oczy i zwracamy uwagę na to, że odczucie postrzegania tego, co nas otacza, nieco się zmieniło – stało się jakby zamglone, jakby samo powietrze stało się galaretowate.

Sprawdzanie. *Zapamiętujemy swój obecny stan, swoje odczucia. Nasilamy WP (wstępujący strumień), na ile to tylko możliwe. „Strzałkę" w głowie odwracamy do tyłu, do potylicy. W takim stanie pozostajemy około 1 min. Otwieramy oczy.*

Czy czujemy w głowie ciężkość? Jeśli tak, to znaczy, że prawidłowo wykonaliśmy ćwiczenie. Odczuwamy w głowie „strzałkę" skierowaną do przodu, w kierunku między brwiami i czujemy, jak ciężkość zaczyna znikać. Tak ma być, dobrze wykonaliśmy ćwiczenie.

Dzieje się tak dlatego, że przygotowanie do aktywnego działania wiąże się z podniesieniem ciśnienia. A kierując odczuciem WP, równocześnie kierujemy też ciśnieniem. Stosując terminologię energetyczną, można powiedzieć, że w głowie znajduje się akumulator wstępującego strumienia. Nietrudno go odkryć – wystarczy przypomnieć sobie w odczuciach sytuację, gdy ktoś nas przestraszył. A my oddaliśmy tę agresję. Przykład? Przestraszyliście się kota w ciemnej sieni, a potem – widząc, że on jest sprawcą strachu, z ulgą syknęliście na niego. Łatwo zauważyć, że odczucie strzałki w głowie w czasie przeżywania uczucia strachu było skierowane do tyłu (pochłonięcie WP), a podczas odpowiedzi – do przodu (wyrzucenie WP).

Tak oto opanowaliście podstawowe narzędzie dostępne ludzkiej „stacji energetycznej" (energostacji), za pomocą którego przekazujemy swoje emocje innym ludziom. Wykorzystaliście już elementy wstępującego strumienia, gdy zmuszaliście przypadkowego człowieka do obejrzenia się za siebie. Jednak nasz strumień posiada o wiele większe możliwości. Będzie przydatny do odrzucenia obcych wpływów, manipulacji strukturami energetycznymi oraz do kierowania innymi istotami.

Zstępujący strumień lub trigger – odczucie modelującej aktywności – odczuwany jest jako idąca z góry na dół, przede wszyst-

kim przed kręgosłupem, fala „ruchu", której towarzyszy odczucie chłodu i subiektywnej jasności.

Podczas nasilenia tego odczucia trigger powinno być zauważalne zmniejszenie ciśnienia tętniczego, napięcia mięśni, oprócz tego zwiększa się zdolność koncentracji uwagi i kalkulacji.

Dwa opisane odczucia trigger umożliwiają regulację aktywności ludzkiego organizmu i jego psychiki. Są potencjalnie perspektywiczne w medycynie alternatywnej oraz jako składnik metod psychospołecznych, co jest całkowicie zbieżne z praktykami Wschodu.

Kierowanie strumieniem zstępującym

Skupcie się i rozluźnijcie. Poczujcie, jak wzdłuż kręgosłupa, od ciemienia do dolnych czakr płynie energia. Ustawcie strzałkę w okolicy Manipury. Poczujecie, jak energia może uwalniać się z Manipury, a może być też przez nią wchłaniana. Gdy energia się uwalnia, programujemy innych ludzi, narzucamy im swoje myśli i idee. Gdy energia jest wchłaniana, odbieramy emocje i pragnienia innych oraz możemy się nimi zakazić.

Już próbowaliśmy w niewielkim stopniu sterować zstępującym strumieniem, gdy zmuszaliśmy przechodnia do zmiany kierunku ruchu. Panowanie nad tym strumieniem będzie niezbędne do ochrony przed cudzymi wpływami i odbudowy własnego zdrowia.

Nieco trudniej, w porównaniu z odczuciami WP, poczuć trigger odczucia zstępującego strumienia (NP) dający nam kalkulacyjną, mentalną aktywność. Jeśli jednak nie będziemy popełniać błędów (na które wcześniej zwróciliśmy uwagę), uda nam się go odkryć stosunkowo szybko. Pomoże w tym poniższy przykład.

Skupcie się na odczuciach w ciele i zamknijcie oczy. Przypomnijcie sobie albo wyobraźcie, jak siedzicie na egzaminie i nie znacie odpowiedzi na żadne pytanie. Ale wykładowca wychodzi na chwilę, a Wy z zamierającym sercem wyciągacie spod ławki ściągę. Nie ma czasu na nerwy, wchłaniacie tekst ze ściągi... A jakie są wtedy odczucia w ciele? Wydaje się, jakby jakaś fala nakrywała ciało z góry na dół, jest miękka, przezroczysta, ledwie wyczuwalna... Nasilamy tę falę jako samodzielne odczucie.

Otwieramy oczy i zwracamy uwagę na to, jak postrzegamy otoczenie. Jasno, wyraźnie, przeźroczyście.

Sprawdzenie. *Przypomnijcie sobie tabliczkę mnożenia na pięć i zapamiętajcie czas, który był potrzebny do jej przypomnienia. Teraz wzmocnijcie NP i utrzymajcie to nasilenie kilka minut. Otwórzcie oczy i przypomnijcie sobie tabliczkę mnożenia na siedem, i jak poprzednio, zapamiętajcie czas tego przypominania sobie. Teraz odczujcie w brzuchu „strzałkę" skierowaną do przodu i pozwólcie odczuciu energii wydostawać się na zewnątrz około dwóch minut. Przypomnijcie sobie tabliczkę mnożenia na sześć i zapamiętajcie czas.*

Jeśli po wzmocnieniu NP przypomnienie tabliczki mnożenia zabrało wam mniej czasu niż przed ćwiczeniem, a po zrzucie NP – więcej, to ćwiczenie wykonaliście prawidłowo.

Tak się dzieje, ponieważ NP włącza reakcje oceniające i orientujące. Jest antagonistą WP, dlatego gdy go wyrzucamy, psychika stopniowo przygotowuje się do aktywnych działań, odciągając uwagę – i wtedy pojętność ulega obniżeniu.

Centralne strumienie energetyczne określają dwa wzajemne kierunki aktywności psychicznej: ruchową i modelującą. Przy czym – to ważne – są one jednocześnie obecne w naszej psychice i wypadkowy kierunek aktywności określany jest względną równowagą tych odczuć trigger, a wielkość aktywności określana jest przez „absolutną" wielkość dominowania tego lub innego odczucia. To znaczy, że nawyk dowolnego kierowania nimi daje podmiotowi możliwość nie tylko przełączania aktywności psychiki zgodnie z chęciami, ale jeszcze kierowania siłą reakcji.

To jasne, że dany nawyk jest przydatny w planie społecznym, ponieważ społeczna skuteczność człowieka zależy nie tyle od siły jego reakcji, ile od szybkości przełączenia.

Jednolite, całkowite odczucie głównych energetycznych strumieni swojego ciała

Poczujcie całą drogę strumienia idącego z góry na dół: oto spływa on na Was z zenitu, z ogromnej wysokości, przechodzi przez ciemię, idzie wzdłuż kręgosłupa, przez wszystkie czakry i wchodzi głęboko w ziemię. A przeciwny strumień wznosi się z ziemi i wychodzi przez ciało pionowo w górę, w kosmos, ku nieskończonej wysokości. Poczujcie w sobie sam przepływ tych dwóch strumieni, ten sam wieczny ruch dający życie. A siebie odczujcie tak, jakbyście byli koralikiem swobodnie wiszącym na nitkach dwóch strumieni. Nie bójcie się, strumienie trzymają was mocno i pewnie. Możecie spokojnie im zawierzyć i przestać się kontrolować, przestać bać się o swe ciało fizyczne. Oddajcie swoje ciało energetycznym strumieniom, a one same zaczną je prowadzić ku zdrowiu, dobremu samopoczuciu, do tego wszystkiego, co niezbędne dla Was w życiu. Zobaczycie, że w takim stanie życie stanie się znacznie lepsze i spokojniejsze.

Kolejne ćwiczenie jest stosunkowo proste. Ponieważ strumienie są skierowane w różnych kierunkach i wywołują różne efekty, to im wyższy poziom każdego odczucia, tym większy jest potencjał organizmu i tym szybsze są jego reakcje w każdym czy to mental-

nym, czy ruchowym kierunku. W tym ćwiczeniu ważne jest jedno – w jaki sposób można bardziej nasilić odczucia centralnych strumieni i jak można więcej tych odczuć – ich energii – skupić w ciele.

Sprawdzanie. *Zapamiętajcie swoje samopoczucie: rześkość, napięcie, ostrość postrzegania rzeczywistości. Wykonajcie ćwiczenie, utrzymując nasilenie strumieni przez kilka minut i skupiając w ciele jak najwięcej energii płynącej ze strumieni. Otwórzcie oczy.*

Powtórnie oceńcie swoje samopoczucie – zwiększony tonus, wypełnienie odczuć i energiczność potwierdzą poprawność wykonania ćwiczenia.

Centralne strumienie – to podstawowe źródło energii niezbędnej dla ciała człowieka – żeby żyć, żeby żyć w harmonii, żeby być zdrowym. Jednak, by to miało miejsce, musi być spełniony jeden warunek: ruch strumieni powinien być równy, silny, chroniony przed zewnętrznymi oddziaływaniami, czyli przed patologicznymi zamknięciami energii na innych ludziach, na otoczeniu, na świecie fizycznym, o których już była mowa. Tylko wtedy człowiek będzie doświadczał zdrowia, siły, a życie da mu to wszystko, co dla niego niezbędne.

Przestrzeń wirtualna jako wewnętrzny bank danych

Człowiek wychowany w społeczeństwie materialistycznym nie przywykł do zapamiętywania tych swoich odczuć, które leżą poza sferą materialną. Tym bardziej nie przywykł do tego, by odnieść swoje odczucia do realności świata energoinformacyjnego. A pole energoinformacyjne nieustannie nas dosięga, jest obecne we wszystkich przejawach, dosłownie wychodzi ze wszystkich zakamarków, oczekując naszej uwagi. Nie powinno to dziwić – przecież pole jest tym, co na wskroś przenika cały świat, wszystkie jego przedmioty i zjawiska, wszystkie żywe i nieożywione obiekty. Pole jest tym, czym przeniknięta jest cała przestrzeń – zarówno ta zewnętrzna w stosunku do człowieka, jak i wewnętrzna.

Określimy punkty odniesienia.

Przestrzeń, z której konkretnych obszarów za pomocą skupienia uwagi (i dostępnych narządów zmysłów) świadomość wydobywa do subiektywnej przestrzeni dane na temat świata zewnętrznego, tworzy kategorię – OBIEKTYWNA PRZESTRZEŃ (OP). Dla subiektywnej realności świadomości przestrzeń ta w czystej postaci (przed postrzeganiem) jest pustą przestrzenią zewnętrznych współrzędnych, skąd można otrzymać nowe dane. My obserwujemy świat zewnętrzny w dowolnym odcinku czasu wyłącznie w postaci odzwierciedlenia, sensorycznej odbitki zgromadzonej w obszarze subiektywnej przestrzeni, geometrycznie nałożonej na świat zewnętrzny.

Świat zewnętrzny, jego obiektywna przestrzeń jest zawsze czymś nieznanym, czymś, co znajduje się za cienką, ale nieprzeniknioną dla świadomości błonką własnej percepcji, błonką SUBIEKTYWNEJ PRZESTRZENI (SUP).

Wydzielenie tej kategorii przestrzeni, nie zważając na to, że możemy ją postrzegać tylko poprzez jej odbitkę w subiektywnej przestrzeni, jest niezwykle ważne dla wykorzystania technik sensorycznej projekcji, i nie tylko.

Przestrzeń, do której za pomocą skupienia uwagi bez udziału narządów zmysłów świadomość wciąga do subiektywnej przestrzeni bloki wewnętrznych danych, tworzy oddzielną kategorię – to WIRTUALNA PRZESTRZEŃ (WIP). Dla subiektywnej realności świadomości przestrzeń ta, w swojej czystej postaci (przed odtworzeniem w odczuciu), jest pustą przestrzenią wewnętrznych współrzędnych, skąd przy dowolnym albo mimowolnym skupieniu można otrzymać nowe dane. Obserwujemy przestrzeń wirtualną wyłącznie w postaci jej odzwierciedlenia, sensorycznej odbitki zgromadzonej w obszarze subiektywnej przestrzeni, geometrycznie nałożonej na wewnętrzną objętość.

Oddziaływanie z WIP daje możliwość efektywnego badania własnej psychiki i wpływania na nią. Rzecz jasna nie jesteśmy zdolni do tego, by postrzegać WIP taką, jaka ona jest – w każdym odcinku czasu rejestrujemy tylko model WIP istniejący w SUP – i granicę SUP – WIP, na której powstają nowe dane.

- Po pierwsze, badanie wpływu organizacji przestrzennej WIP na przedmiot, w jakim miejscu SUP pojawia się to czy inne wyobrażenie, pokazuje stosunkowo wyraźne typowe strefowanie w nim źródeł wewnętrznych realiów odnośnie do „centrum", tj. subiektywnego miejsca położenia świadomości obserwatora.

– Przykład: złożone wspomnienia przeszłych zdarzeń realnie mających miejsce leżą subiektywnie „na dole", przy czym im dawniejsze zdarzenie, tym niżej jest położone.

– Wypaczone, zmodyfikowane wspomnienia (np. rezultat fantazjowania na temat możliwego przebiegu zdarzeń) i wspomnienia o snach – także leżą „na dole", ale w „bocznych" obszarach – na ekranie filmowym byłoby to miejsce około 30 stopni od linii poziomej. Znowu zachowana jest wspomniana regularność – dawniejsze zdarzenia znajdują się „niżej" i „dalej" od centrum.

– Oddzielne abstrakcyjne realia wykorzystywane przez naszą świadomość jako bloki dla konstruowania wyobrażonych zdarzeń, np. jabłko, koń, samochód, słowo, zapach siana, smak czosnku, mokrość wody – leżą na „jednym poziomie" lub „powyżej centrum", przy czym czasami w obszarach połączonych z zewnętrzną obiektywną przestrzenią (tj. „na zewnątrz głowy") mogą znajdować się nieco poniżej „płaszczyzny horyzontalnej". To niewielki obszar, posiadający promień o długości około jednego metra od centrum, w którym znajduje się świadomość obserwatora.

– Obrazy samodzielnie skonstruowane przez świadomość (wyobrażone), obrazy oczekiwań, obrazy dotyczące prognozy przyszłych zdarzeń leżą „u góry", przy czym im bliżej w czasie położona jest konstrukcja dotycząca oczekiwań, tym jest bardziej złożona i bardziej przesunięta w boczne obszary, a im dalej w czasie, tym jest bardziej uproszczona i leży „wyżej".

- Po drugie, w WIP leżą w sposób uporządkowany nieuświadamiane w procesie pracy części psychiki, tj. mechanizmy świadomości, o których istnieniu wiemy tylko dzięki wynikom ich zgrania, a na temat tego, gdzie leżą, możemy tylko snuć domysły, kierując się miejscem położenia rezultatów ich zgrania (przecież z punktu subiektywnego doświadczenia nie wiemy, *jak* coś sobie przypominamy lub *jak* zachodzi porównanie obrazów – po prostu dostajemy do świadomości gotowy obraz lub odczucie: odpowiedniość – nieodpowiedniość). Można je rozróżniać jako dziedziny, obszary, ku którym uwaga musi zwracać się wcześniej, zanim w subiektywnej realności powstaną takie czy inne elementy (z obrazami włącznie).

– Przede wszystkim są to mechanizmy pamięci, aparatu kalkulacyjnego oraz struktury emocjonalne. Leżą w wirtualnej przestrzeni bliżej „centrum", niż obrazowe realia rozpatrzone w poprzednim punkcie. Porządek ułożenia „z zewnątrz" w „głąb": pamięć, logika, emocja.

– Następnie, całkiem blisko centrum WIP, leżą obszary ważne dla utrzymywania się przy życiu: takie strefy, jak: dobrze – źle, przyjemnie – nieprzyjemnie.

- Po trzecie, subiektywnie, w stosunku do koordynującej siatki WIP, „przywiązane" jest samoświadome medytacyjne centrum naszej świadomości – właściwie jest to subiektywne centrum, będące początkiem współrzędnych dla postrzegania WIP. W terminach szkoły DEIR nazywa się punktem „Jam jest" („Ja jestem" – JaE), ponieważ nie zawiera nic oprócz uświadomienia sobie samoistnienia i elementów subiektywnej realności, stworzonych przez mechanizm świadomości. Z wiadomych przyczyn nie może być odczuwane, pojmowane „przez postronnych" i chociaż subiektywnie rzecz biorąc, leży w WIP, odnosi się do SUP (jak nieprzerwanie odczuwany element) odwzorowanego na WIP – to otoczenie ciągłego, nieprzerwanego kontaktu SUP z WIP. To po prostu sama świadomość w swej czystej postaci, rozpatrywana oddzielnie od pozostałych elementów subiektywnej realności, odwzorowanych na współrzędnych obiektywnej i wirtualnej przestrzeni. Jednak ta kwestia dotyczy wzajemnego oddziaływania wszystkich trzech przestrzeni, a tego na razie nie rozpatrujemy.

– Wzajemne oddziaływanie trzech przestrzeni – subiektywnej, obiektywnej i wirtualnej – to zagadnienie najbardziej ciekawe pod względem opisu subiektywnego funkcjonowania psychiki człowieka. I nie tylko pod względem tego, co zachodzi wewnątrz jednostki – to właśnie na międzypersonalnym, wzajemnym oddziaływaniu trzech przestrzeni za pośrednictwem sensorycznych projekcji budowane jest bioenergetyczne oddziaływanie.

Odkrycie wirtualnej przestrzeni

Siądźcie wygodnie, zamknijcie oczy. Skupcie się całkowicie na swojej wewnętrznej przestrzeni. Wyobraźcie sobie pomarańczę. Jej obraz pojawi się, co naturalne, w wewnętrznej przestrzeni, a dokładnie – w subiektywnej przestrzeni. W przestrzeni zewnętrznej, w obiektywnej realności go nie ma. A obrazy to przestrzeń subiektywna.

Mamy ten obraz przed oczami, może nieco powyżej linii horyzontu – tam, gdzie leży tzw. wewnętrzny ekran.

Wsłuchajcie się w swoje odczucia i postarajcie się za ich pomocą prześledzić całą wewnętrzną objętość. A teraz zamieńcie pomarańczę np. na psa. W porządku, pies się pojawił. A co działo się bezpośrednio przed tym? Wyobraźcie sobie jeden po drugim jeszcze kilka przedmiotów. Na pewno z ciekawością odkryjecie, że po tym, jak wypowiedzieliście słowo i zanim odtworzyliście przedmiot za pomocą wyobraźni wzrokowej, uwaga jakby skoczyła do tyłu, jakby dostała się na niewidoczną półkę w szafie.

To uwaga zwraca się do pamięci, według współrzędnych przestrzeni wirtualnej. Nawiasem mówiąc, prześledzenie tego zwrócenia się do pamięci jest szeroko wykorzystywane w NLP.

Pobawcie się jeszcze wyobrażaniem przedmiotów. Szybko przyzwyczaicie się do tego, że w Waszej głowie znajdują się jakby drzwi do jeszcze jednej przestrzeni. Nawiasem mówiąc, podczas łączenia obrazu przedmiotu ze strefą, z której trzeba było go „wydobywać", obraz staje się wyraźniejszy. Ta właściwość przestrzeni wirtualnej jest szeroko wykorzystywana do odkrycia potrzebnego fragmentu, a potem do przemieszczenia jej w celu stworzenia złożonych konstrukcji energetycznych w przestrzeni stworzenia, wpływających na zachowanie i myślenie.

Jam jest (Ja jestem) i przestrzenie naszego istnienia

Obszar „Jam jest" (JaE) lub samoświadome centrum psychiki – to centralny obszar podmiotu niedostępny dla subiektywnej obserwacji z boku, tylko rejestrujący, rozpatrujący własne uczestnictwo w psychicznym procesie. Emocjonalne przyczyny działania psychicznego, uświadamiane sobie lub przepracowane obiekty SUP, rezultaty pracy mechanizmów świadomości od pamięci do logiki – wszystko to jest dla JaE czymś zewnętrznym.

Odkrycie obszaru „Jam jest" („Ja jestem")

Skupcie się na przestrzeni swojej świadomości. Spróbujcie odczuć samego siebie. Czym jesteście? Oto obserwujecie ciało. Ale przecież obserwujecie je skądś, prawda? A to oznacza, że to wciąż nie „ja". Skupcie się bardziej. Posiadacie odczucia. Ale też je obserwujecie jakby z boku. To znów nie „ja". Wyłączcie odczucia z pola uwagi. Teraz o czymś pomyślcie. Własne myśli, ich obrazową część też obserwujecie z boku. To znów nie „ja". Spróbujcie ocenić swoje emocjonalne odczucia. One też są z boku, to także nie „ja".

Co pozostało?

Pewien centralny obszar, z którego spoglądacie na świat.

To właśnie jest obszar „Jam jest", poza którym nic nie ma. Jesteście tylko Wy.

Obszar „Jam jest" i jego przesunięcie jest szeroko wykorzystywane w psychologii, od fragmentarycznej telepatii do nauki języków obcych, od sporządzenia zewnętrznych emocjonalnych wektorów do oddziaływania na przypadkowość za pomocą powolnych myśli.

Przemieszczenie punktu „Jam jest" („Ja jestem")

Punkt, a raczej obszar „Jam jest" („Ja jestem") jest nieodłączną częścią przestrzeni subiektywnej – naszym samoświadomym centrum. Jest tylko jeden taki punkt. Realne miejsce usytuowania obszaru „Jam jest" dla każdego podmiotu znajduje się zawsze „w centrum" przestrzeni subiektywnej, a pozostałe zjawiska przestrzeni subiektywnej, np. obrazy, wyobrażenia, odczucia zawsze leżą „subiektywnie" wokół niego. Jednak choć obszar ten ma swoje stałe położenie, może być różnie i jednocześnie projektowany na granice SUP – OP i SUP – WIP, na podobieństwo świecy, która może się odbijać w różnych lustrach. Projekcje są niezależne od siebie, ale określają jakość i ilość czynników oddziałujących na obszar „Jam jest" (takich czynników, jak np. energia czy pierwotna asocjacja).

Przemieszczenie punktu „Jam jest" („Ja jestem") w wirtualnej przestrzeni

Wchodzimy w stan „Jam jest", odkrywamy, gdzie znajduje się punkt „Jam jest" – na przykład w centrum głowy. Próbujemy go nieco przesunąć – pionowo w górę na około 20 cm. Czujemy, jak zmieniają się przy tym nasze odczucia. Potem przesuwamy punkt „Jam jest" („Ja jestem") w dół i znowu obserwujemy swe odczucia. Następnie przesuwamy go za plecy (ten ruch może odpowiadać przemieszczeniu w przeszłość – mogą pojawić się wspomnienia). Teraz przesuwamy w górę za głowę (to usytuowanie odpowiada twórczemu natchnieniu – wtedy mogą samoistnie powstać wiersze).

Świadome przesunięcie odczucia „Jam jest" („Ja jestem")

Nie traćcie bazowego odczucia. Świadomość wciąż jest odrzucona, niczym skorupa, gdzieś na bok. Nie dopuszczajcie jej do siebie z powrotem, niech będzie niemym obserwatorem i spokojnie się wszystkiemu przypatruje.

Teraz nasze zadanie polega na tym, żeby nauczyć się przemieszczania odczucia „Jam jest". Wiemy już, że znajduje się w centrum głowy, ale wcale nie jest skamieniałe i nieruchome. Postarajcie się teraz powoli i stopniowo przesunąć to odczucie – z centrum głowy pionowo w górę, około 20 cm.

Udało się? Poczujcie, jak zmieniły się odczucia. Jakbyście odstąpili, odeszli od siebie – przebywacie jednocześnie w swoim ciele i poza nim.

Teraz proszę o uwagę: to jest właśnie ten stan, w którym przebywa twórczy człowiek w chwili natchnienia. Co dzieje się w takiej chwili? Świadomość, uwolniona od myśli i uczuć, nagle zapełnia się obrazami przychodzącymi jakby z zewnątrz, a nie z własnej głowy. Podczas przesunięcia w górę i nieco do tyłu powstają zwykle plastyczne obrazy – korzystają z tego malarze, graficy, rzeźbiarze i architekci (naturalnie takie przemieszczenie zachodzi u nich nieświadomie, w odróżnieniu od nas). Przy przesunięciu do góry z odchyleniem w lewo o około 30 stopni pojawiają się obrazy słowne, często wierszowane. Przy przesunięciu do góry, w prawo i do przodu – obrazy ruchu, co jest istotne dla tancerzy, choreografów i reżyserów filmowych.

Rzecz jasna po pierwszych ćwiczeniach te obrazy nie napływają tak od razu, nie chwycicie nagle za pióro, pędzel czy dłuto. Do tych odczuć trzeba przywyknąć, trzeba je świadomie kultywować i trenować. Z pewnością jednak pewne przebłyski obrazów i stan podobny do natchnienia możecie odczuć już za pierwszym razem.

Teraz spróbujcie przesunąć odczucie „Jam jest" w przeciwnym kierunku – od środka głowy na dół. Jeśli przesuniecie je w dół do tyłu i umieścicie za plecami, wejdziecie w swoją przeszłość. Mogą na Was wręcz lunąć niezwykle wyraziste wspomnienia. Wtedy też wyraźnie uzmysłowicie sobie sens swojej życiowej drogi, uświadomicie sobie swoje miejsce w przestrzeni i czasie życia.

Odkrycie stref: dobrze, źle, przyjemnie, nieprzyjemnie

Współczesna klasyfikacja emocji jest niejasna i płynna, nauka gubi się w tym, co zaliczyć do emocji, a co nie. Nie będziemy wdawać się w szczegóły klasyfikacji, gdyż ważniejsze jest coś innego, co ma podstawowe znaczenie – to, że wszystkie emocje można odnieść do jednego z dwóch biegunów – pozytywnego i negatywnego.

Odkrycie strefy „dobrze"

Wszystko co zawiera nasza świadomość, ma swój „adres" w przestrzeni wirtualnej, także takie znaczenia obiektów, faktów itd., jak „dobrze" i „źle". Odkryjemy je za pomocą poznanych metod, aby móc pracować z tymi znaczeniami na nowym poziomie. Siadamy, rozluźniamy się i przypominamy sobie jakieś przyjemne zdarzenie ze swojego życia, a potem szukamy go w przestrzeni wirtualnej. Następnie po kolei szukamy tam jeszcze kilku przyjemnych zdarzeń z naszej przeszłości. Odkrywamy, że w przestrzeni wirtualnej wszystkie te zdarzenie mają wspólny określony punkt przecięcia, a nawet wspólny obszar. To właśnie jest strefa „dobrze".

Odkrycie strefy „źle"

Teraz zróbcie to samo z nieprzyjemnymi zdarzeniami. Nie muszą to być strasznie przykre wspomnienia. Wystarczy przypomnieć sobie nieprzyjemności średniego kalibru: w czasie studiów nie zdałem egzaminu, w dzieciństwie mama dała mi klapsa, wczoraj szef na mnie nakrzyczał.

Teraz znów zamknijcie oczy i dokładnie tak samo, jak podczas ćwiczenia ze strefą „dobrze", odkryjcie obszar, gdzie nieprzyjemne zdarzenia przecinają się. To właśnie jest obszar „źle". Sprawdźcie to i utwierdźcie się w tym odczuciu, że teraz dokładnie wiecie, gdzie szukać tego obszaru. Otwórzcie oczy.

Odkryliście obszar „źle". Wkrótce nam się przyda.

Tylko emocje, a raczej emocjonalne bieguny „dobrze" i „źle", które wyraźnie odczuwacie we własnym życiu, mogą utworzyć potężny ukierunkowany wektor prowadzący od „źle" do „dobrze", do stworzenia w waszym życiu czegoś nowego. Żeby móc iść naprzód i tworzyć nowe, trzeba nauczyć się tworzyć w swoim życiu bieguny „dobrze" i „źle".

Należy przy tym wziąć pod uwagę tzw. „kapitał rezerwowy", który posiadają emocje. Emocje nie tylko istnieją w naszym wnętrzu, mogą także rozchodzić się na zewnątrz. Możemy przenosić emocje na innych ludzi i na przedmioty. Gdy przenosimy na jakiś przedmiot pozytywne emocje, przedmiot ten uzyskuje tzw. emocjonalne zabarwienie. W taki sposób tworzymy emocjonalne wartości. Tym samym wytwarzamy emocjonalne pole będące gwarantem ruchu i rozwoju.

Stworzenie emocjonalnego wektora w celu rozwiązania konkretnego zadania

Siądźcie wygodnie, zamknijcie oczy. Skupcie się na swojej wirtualnej przestrzeni (jeśli ktoś nie pamięta ćwiczenia, niech wróci do kroku 1 pierwszego etapu piątego stopnia opisanego w książce „Pewność", a także do kroków 2a i 2b dla przypomnienia sobie, jak odkryć w przestrzeni wirtualnej strefy „dobrze" i „źle").

Przypomnijcie sobie swój cel – to, co zamierzacie zrobić. Określcie położenie tego celu w wirtualnej przestrzeni. Przesuńcie ten obszar wirtualnej przestrzeni, łącząc ją z wewnętrzną strefą

„dobrze". Teraz, do tak zjednoczonej strefy, zacznijcie przesyłać energię centralnego strumienia wstępującego. Utrzymując połączenie obszarów, zwróćcie uwagę na to, jak pojawiają się i nasilają pozytywne emocje. Doprowadźcie odczucia do maksimum i odrzućcie skupienie.

Przestrzeń wirtualna jest elastyczna i ruchoma, dlatego wasz cel i strefa „dobrze" tu się rozchodzą. Jednak więź energetyczna między nimi została już stworzona i wciąż trwa.

Teraz czas na odkrycie fragmentu przestrzeni wirtualnej, który zawiera obraz bieżącego stanu spraw – gdy jeszcze nie przystąpiliście do osiągnięcia swojego celu.

Łączymy ten fragment ze strefą „źle" i nasycamy połączoną strefę energią wstępującego strumienia. Zauważamy, jak zwiększają się negatywne emocje. Doprowadzamy odczucie do maksimum i wychodzimy ze stanu skupienia.

A teraz skupiamy się kolejno na odcinkach wirtualnej przestrzeni zawierających bieżący stan spraw i Wasz cel – i nasycamy te odcinki energią centralnego strumienia wstępującego. Bardzo dobrze.

Możliwe jest także przeniesienie emocji z człowieka na człowieka oraz przeniesienie emocji na obiekty, stosunki, pojęcia, idee. Przy czym właśnie to przeniesienie odgrywa w naszym życiu o wiele ważniejsze role niż przeniesienie emocji z człowieka na człowieka!

Przecież właśnie to przeniesienie emocjonalnych znaczeń na przedmioty jest przyczyną powstania potężnych emocjonalnych wektorów zmuszających ludzkość do rozwoju w tym kierunku, w którym podąża.

Jest wektor – jest także rozwój. Nie ma wektora – nie ma ruchu. A to oznacza brak pragnień, brak radości z ich spełnienia, z osiągnięć, z podążania ku lepszemu. Nie ma niczego, oprócz zaspokojenia podstawowych potrzeb fizjologicznych.

Jeśli opanujemy technikę przenoszenia potencjalnych emocjonalnych znaczeń na zewnątrz, będziemy potrafili stworzyć emocjonalny wektor wspierający nas w realizacji wybranych celów i przyciągający do tej realizacji innych ludzi.

W tym celu powinniśmy odkryć na globusie naszej świadomości, w swojej wirtualnej przestrzeni, dwie strefy – „przyjemnie" i „nieprzyjemnie".

Odkrycie strefy „przyjemnie" w wirtualnej przestrzeni świadomości

Wysilmy pamięć i odszukajmy w niej kilka przyjemnych wspomnień. Mogą to być wspomnienia radosne, wesołe lub dotyczące takich chwil w życiu, gdy w sensie czysto fizycznym czuliście się komfortowo, gdy było Wam przyjemnie, gdy byliście zadowoleni. Te wspomnienia powinny łączyć się z dowolnymi pozytywnymi emocjami.

Siądźmy wygodnie, zamknijmy oczy. Zaczynamy rozpatrywać pierwsze wspomnienie. Przypominamy sobie najpierw, co to było, potem – co odczuwaliśmy każdym z narządów zmysłów, później przypominamy sobie sam stan, gdy było dobrze. Teraz odtwarzamy ten stan w odczuciach w danym momencie. Zwiększamy nieco centralny strumień wstępujący. Tworzymy integralne odczucie wspomnienia. Potem według tego samego schematu wspominamy kolejny epizod – i przyłączamy go do poprzedniego. To samo powtarzamy z następnym wspomnieniem. Określmy strefę ich przecięcia w przestrzeni wirtualnej.

W ten sposób, powtarzając kilkakrotnie kolejność tych działań, znajdujemy strefę przecięcia integralnych odczuć przyjemnych wspomnień. Zapamiętujemy ją. Wychodzimy ze stanu skupienia, otwieramy oczy.

Wspaniale! Znaleźliśmy swoją strefę „przyjemnie". Wspólne dla wszystkich wspomnień jest tylko to, że towarzyszyło im wydzielanie endorfin! Oto znaleźliśmy strefę wirtualnej przestrzeni odpowiadającej tej reakcji. Proszę zwrócić uwagę na fakt, że ta strefa leży w naszej wirtualnej przestrzeni w pobliżu strefy „dobrze", ale nie jest z nią tożsama.

Możemy bardzo łatwo sprawdzić jakość naszej pracy. Przesuńcie ogniskowy punkt Waszej świadomości, punkt „Jam jest" do odkrytej strefy. Od razu zauważycie, jak poprawia się nastrój i zwiększa się centralny strumień wstępujący! To wspaniałe!

A teraz czas na znalezienie wewnętrznej strefy „nieprzyjemnie".

Odkrycie strefy „nieprzyjemnie" w wirtualnej przestrzeni świadomości

Odnajdźmy w pamięci kilka nieprzyjemnych wspomnień – mogą one być nieprzyjemne pod względem fizycznym, mogą być straszne, smutne, obrzydliwe... Niech wiążą się z dowolnymi negatywnymi wspomnieniami. Siądźmy wygodnie i zamknijmy oczy. Z pierwszym złym wspomnieniem pracujemy tak samo, jak w poprzednim ćwiczeniu ze wspomnieniami dobrymi: najpierw przypominamy sobie, co to było, potem odtwarzamy wszystkie swoje odczucia tej chwili, wszystko, co postrzegały nasze zmysły, potem odtwarzamy samo odczucie, jak to było źle. Następnie lekko zwiększamy centralny strumień wstępujący. Tworzymy integralne odczucie wspomnienia. Przyłączamy do niego integralne odczucie kolejnego złego wspomnienia stworzone według tego samego schematu, potem – jeszcze jedno. Odnajdujemy strefę ich przecięcia w przestrzeni wirtualnej.

Zapamiętujemy miejsce położenia tej strefy. Wychodzimy ze stanu skupienia, otwieramy oczy.

Tak oto odkryliście strefę „nieprzyjemnie" leżącą w Waszej wirtualnej przestrzeni, na przecięciu się kilku nieprzyjemnych wspomnień. Zauważyliście pewnie, że strefa ta położona jest w pobliżu strefy „źle", ale nie jest z nią tożsama. Przesunięcie punktu „Jam jest" do strefy „nieprzyjemnie" przekłada się na znaczne pogorszenie nastroju i osłabienie centralnego strumienia wstępującego. W celu rozwiązania pewnych spraw będziemy musieli to robić.

Powstaje naturalne pytanie: do czego potrzebne są nam strefy „przyjemnie" i „nieprzyjemnie", czy nie wystarczą same strefy „dobrze" i „źle"? Odpowiedź też jest naturalna i prosta. Chodzi o to, że znaczenia „dobrze" i „źle" powstają post factum, już po tym, jak sytuacja znalazła się w przeszłości – a my rozpatrujemy ją z pozycji teraźniejszości, z chwili obecnej, oceniając to, co było, jako „dobrze" lub „źle". Dokładnie w czasie trwania sytuacji możemy jeszcze takich ocen nie wydawać – powstaną później. Przecież bywa tak, że coś, co wydawało się dobre, po fakcie okazało się złe – i odwrotnie.

A takie odczucia, jak „przyjemnie" i „nieprzyjemnie" są bardziej bezpośrednie, doświadczamy ich dokładnie w czasie rozwoju sytuacji. Oprócz tego „przyjemnie" i „dobrze" nie są synonimami, podobnie jak „źle" i „nieprzyjemnie" – to zupełnie nie to samo. Przecież w życiu każdego z nas istnieje mnóstwo wspomnień, które z jednej strony są przyjemne, ale w finale okazują się nieprzyjemne.

„Dobrze" i „źle" są prawdziwe, rzeczywiste przede wszystkim dla siebie, a „przyjemnie" i „nieprzyjemnie", dzięki efektom psychicznego naładowania, wspaniale sprawdzają się w oddziaływaniu na innych ludzi.

Powolne myśli

Posiadamy potężne narzędzie. Mieści się w naszej głowie. To świadomość operująca myślami.

Myśl może oddziaływać na materię. Może także wpływać na znaczenia przedmiotów zarówno w świadomości jednostkowej, jak i w zbiorowym umyśle ludzkości. Jednocześnie wpływa na świat i tworzy dla nas jego zdarzenia, wyłaniając je z nierozpoznanej niewiadomej.

Nasz świat posiada mnóstwo prawidłowości składających się na podstawę jego struktury. Dlatego konieczne jest uwzględnianie tych prawidłowości – dzięki temu myśl będzie oddziaływać tak, jak zechcemy. Nie można osiągnąć sukcesu, próbując stworzyć w rzeczywistości to, co nie wpisuje się w tę rzeczywistość i jest przez nią odrzucane.

W celu efektywnego oddziaływania trzeba uwzględniać zasady czasu, energii, siły, nieprzeciwstawiania się prawom świata, twórczości. Dodać należy jeszcze jedną zasadę – logiki.

Gdy zdarzenie (zjawisko, fakt, przedmiot – wszystko to, co nazywamy celem), którego rozwojem chcemy pokierować, już istnieje, jest przejawione – jest realnością.

Jednak kierowanie dalszym rozwojem tego zdarzenia na razie nie jest jeszcze określone i nie znamy przyczyn wprawiających w ruch rozwój tego zdarzenia – nie wiadomo, w jakim kierunku będzie się rozwijać. Jeśli wiemy, że istnieją przyczyny wprawiające w ruch zdarzenie w kierunku dla nas niepożądanym, to w pierwszej kolejności powinniśmy pracować z takimi przyczynami, to właśnie one powinny stać się naszym celem.

Bezpośrednie oddziaływanie na zdarzenie

Po pierwsze, powinniśmy nawiązać z obiektem bezpośredni kontakt, najlepiej wizualny. Oznacza to, że dobrze byłoby mieć obiekt bezpośrednio przed oczami (samochód pod oknem, grządkę truskawek lub coś innego, nad czym pracujecie). Przy braku możliwości bezpośredniego patrzenia na obiekt, dzięki określonemu treningowi, można wywołać w sobie mentalny obraz obiektu, opierając się na swoim wspomnieniu.

Mając przed oczami realny lub wyobrażony przedmiot (zjawisko lub sytuację), przeprowadzamy redukcję świadomości do punktu *Ja jestem*, po czym łączymy się w całość z obiektem – jakbyśmy właśnie nim byli. Świadomość nie traci przy tym wrażenia kontaktu z punktem *Ja jestem*. Dzięki temu odczucie obiektu staje się jakby zmieszane z naszymi emocjonalnymi znaczeniami tego obiektu.

Gdy w pełni wejdziemy w ten stan – poprzez wrażenie zespolenia z obiektem zabarwionym naszymi emocjonalnymi znaczeniami (nie zwykła grządka truskawek, a ukochana, bliska, prawie uduchowiona grządka truskawek) – pojawi się dodatkowe odczucie obiektu, niezwiązane z naszym zestawem znaczeń. Będzie to odczucie obiektu w świecie – jego pozycji i kierunku rozwoju. Może powstać przy tym odczucie ruchu obiektu zachodzące w chwili kontaktu oraz odczucie ruchu potencjalnego. Nie mamy tu oczywiście na uwadze ruchu fizycznego (trudno posądzać grządkę truskawek o ruch), jest to ruch w sensie rozwoju, przerwa w czasie. Zobaczycie obiekt jakby z boku, a mówiąc ściślej – z wysokości i poczujecie, że żyje, że jest mobilny, zdolny do rozwoju; odczujecie jednocześnie jego przeszłość, teraźniejszość i przyszłość.

Tego odczucia nie pomylicie z żadnym innym. Możliwe, że przed Waszym wewnętrznym spojrzeniem staną konkretne obrazy związane z dalszym rozwojem obiektu (zobaczycie obrazek grządki czerwieniejącej od mnóstwa truskawek), mogą to być także jakieś mgliste domysły lub ledwo widoczne przypuszczenia – nie pomińcie tych przebłysków wiedzy o losie swojego obiektu, koniecznie je zarejestrujcie.

Zwróćcie przy tym uwagę, że zaczęliście postrzegać nie tylko sam obiekt, ale także okoliczności towarzyszące jego rozwojowi – okoliczności już istniejące lub możliwe; przy czym postrzegacie je jako część obiektu. Odczuwacie – jako część losu Waszej grządki – choćby taką możliwą okoliczność, jak ładna słoneczna pogoda, która sprzyja dojrzewaniu owoców, lub – odwrotnie – czujecie groźbę ulewnych deszczów. Rezultaty rozwoju obiektu pod wpływem tych okoliczności też są odczuwane jako części obiektu – ale już jako części podporządkowane.

Gdy pojawi się takie odczucie, będziecie mogli zacząć działać. Dopiero wtedy – ponieważ właśnie wtedy to wrażenie umożliwi coś, co można określić jako myślenie problemem – chodzi o kierowanie problemem, czyli zmianę jego kierunku w satysfakcjonującą nas stronę.

Całkowicie zespoliliśmy się ze zdarzeniem (zjawiskiem, sytuacją, włączając w to wszystkie realne i potencjalne okoliczności towarzyszące), stanowimy z nim jedność. Chcemy je teraz skierować we właściwą z naszego punktu widzenia stronę. Ponieważ zlaliśmy się ze zdarzeniem, odczuwamy je jako część siebie. Zdarzenie w tym momencie jest częścią nas! Co to oznacza? Możemy teraz zmienić przebieg rozwoju tego zdarzenia, współpracując z pewnymi mechanizmami świadomości! Zmieniając swoją świadomość, zmieniamy rozwój zdarzeń, ponieważ nasza świadomość jest tożsama ze zdarzeniem – w danym momencie czasu i przestrzeni jest tym samym!

Co powinniśmy zrobić ze świadomością, żeby przemiana w niej stała się jednocześnie przemianą w rozwoju interesującego nas zdarzenia? We własnej świadomości powinniśmy stworzyć próżnię. W tym celu wchodzimy w stan aktywnego oczekiwania, na razie jednak nie programujemy tego, czego oczekujemy, odczuwamy siebie tak, jakbyśmy stali nad pustką – w oczekiwaniu... na coś – na co, jeszcze nie wiemy. Następnie wypełniamy powstałą próżnię wyłącznie upragnionym wariantem rozwoju wydarzeń! W ten sposób od aktywnego oczekiwania przechodzimy do jakby popychania zdarzeń w pożądanym kierunku... Raz – i popchnęliście zdarzenie!

Teraz koniecznie trzeba jak najszybciej odłączyć się od zdarzenia, tj. rozdzielić punkt *Jam jest (Ja jestem)* i samo zdarzenie. W przeciwnym razie będziemy musieli czekać na realne zmiany w rozwoju zdarzeń, znajdując się w ciągłym stanie połączenia z problemem. Nie jest to nazbyt wygodny stan.

Bezpośrednie kierowanie zdarzeniami pozwala oddziaływać na zdarzenie i jego przyczyny dzięki mechanizmowi kierowania myślą, jednak wymaga to wielkiego skupienia, wyzbycia się emocji i intensywnego ograniczonego w czasie podtrzymania kontaktu z celem. Zatem sposób, który właśnie omówiliśmy, jest bardzo przydatny do bezpośredniego oddziaływania na obiekt, przedmiot czy sytuację. Ma jednak swoje wady: zajmuje czas i uwagę, a oprócz tego – nie tak łatwo jest odgrodzić się od własnych emocji i szybko odłączyć się od kontaktu z zadaniem bezpośrednio po zakończeniu oddziaływania.

Istnieje na szczęście inny sposób – pozbawiony wad poprzedniego. Umożliwia kierowanie rozwojem zdarzeń przy zmniejszonym nakładzie uwagi i kontroli emocji. To sposób powolnych myśli.

Zastanówcie się, ile razy dopadało Was to, czego się baliście? To właśnie jest kierowanie zdarzeniami za pomocą myśli, tyle tylko że w danym przypadku zainicjowaliście proces bez umiejętności, rozwinęliście zdarzenie w niepożądanym kierunku właśnie dlatego, że tak były ukierunkowane Wasze myśli. A ile razy spełniało się to, czego chcieliście? W tym przypadku działaliście instynktownie, prawidłowo, z pożytkiem dla siebie, rozporządzając zdarzeniami otaczającego świata.

Teraz, przypomniawszy sobie podobne przypadki, pomyślmy chwilę. Czym różnią się od siebie takie myśli posiadające wpływ na otaczający świat od zwykłych myśli, które na nic nie wpływają? Myśli posiadające siłę oddziaływania niczym koryta podziemnych rzek, leżą głęboko, płynąc długo i powoli. Taki rodzaj głębokich myśli, które posiadają moc oddziaływania, będziemy nazywać powolnymi myślami.

Na początek musimy odkryć w sobie powolne myśli – nauczyć się odróżniania ich od pozostałych myśli i wykorzystać je według swoich potrzeb.

Odkrycie powolnych myśli

Aby wykonać to ćwiczenie, należy wcześniej przygotować niewielki spis (około dwudziestu pozycji) pojęć spotykanych przez nas w życiu codziennym – kot, pies, wypłata, dzieci, dom letniskowy, pogoda, samochód, telewizor itd.

Siadamy wygodnie, zamykamy oczy. Całą uwagę skupiamy na wewnętrznej przestrzeni wirtualnej swojej świadomości. Teraz zaczynamy przypominać sobie wszystkie pojęcia z naszego spisu, zapamiętując wszystkie odczucia towarzyszące każdej pozycji – każdemu wspomnieniu, w szczególności – szybkość i emocjonalne nasycenie.

Będziecie zdumieni, odkrywając, że Wasze odczucia powstające podczas wspominania przedmiotów dzielą się na dwie całkowicie różne klasy! Pierwsza klasa – to odczucia szybkie, jakby powierzchowne, ponieważ nie towarzyszą im jakiekolwiek odczucia przebudowy wirtualnej przestrzeni. Druga – bardziej powolne, jakby zmieniające coś w przestrzeni wirtualnej.

Przed chwilą odkryliście w sobie myśli: szybkie i powolne. Zauważyliście różnicę odczuć między nimi. Powolnym myślom, w odróżnieniu od szybkich, towarzyszą wyraźne odczucia pewnej przebudowy wirtualnej przestrzeni.

Powolne myśli – to myśli kierujące biegiem zdarzeń wokół celu. Ich automatyczne wykorzystanie pozwala na planowanie przyszłych zdarzeń odległych w czasie. Dlatego powolna myśl jest unikatową metodą oddziaływania – ogólny kierunek ruchu zdarzeń nie zależy od wyniku sytuacji pośrednich.

Powolna myśl – to myśl oddziałująca nie na sam znaczący dla nas przedmiot, ale na emocjonalne znaczenia otaczających go przedmiotów! Za pomocą powolnych myśli możemy wprowadzać zmiany do sporego odcinka rzeczywistości.

Nauczywszy się według swojej woli kierować szybkimi i powolnymi myślami, możemy wyłączyć każde przypadkowe oddziaływanie na zdarzenia. Bliska znajomość z powolnymi myślami pozwala zauważyć, kiedy niechcący oddziałujemy swoimi myślami na rzeczywistość i uniknąć niechcianego wpływu, kierując myśli na poprzednią pozycję, tj. zmieniając powolny styl na szybki.

Najważniejsze jednak jest to, że opanowanie świadomego kierowania stylem myśli umożliwia wykorzystanie powolnych myśli do pożądanego przez nas wpływania na zdarzenia. Przecież podstawowym warunkiem skutecznego oddziaływania jest niezmienność w procesie oddziaływania emocjonalnego znaczenia przedmiotu. To właśnie powolne myśli odpowiadają temu warunkowi – w procesie ich działania emocjonalne znaczenie przedmiotów nie zmienia się, zmianie ulegają tylko emocjonalne znaczenia związanych z nim przedmiotów i zjawisk.

Wypróbujcie swoje powolne myśli w działaniu. Weźcie pod uwagę dowolny przedmiot, zjawisko, które chcecie skierować w pożądaną stronę. Na początek można wykorzystać puste plastikowe opakowanie leżące gdzieś przy drodze. Wokół niego zachodzi mnóstwo zdarzeń, a jego ruchem kieruje wiele przyczyn: porywy wiatru, ruch powietrza spowodowany przez przejeżdżające samochody i kroki przechodniów. Wasze zadanie polega na tym: pomyślcie o wspomnianym wyżej opakowaniu, wykorzystując powolne myśli, by w ten sposób przesunąć przedmiot w tę stronę, w którą chcecie. Poćwiczcie – to bardzo łatwe. Przecież powolne myśli oddziałują na ruch innych przedmiotów wokół opakowania, zmieniając ich znaczenie. Wasze powolne myśli potrafią zmusić opakowanie do tego, by pod wpływem wiatru czy może buta przechodnia – skierowało się tam, gdzie chcecie. Nie dziwcie się, tak właśnie jest, nie ma w tym żadnej mistyki. Zjawisko to bardzo szybko stanie się dla Was proste i zrozumiałe, będzie codziennością.

Powolne myśli są najpotężniejszym narzędziem oddziaływania na przyszłe zdarzenia naszego świata. W tej kwestii nie mają sobie równych. Jeszcze raz gratuluję – opanowaliście przecież unikatowe narzędzie, które siłą rzeczy potrafi zdziałać cuda. Potrzebne zdarzenia będą dziać się wokół Was same z siebie, nie będziecie musieli tracić sił, walcząc z kaprysami losu, ponieważ wszystko dokoła popłynie w pożądanym kierunku. Tylko komuś z zewnątrz wyda się to cudem, dla Was będzie to zwykła rzeczywistość świata energoinformacyjnego, w którym mieszkamy i uczymy się czuć jak ryba w wodzie, a nawet lepiej.

Przypomnieliśmy sobie niektóre przydatne metody.

Mam ogromną prośbę – jeśli czujecie, że czegoś zapomnieliście, nie leńcie się i poćwiczcie; jeśli nie starcza wam informacji, zajrzyjcie do podręcznika, w którym dokładnie omówiono wszystkie nawyki, ponieważ ta książka nie zawiera opisów szczegółowych, podanych w poprzednich podręcznikach.

A teraz – kontynuujmy!

UMYSŁ ODRODZONY

Przed nami wielkie i wspaniałe zadanie – nastroić strukturę własnego umysłu w taki sposób, by usunąć jego ograniczenia nałożone przez naturę, która stworzyła biologicznego nosiciela naszego ciała, i pomóc w poruszaniu się w każdym wybranym przez niego kierunku.

Istota ograniczenia polega na niemożliwości nieskończenie głębokiego, nieprzerwanego poznawania świata przez indywidualny umysł. Stało się tak w wyniku zależności wielkości systemu znaczeń od emocjonalnej składowej i braku korekty świadomości zmiennych mało znaczących.

Mówiąc inaczej, nie możemy zobaczyć tego, co zbyt subtelne i nowe i nie możemy tego, co subtelne, prawidłowo rozpoznać na tle tego, co zgromadziło nasze osobiste doświadczenie.

Jak kura, która nawet w centrum kierowania galaktyki będzie szukać tylko ziarna, nie zauważając niczego innego, jak niektóre psy i koty nie widzą obrazu w telewizji, tak i człowiek – otoczony nieskończenie wielkim światem i wyposażony we wszystkie możliwości rozwoju i działania w nim, jest skazany na powtarzanie marszu po starych drogach, a po spotkaniu tego, co naprawdę nowe, ledwie uśmiechnie się do niego, zboczy z drogi, potrząśnie głową i znów powróci do poszukiwań swoich ziarenek...

Stąd bierze się blokada na drodze przeniknięcia umysłu do wielkiego świata, stąd bariera, ściana niepozwalająca na znalezienie drogi i nieustanne nią podążanie.

Te ograniczenia, jak się zdaje, są charakterystyczne dla wszystkich typów Umysłu biologicznego pochodzenia, ponieważ prócz możliwości początkowego orientowania się w świecie otrzymują one, w charakterze przewodnictwa, instynktowne bodźce, podniety niebędące produktem rozumnej działalności. Bodźce te są mimowolnymi dla świadomości reakcjami mózgu i jednocześnie kierują samym myśleniem.

Chociaż prawdopodobnie istnienie takiego ograniczenia można podejrzewać u każdej świadomości przeżywającej określony początkowy etap rozwoju; a tak w ogóle, to przecież umysł powinien chyba od czegoś zacząć, prawda?

A to oznacza, że świadomość powinna mieć od samego początku coś, co nie jest umysłem, co leży poza nim i co wprawia go w ruch: jakaś dusza, uczucie, poryw. Przecież bez tego nie zacznie myśleć. Nie miałby o czym.

Na tej subtelnej przyczynie opiera się wszystko, co składa się na nasz wewnętrzny świat i określa jego wzajemne oddziaływanie ze światem wewnętrznym.

Można powiedzieć, że ta przyczyna jest energetyczną stacją umysłu zaopatrującą każdy obraz w naszej świadomości w indeks rekomendowanej dla niego części energii ożywiający nasze doświadczenie i nadający mu znaczenia, tj. przyczyna ta powoduje, że w ogóle jest możliwe istnienie świadomości i jej energoinformacyjnego życia.

Teraz będziemy badać ten właśnie mechanizm. Musimy nauczyć własny umysł tego, co najważniejsze w podróży – nieść własną znaczeniową przyczynę w strumieniu nieskończonych transformacji.

Sieci znaczeń w strumieniu energii świadomości

Spróbujmy zorientować się, w jaki sposób gromadzimy informacje o otaczającym nas świecie i jak je wykorzystujemy, gdy tworzymy z nich łańcuszki rozważań – jak przebiega wewnętrzna praca świadomości.

To zagadnienie jest bardzo skomplikowane, dlatego rozdział ten nie będzie łatwy w odbiorze.

Padnie mało słów grzejących nasze serca, słów na temat dobra, szczęścia, miłości, wolności i wszystkiego tego, w imię czego chcemy się rozwijać.

Pamiętajcie – nasze badania, poszukiwania podejmujemy ze względu na rozwój, ze względu na samo życie.

Mało jest w tym rozdziale na temat energoinformacji jako takiej, ponieważ przed nami najciekawsze pytanie: jak ją stosować, by Umysł mógł wykonać nowy ewolucyjny krok w Wielki Świat.

Ten rozdział dotyczy właśnie takiego zagadnienia.

Badamy wszystko gruntownie, szczegółowo i uważnie, dlatego że Wielki Świat jest tuż obok.

Za cienką zasłoną.

Czeka na nas.

Nie utraćcie sensu celu kryjącego się za mechanizmem sposobu, który musimy zrozumieć.

Żyjemy w świecie, odczuwamy go, postrzegamy, myślimy.

Jako istoty energoinformacyjne powstałe w ciele biologicznym, rozumiemy oczywiście, że nasze myślenie ma nad sobą jakiś cel.

Chociaż jesteśmy skłonni poświęcać uwagę celom jakoby wyższym, złożonym, głębokim, musimy przyznać, że myślenie ma pod sobą stosunkowo wyraźny punkt orientacyjny, który nim kieruje. Dokładnie omawialiśmy tę kwestię podczas opanowania drugiego etapu piątego stopnia DEIR. Chodzi o to, że niezależnie od tego, jak wiele unikatowych cech szczególnych będzie miała myśl, każda z takich myśli wewnątrz warunków, które ją zrodziły, odpowiada tylko na jedno jedyne pytanie: jak stworzyć kombinację odczuwalną jako lepszą w porównaniu do poprzedniej.

Jeśli myślenie nie może skutecznie rozwiązać tego zadania, odrzuca dany wariant rozwiązania i próbuje nowego, i znów nowego, i znów nowego. Jeśli rozwiązanie się nie znajduje, myślenie obchodzi tę kombinację bokiem i według Freuda powstaje zjawisko wyparcia (o zadaniu w ogóle się zapomina, jakby go nie było i jakby świadomość obchodziła tę czarną dziurę) lub, nawet bardziej poważnie – powstaje poważna neuroza lub psychoza.

Od tego prawa nie ma wyjątków – nawet człowiek oddający ostatnią koszulę nędzarzowi po całym zdarzeniu czuje się integralnie lepiej – bez tego by nie oddał, nawet samobójca zabija się tylko dlatego, że niczego nie przeżywać jest lepiej niż przeżywać to, co ma w duszy.

Oczywiście to wspaniale, że człowiek ma system znaczeń, który można tak nastroić, żeby pozwalał czynić dobro, nawet kosztem utraty czegoś, byleby tylko móc czuć radość. Znaczy to, że dla świata jest jeszcze nadzieja.

Spróbujemy podać przykład w celu poznania, jak nasza świadomość operuje znaczeniem przedmiotów w zależności od kontekstu i warunków.

Znajdujecie się w niebezpieczeństwie – nagle obok Was pojawia się głodny niedźwiedź i bardzo zły pies, wręcz taki pies ludojad.

Rzecz jasna oceniacie tę sytuację negatywnie, może nawet chcecie spanikować (załóżmy, że z jakiejś przyczyny nie odganiacie zwierząt za pomocą technik trzeciego stopnia). Mimo wszystko myślenie wciąż pracuje – skanowane są warianty – dwoje zwierząt napada na was. Reakcja – źle. Jedno zwierzę napada – też niezbyt dobrze.

Zwierzęta zadarły ze sobą. O tak, to już jest interesujące! Choć na razie takich zamiarów nie przejawiają... ale pies... przecież jest nerwowy... jego zachwianą psychikę świetnie można skierować na niedźwiedzia, gdyby próbować zachowywać się tak, jakbyśmy się go nie bali i wykorzystać komendę „Bierz go", potwierdzając ją swym zachowaniem... Aha! Jeśli to się uda, sytuacja będzie całkiem dobra! „Bierz go, Muchtar!".

Nawet z najgorszej sytuacji można znaleźć dobry wariant wyjścia.

Przyzwyczailiśmy się do automatycznego oceniania w kategoriach „dobrze" – „źle", bez głębszej zadumy nad tym, co to właściwie dla nas znaczy. Rutynowo odnosimy się do tego, że od nich zależy siła naszej reakcji, nie dziwią nas przypadki, że czasem mamy tak mało energii, iż ledwie reagujemy w jakiejś ważnej kwestii.

A to jest przecież interesujące.

Ponieważ za tymi zjawiskami kryją się reakcje naszego mózgu, których nie produkuje świadomość, mechanizm myślenia tworzący ograniczenie, jego sedno.

Znaczenie – to coś osobistego, coś, co w przyrodzie nie występuje. To właściwość.

Nie ma na świecie takiej rzeczy jak znaczenie! Jest tylko właściwość przejawiająca się we wzajemnym oddziaływaniu. Jeśli np. dwa przedmioty zderzą się ze sobą, okaże się, że mają różną wytrzymałość i wtedy można utrzymywać, że jeden z nich jest bardziej trwały.

Tylko względność. Właściwości posiadają wszystkie obiekty świata materialnego występujące w najróżniejszych połączeniach, ale oddzielnie właściwości nie istnieją – są to tylko charakterystyki odgrywające jakąś rolę podczas wzajemnych oddziaływań między nimi.

Zatem znaczenie to także właściwość przedmiotu, ale w odniesieniu do żywego organizmu posiadającego świadomość. Obiektywnie nie istnieje.

To tylko reakcja żywego organizmu na rzecz.

Znaczenie, jak nam się wydaje, stworzone jest przez indywidualne upodobanie naszego mózgu. Jednak jednocześnie dla każdego człowieka jest to nieodłączna część postrzegania świata.

Jeśli zapytać dowolnego człowieka, czego chce, czy co byłoby dla niego lepsze, nie będzie się zbyt długo zastanawiał nad odpowiedzią.

Jednak jak dojdzie do określonych wniosków?

Wyobrazi sobie ten czy inny obraz. W świadomości pojawią się jego powiązania i zostaną zestawione z już istniejącymi obrazami. Na ten całokształt obrazów mózg odpowie reakcją emocjonalną. Dojdzie do oceny: czy ta reakcja polepszyła czy pogorszyła stan emocjonalny. Padnie odpowiedź: „tak" lub „nie". To wszystko.

Świadomość w tym procesie uczestniczy tylko w charakterze dostawcy obrazów, rejestratora reakcji i czegoś, co połączyło obrazy.

Wiemy, że dziecko przychodzi na świat z mózgiem, który można porównać do niezapisanej karty, a jego reakcje wynikają bezpośrednio z instynktu. A skąd biorą się znaczenia w mózgu zawierającym większą ilość informacji?

Należy zwrócić uwagę na to, że reakcja mózgu, właśnie owo dobrze – źle jest wywoływana podczas umieszczenia uświadomionego sobie obrazu w centrum innych obrazów tworzących kontekst, pole do porównania. Im jest ich więcej, tym głębsze jest uświadomienie.

Podam przykład. Dziecko z radością włoży do buzi coś słodkiego nawet wtedy, gdy jest to szkodliwe. To co słodkie, powoduje u niego asocjację obrazów kojarzących się z „dobrze". Dorosły różni się od dziecka tym, że jego wyobrażenie o tym, co oznacza: „szkodliwe", „choroba" jest żywe, przeżyte poprzez osobiste doświadczenie i te asocjacyjne obrazy przy dodaniu obrazu podjadania słodkiego, ale szkodliwego jedzenia, dadzą już inną odpowiedź: „źle".

Jeśli sam obraz z jakichś przyczyn nie spowodował wyraźnego oddźwięku, który może być w tym przypadku tylko instynktowny (gdy w świadomości jest tylko jeden jedyny obraz), nie może być oceniony inaczej, niż poprzez reakcję na niego w obecności obrazów będących już w świadomości.

Właśnie to, a nie coś innego, pamięć o wielkości reakcji na obraz, uprawniona ilość energii, która w następstwie będzie przeznaczona na animację tego znaczenia, zapisuje się w pamięci jako znaczenie nowego obrazu.

Chodzi o to, że znaczenie przedmiotu jest tworzone nie jako rezultat wyliczenia tworzącego dla niego samodzielne znaczenie znikąd, ale jako połączenie znaczeń będących do dyspozycji świadomości, przy czym nowe znaczenie występuje jako regulator zwiększający lub osłabiający znaczenia.

Wielkość tego nowego znaczenia (jeśli nie jest uwarunkowane bezpośrednią instynktowną reakcją) nie może przewyższać sumy innych, już posiadanych znaczeń.

Musi być im równa lub mniejsza od nich.

Musimy jednak skonstatować, że według teorii prawdopodobieństwa średni poziom obniżenia wielkości znaczenia w wyniku takiego aktu pośredniego myślenia będzie wynosił około 50 proc.

A przecież znaczenie to instrukcja, stopień priorytetowości obrazu jako opracowywanego obiektu uwagi. Jeśli wielkość znaczenia jest słaba, umysł nie zajmie się rozpatrzeniem tego przedmiotu, który być może po 10–20 taktach myślenia stałby się priorytetowy, wydobywszy z asocjacyjnych zakamarków bez mała prawie wszystkie aktualne znaczenia człowieka.

Pomyślcie tylko nad tym!

Przecież oczywiste jest, że system znaczeń przechowujący doświadczenie tworzy się u człowieka w oparciu o instynktownie stwarzane wielkości napięć emocjonalnych.

System ten zaczyna rosnąć – od wielkości maksymalnych, od pnia, i dalej im bardziej pośrednie pojęcie, tym subtelniejsze jego znaczenie, tym bardziej usubtelnia się gałąź powiązanych ze sobą, połączonych znaczeń.

Na przykład mózg niewypełniony informacją (choć wtedy prawie nie może myśleć) posiada jakąś figurę wywołującą strach w 100 procentach, czysty strach wyrażony maksymalnie. Nazwijmy tę figurę czarnym ludem. Ma 100 procent strachu. A woreczek czarnego luda? Już tylko 50 procent. A nitka z woreczka czarnego luda? 25 proc. itd., itp.

Dorosły człowiek rzadko ma możliwość zetknięcia się z figurami uosabiającymi maksymalnie możliwą dla niego wielkość znaczenia. Może z wyjątkiem ludzi, którym „poszczęściło się" i posiadają instynktowny strach – fobię, np. lęk przed pająkami czy żmijami. Od maksymalnego znaczenia strachu człowiek może nawet zwariować lub umrzeć, podobnie jak od granicznej błogości czy pragnienia, które jest nie do zniesienia.

Jednak dzięki temu, że nie spotykamy się z figurami tak nasyconymi pod względem emocji, już dawno pogrzebaliśmy je we własnej pamięci; świadomość posługuje się przede wszystkim obrazami mającymi w odniesieniu do tej maksymalnej wielkości bardzo niewielkie znaczenie.

To wspaniale, ponieważ możemy wtedy pozwolić sobie na niepoddawanie się drzemiącym w nas zwierzęcym instynktom. Wspaniałe jest także dlatego, że umysł może podróżować wśród ogromnej ilości pojęć i cały świat jest dla niego interesujący.

Jednak w rzeczywistości to bardzo niewielka część świata!

Spróbujmy raz jeszcze podać przykład tworzenia jednej spośród niczym niewyróżniających się gałęzi znaczeń.

Załóżmy, że istnieje problem: jak przeżyć w trudnej sytuacji. Problem stanowi niedźwiedź (80 proc.) i pies (40 proc.). Razem

120 proc., choć oczywiście emocjonalne struktury naszego mózgu są większe – 100 proc. nie może zmusić nas do odczucia, 100 proc. – to wszystko, co mają.

Istnieje komenda: „Bierz go" mogąca obniżyć dwukrotnie ostrość tej sytuacji – powiedzmy do 60 proc. (tu znaczenia składających się na nią elementów nie będą przycięte przez granicę reagowania naszej psychiki). Odpowiednio jej znaczenie, jeśli spotkalibyśmy się z tą komendą po raz pierwszy, usłyszelibyśmy na np. plus 60 proc. Wygląda to na jakieś czarodziejskie słowo (nadzieja na istnienie takich słów zrodziła legendę o zaklęciach).

My jednak wiemy, że słowo może nie zadziałać: +0 proc., co daje średnią: (0+60)/2 = +30 proc.

Dobrze, a co z intonacją, która towarzyszy wydaniu komendy „Bierz go"? Można wypowiedzieć ją głośno i dźwięcznie albo cicho i władczo... W zależności od tego może zadziałać albo nie. Od 100 proc. do 0 proc. w stosunku do komendy mającej znaczność 30 proc., tj. 15 proc.

A co z akcentem w czasie wydawania komendy? Może właścicielem psa był człowiek Kaukazu? Pies jest owczarkiem kaukaskim... Znów 50 proc., ale już w stosunku do intonacji (tu mamy warianty umysłu – warianty mogą teoretycznie być przypisane także samej komendzie, ale my je przyłączymy do intonacji) – tj. 7,5 proc.

A gest wykonany wraz z intonacją – 3,75 proc.?

A wyrazistość tego gestu – 1,875 proc.?

A obrót trzeciego palca w geście?

A czas, jaki upłynął od wydania komendy do obrotu trzeciego palca?

Teraz powiedzcie, jak myślicie, czy człowiek będzie w stanie skupić się na wyrazistości gestu z wielkością jego znaczenia 1,875 proc., mając przed sobą niebezpieczeństwo wielkości 100 proc.?

Myślę, że Wasza odpowiedź będzie taka, jak moja: „Pewnie nie, chyba nie”. I to jest dla nas bardzo ważne.

Podany przeze mnie przykład nie jest może zbyt zgrabny, ale nie planujemy przecież roztrząsania psychologicznych subtelności i wszystkich związanych z nimi „jeśli”.

Wspomnimy tylko jedno „jeśli”. Jeśli rezultat zadziałania gestu zależy od czasu zakończenia gestu po obrocie trzeciego palca (0,234375 proc.), to człowiek w opisanej sytuacji nie będzie mógł niczego pojąć. Gra skończona.

W ten sposób można badać dowolną sytuację życiową i czy będzie to rozmyślanie nad sensem życia, czy nad politycznym podziałem, czy na temat prawidłowego wyboru drogi religijnej – zawsze zobaczymy, jak człowiek napotyka tę niewidzialną granicę.

Rozważając decyzję na temat ożenku, można by się zastanowić nad nadzwyczaj wesołym usposobieniem i życzliwością narzeczonej... Tylko kto zwraca uwagę na takie drobiazgi? Same na siebie zwrócą uwagę za parę lat, rozumiecie, w czym rzecz.

Dla nas najważniejsza jest sama zasada tworzenia pochodnych znaczeń, i jest ona oczywista.

W sytuacji abstrakcyjnego poznawania świata, podczas analizy złożonych idei, subtelnego postrzegania, człowiek w celu wychwycenia i zrozumienia subtelnego pojęcia musi czasami przywoływać bardzo wiele pojęć poprzedniego poziomu – też subtelnych – powiedzmy, każde po 5 proc., człowiek musi podejmować próby ustalenia ich związku z nową figurą, a mimo to figura dalekiego rzędu dzięki tej regule 50 procent posiada bardzo małe znaczenie, a figury oparte na niej są zupełnie niematerialne.

Przez tę szczególną cechę myślenia niedoświadczony człowiek często myśli z wyrwą, luką – bierze dwa, trzy naprawdę ważne pojęcia, zaczyna o nich myśleć, a potem gubi się i bez żadnego uzasadnienia ustanawia związek jakiegoś jednego z oddalonych pojęć z tą podstawą. Tylko po to, by w swojej świadomości pozytywnie rozwiązać takie emocjonalne równanie!

Przykładów nie trzeba szukać daleko. To próby leczenia wszystkiego za pomocą radu. Każda moda. Każde usprawiedliwienie tyranów. Każda mistyka o szerokim zastosowaniu tradycyjnie stanowiąca schronienie ludzi rozchwianych pod względem emocjonalnym, niebędących w stanie przyjąć na siebie odpowiedzialności za swoje postępowanie i myśli.

Religia w umyśle zwykłego konsumenta w całości opiera się na tym rozerwaniu, wyrwie w myśleniu – wierz sobie i przyciągaj każde pojęcie do tego, w co wierzysz. A nie przyciągniesz, to znaczy, że nie wierzysz. Jeśli nie wierzysz w to, że tylko ten, kto przyjmuje czyste jedzenie, może być zbawiony, to nie wierzysz także w to, że pokarm jest związany ze zbawieniem, a to oznacza, że podajesz w wątpliwość przykazania boże, a może wobec tego zapis o zbawieniu jest w ogóle kłamstwem... Tak, jeśli się zastanowić – to jakieś brednie z tym jedzeniem... Czyżby wszystko było nadaremne? Marzenia o zbawieniu, o wyzwoleniu ze wszystkich lęków i nieszczęść – to tylko nadzieja bez pokrycia, kłamstwo? Boże, jakżeż strasznie na duszy! Lepiej znów schować głowę w piasek i wierzyć. A w kwestii jedzenia posłuchać mądrego kapłana, który wprawdzie mówi niezrozumiale, ale za to uspokaja. Tak, postanowiłem już – pożywienie bezpośrednio przekłada się na zbawienie!

A przecież gdyby nie to rozerwanie, pomyślnie rozwijające się religie jako zjawiska społeczne już dawno by wymarły i każdy człowiek mógłby osobiście dotknąć Boga.

Mocno trzyma człowieka niewidzialna granica poznania, gdzie majaczą chwiejne, niepewne figury...

Nie mniej mocno trzymają egregory, i służebne wobec nich role społeczne. W istocie nie ma potrzeby zakładać kajdan na nogi, jeśli dusza już dostała się do niewoli.

Zakreśliliśmy już krąg ograniczenia poznania.

Nieuchronnie powinien występować i występuje, dopóki istnieją pojęcia wypływające z pojęć – z pojęć wypływających z pojęć, tj. dopóki istnieje łańcuch logicznych rozważań zapoczątkowany na jakimś określonym poziomie znaczenia.

Od czego jednak zależy wielkość tego kręgu?

Wiadomo przecież, że np. James Bond w zupełności mógłby skupić się na tym właśnie subtelnym geście szczującym psa na niedźwiedzia.

Cóż może mu zrobić taki pies i niedźwiedź, przecież Bond ma wytrenowany umysł!

Z pewnością mógłby się skupić.

Jednak mimo wszystko także pobłądziłby przy którymś „pokoleniu" wniosków. Dlaczego?

Z bardzo prostego powodu – istnieje taka rzecz, jak próg postrzegania.

Podobnie jak skóra nie może poczuć zbyt lekkiego dotyku, tak i świadomość poruszająca się po łańcuchu rozważań, po nitce coraz bardziej subtelnych znaczeń, wcześniej czy później zetknie się ze swoim za wysokim progiem, ze swą granicą, kiedy znaczenia staną się już tak subtelne, że nie będzie ich można odczuć na tle zwykłego szumu fizjologicznych sygnałów. Dalej nic. Blokada.

Myślenie pójdzie naprzód, dalej, tylko wtedy, gdy egregorialne sieci przyniosą jakieś znaczenie ze znaczeń pośrednich, powodując, że stanie się znaczące dla przeżycia, np. nie tak obrócą palec, nie dadzą jedzenia.

Wtedy krąg będzie mieć inny punkt wyjścia, ale wciąż będzie dla jednostki nie do pokonania. Tylko jego centrum nieco się przesunie.

Od tysięcy lat ludzie szukają sposobu przekroczenia granicy tego zaczarowanego kręgu.

Znaleziono wiele sposobów. Zwykły sposób to np. usunięcie wszystkich bodźców zewnętrznych, skupienie się tylko na jednym, prowadzenie notatek. Inny, bardziej profesjonalny – to medytacja, modlitwa, samadhi, wykorzystanie snu.

Wszystkie wymienione sposoby łączy maksymalne skupienie się na przedmiocie myślenia.

Co oznacza słowo „skupienie"?

To skierowanie na myślenie całej dostępnej energii.

Rzeczywiście po zastanowieniu się można dojść do wniosku, że TRUDNO jest skupiać się na subtelnej materii. A jeśli z jakichś przyczyn mamy mało energii, skupienie przychodzi z ogromnym trudem, może być nawet niemożliwe. Jeśli jesteśmy bardzo zmęczeni, wtedy nieprawdopodobnie trudno jest oderwać się od codzienności, pospolitej szarości dnia codziennego, gdyż to właśnie całkowicie nas pochłania.

Dzieje się tak, ponieważ – zanim o czymś pomyślimy, musimy najpierw poprzez własną uwagę wydzielić przedmiot naszych rozmyślań.

Nic się nie da zrobić bez wydzielenia przedmiotu – dzięki uwadze.

A uwaga – to funkcja naszego mózgu, posiada swoje reguły reagowania, a przy braku przyłożenia energii, uwaga skupia się na przedmiocie najbardziej mocno zarysowanym, dobitnie zaakcentowanym.

Teraz nie rozważamy kwestii spisu priorytetów uwagi. Wiemy, że przede wszystkim pociągają ją rzeczy najbardziej instynktownie wyraziste, np.: olśniewająca, jaskrawa kolorowa plama, najgłośniejszy zmienny szum, migoczące lub poruszające się obiekty; potem – najpewniej te wywołujące największy strach, później – najbardziej chciane i dopiero na końcu – najbardziej znaczące figury, posiadające pośrednie znaczenia... To nie ma znaczenia dla naszego badania.

Dla nas dużo ważniejsza jest następująca kwestia: musimy wkładać energię w to, aby uwaga mogła oderwać się od figur najmocniej zarysowanych, tych dobitnie wyrażonych.

Jeśli umysł ma mniej energii, świadomość ma mniej szans na skupienie się na tym, co subtelne. Im świadomość posiada większą ilość energii, tym bardziej subtelne figury może wydzielić i tym głębsze może być samo myślenie.

To zupełnie naturalne. Uwaga automatycznie utrzymuje się na najbardziej mocno zarysowanym znaczeniu, jednak żeby się utrzymać, może dodać posiadaną przez siebie energię do znaczenia przedmiotu rozmyślania, wydzielając go spośród pozostałych.

Nie ma energii – nie ma wydzielenia, myślenie automatycznie skupia się na bardziej zarysowanej figurze i myśl jest zgubiona. To ważny wniosek.

Pojęcie, którego znaczenie jest nasilone dzięki dostarczeniu mu energii świadomości, może być utrwalone, zapisane w pamięci z tym zwiększeniem, nasileniem znaczenia. W ten sposób gałąź znaczeń drzewa staje się mocniejsza. To drugi bardzo ważny wniosek.

Rozmiar „zaklętego kręgu myślenia" zależy nie tylko od zmniejszania się wielkości składających się na niego znaczeń, ale także od energii uwagi, dzięki której myślenie analizuje.

Pozwólcie teraz, że zadam pytanie: skąd uwaga czerpie energię i co to jest za energia?

Centralne strumienie do roli takiego kandydata nie są odpowiednie, ponieważ jak wiemy, dla ich zwiększenia potrzebne jest świadome napięcie. Tu nie chodzi o elektryczność ani o energię atomu, nie jest to także energia płynąca z pożywienia... zewnętrzne źródła nie nadają się do tego.

Zewnętrzne przedmioty nie są w stanie powiedzieć człowiekowi, o czym w danej chwili trzeba myśleć.

To mogą zrobić tylko znaczenia podpowiadające PO CO taka czy inna myśl, przedmiot, działanie mogą się przydać człowiekowi jako istocie biologicznej, ale tylko pod warunkiem posiadania energii, która aktywizuje psychikę i wyposaża ją w cel, mówiąc jej, CO JEST POTRZEBNE człowiekowi jako istocie biosocjalnej.

To ta energia, która jest pierwotna dla naszej psychiki, która wprawia w ruch świadomość.

Nie mam tu na myśli emocji i uczuć wyższych, jak np. miłość czy nienawiść. Mam na myśli to, co zmusza nasze myślenie do funkcjonowania, tworząc dowolną przyczynę myślenia – fizjologiczną stymulację naszego mózgu, instynkt dany nam przez biologię, generalny, główny powód psychicznej działalności w ogóle.

Pamiętacie? „Miłość przychodzi i odchodzi, a jeść chce się zawsze".

Emocje, które znamy, posiadają określoną hierarchię, są złożone, splatają się ze sobą i często są spowodowane przez siebie nawzajem, ale wszystkie mają pod sobą jednolitą podstawę, i ta podstawa jest przyczyną tego, że nasze myślenie coś robi.

Energia jednolitej podstawy jest ciemna, rozkazująca, władcza. W swej oryginalnej postaci z pewnością nie jest nam znana, może z wyjątkiem takich zmiennych emocjonalnych, jak strach czy pragnienie... Najpewniej jednak i te uczucia nie są pierwotne – załamały się gdzieś głęboko w naszym wnętrzu na tych znaczeniach pierwszych godzin życia, których ani nie pamiętamy, ani nie możemy wychwycić.

Dlatego nie możemy zbadać źródeł tej energii w sposób bezpośredni, dokopując się do swoich wspomnień i sortując je.

Gdy biologiczna przyczyna wychodzi na scenę naszej świadomości, od razu przejawia się w ogromnej ilości zmiennych, przełamując naszą percepcję znaczeń, wyodrębniając jedne, oddalając od innych, przepuszczając swoją energię przez pokrewieństwo znaczenia w stosunku do niej – nastraja całą naszą istotę na określony ład.

Dlatego lepiej będzie nie nazywać jej emocją, a wykorzystywać do jej oznaczenia takie słowo, jak drajw – najbardziej odpowiadające bezpostaciowej przyczynie ruchu – bo niczym wiatr porusza liśćmi wszystkich drzew naraz.

Drajw nie jest czymś osiągalnym lub wnioskowanym za pomocą logiki. Pochodzi z zewnątrz umysłu. Dla psychiki można to słowo objaśnić tylko wtedy, gdy jej struktura została stworzona razem z nim, z jego uczestnictwem. Jest nam dany – to wszystko. Dane nam jest kierować się ku zapachowi róży, a musze – ku zapachowi stęchlizny. Zatem drajw jest zarówno dla muchy, jak i dla nas, absolutną niepodważalną realnością. Drajw. Przejaw mechaniki. Drajw – to biologiczny przymus umysłu, jednocześnie będący przyczyną jego przejawienia i zmuszający go do istnienia.

Niemożliwe jest oddzielne badanie drajwów. To przykre, przecież posiadają dla nas wielkie znaczenie. Jednak z drugiej strony rodzą się przecież poza naszą świadomością, wpływają na nasz mózg bez żadnego udziału z jego strony. Dlatego prosta analiza dążeń i potrzeb żywej istoty umożliwia, w przybliżeniu, wyliczenie ich klas.

U człowieka można wyróżnić pięć dużych grup drajwów, psychicznych przejawów instynktownych potrzeb, czyli przyczyn zachowania. Są to: bezpieczeństwo, konsumpcja, rozmnażanie, ekspansja i pakiet socjalny.

Każda z tych grup jest złożona. Do konsumpcji zalicza się np. głód, dążenie do posiadania, instynkty terytorialne. Ekspansja to: pragnienie nowości i dążenie do podróżowania. Pakiet socjalny: dążenie do przywództwa i podporządkowania się, komunikacja, tworzenie ogólnych opinii... Każda z tych grup potrzeb podczas uaktywniania się rodzi drajw, ruch psychiczny, który najpierw objawia się w postaci niepokoju, trwogi, by potem rozbić się na aktualnych figurach w świadomości i zmuszać każdą z nich do wybuchów nowych, dotąd pokojowo drzemiących rozbłysków.

Do aktywacji grupy dochodzi na skutek wewnętrznych instrukcji mózgu pilnującego realizacji takich czy innych części programu. Im dłużej nie jest realizowana jakaś część programu, tym silniej frustruje się potrzeba – i tym więcej energii w postaci drajwu otrzymuje psychika. Tym silniejsze jest pobudzenie do działania.

Z jednej strony drajwy są fizjologiczno-energetyczną stacją dla naszego mózgu, systemem gruczołów i grup komórek wymieniających się elektrochemicznymi i chemicznymi sygnałami według schematu zaprogramowanego przez naturę. Z drugiej strony są to pierwotne energetyczne źródła wszystkich wyrażonych w odczuciach zjawisk naszej świadomości; ich energia przełamuje się we wszystkich energoinformacyjnych kaskadach dostępnych umysłowi, począwszy od łańcuchów rozmyślań, a na egregorialnych kanałach skończywszy.

To ten sam poziom, na którym ruch materii mózgu staje się ruchem zamieszkującego w nim umysłu.

To jedyna energia dla początkowego psychicznego ruchu, którą można wykorzystać do stworzenia innych energetycznych źródeł w wielkim świecie.

Niestety, ilość tej energii jest ograniczona. W rzeczywistości nasz mózg nie może przenosić zbyt wysokich dawek mediatorów, jego receptory nie mogą pracować z częstością nieodpowiadającą reżimowi odbudowy; pobudzenie w korze nie powinno przekraczać określonego poziomu, żeby nie przerzuciło się na inne odcinki mózgu i nie spowodowało epilepsji.

Zgodnie z tym moc psychicznej stacji energetycznej jest też ograniczona. Nie potrafi wydatkować więcej, niż może, w jednostce czasu.

Oznacza to coś, czego zrozumienie jest bardzo ważne. Człowiek ma ograniczoną ilość energii służącej do poznania. Wydatkował ją – na głupstwa, bzdury, na codzienną bieganinę i teraz może nie starczyć mu jej na całą drogę.

Rzecz jasna człowiek trwoni energię na prawo i lewo, całej się i tak nie da zaoszczędzić, niemniej jednak naiwnością byłoby sądzić, że kiedy przyjdzie na to czas, energii do poznania będzie w bród.

Uwzględniając rozpatrzony przed chwilą mechanizm niepozwalający na to, by umysł odszedł zbyt daleko od egregorialnych pojęć, i wciąż zawracający do nich poznanie, trzeba powiedzieć, że będzie potrzebna wielka ilość energii, by oderwać się od tego przymuszenia.

Jednak odbiegliśmy nieco od tematu.

Teraz interesuje nas to, że energia naszej świadomości pochodzi ze źródła ograniczonego pod względem mocy (to bezpośrednio wiąże się z naszą zależnością od ciała, w przypadku umysłu innego energoinformacyjnego nosiciela oczywiście wszystko może być inaczej) oraz fakt, że subtelne znaczenia są wyodrębniane przez energię naszej świadomości i dzięki temu nasileniu mogą być zwiększone w celu utrwalenia w pamięci.

Ponieważ energia jest ograniczona, jej wykorzystanie przez świadomość ma pierwszorzędne znaczenie.

Czyżby jednak ta energia była utylizowana tylko przez świadomą część psychicznej działalności, tę część, dla dobra której służy uwaga i logika?

Rzecz jasna, nie.

Podam przykład. Nieświadomie podrapaliście się (poczochraliście się). Czy energia była wykorzystana? Oczywiście, przecież to psychika wydała rozkaz. Czy zauważyliście to, przemyśleliście? Nie. A ile takich zadań w jednostce czasu wykonuje mózg człowieka, nieświadoma część jego psychiki? Równowaga, obserwacja otaczającego środowiska, stworzenie trasy przemieszczeń, podtrzymanie ramion, chodzenie, oddech, przełykanie śliny, mruganie, artykulacja, poprawne pod względem gramatyki tworzenie fraz, koordynacja oddechu i strun głosowych, utrzymywanie zwieraczy pęcherza moczowego, automatyczne śledzenie ruchu, automatyczne tworzenie obrazów w oparciu o usłyszane słowa... To ogromna ilość biologicznych i nabytych schematów.

Zarówno świadomą, jak i nieświadomą działalność żywi to samo źródło.

Świadomość poznaje świat i wybiera oparte na systemie znaczeń nowe pojęcia, zamiary i działania.

Nieświadomość realizuje już znane zadania obecne w magazynie umysłu w postaci typowych, szablonowych zamiarów. Nawiasem mówiąc, gromadzi też informacje, i z tego z całą pewnością skorzystamy.

Te dwa rodzaje świadomości konkurują ze sobą o dostęp do tego samego źródła drajwów.

Łatwo to udowodnić.

Gdy spotykamy się z nową sytuacją, dla której nie mamy opracowanego szablonowego działania, czas jakby się rozciąga. A gdy posiadamy odpowiedni schemat, w czasie reakcji właściwie nic sobie nie uświadamiamy. Dobrym tego przykładem może być awaria samochodu, jeśli doświadczyliśmy jej po raz pierwszy, oraz automatyczna reakcja na agresywny gest, np. uderzenie. Każdy z nas, grzebiąc w pamięci, odnajdzie przykłady potwierdzające moje słowa, dlatego nie będę przytaczać ich więcej.

Oczywiście rozciąganiu i skracaniu ulega nie sam czas, ale to, jak go postrzegamy, jednak fakt pozostaje faktem.

Dlaczego tak się dzieje? Łatwo to wytłumaczyć. W jednym przypadku świadomość dokonuje wielkiej ilości operacji w jednostce czasu, a sam bieg wypadków w porównaniu do tego tempa jest spowolniony. W drugim – świadomość ma tak mało energii, że wydaje się, jakby spała – zdąży tylko dokonać jakichś dwóch, trzech uświadomień, i tak czas mija niezauważalnie.

Taki podział energii między świadomością i tym, co nieuświadomione, a także maksymalne wytwarzanie energii drajwów przy nieusatysfakcjonowaniu potrzeb od niepamiętnych czasów wykorzystywano do rozszerzenia kręgu możliwego poznania.

Ten podział legł u podstaw wielu praktyk ezoterycznych realizowanych w tradycjach Wschodu, w metodach stosowanych przez mnichów, w technikach religijnych. Jeśli nie dopuści się do realizowania najzwyklejszych potrzeb – komunikowania się, smacznego i sycącego pożywienia, realizacji ludzkich słabości, poczucia bezpieczeństwa – to energii dostępnej dla świadomości będzie dużo.

Nie bez kozery w prawosławnej tradycji od artysty, który ma przystąpić do malowania ikony, wymagany jest czterdziestodniowy post. I nie bez kozery przebywanie w surowych warunkach klasztornych okazuje się korzystne dla procesu mistycznej percepcji świata. Jednak wystarczy tylko wyjść na świat i wypić piwo, a duchowe objawienia rozpuszczą się, znikną bez śladu, jakby były snem.

Rozumiemy, dlaczego tak się dzieje. Uwaga nie ma wystarczającej ilości energii, żeby wyodrębnić subtelne znaczenia. Znikają zatem z pola uwagi i człowiek musi korzystać z bardziej prymitywnych obrazów.

Metoda samoograniczenia wydaje się wspaniała, a jednak nie upowszechniła się w szerokim stopniu.

Stało się tak nie tylko dlatego, że także nie przynosi to nieograniczonego podwyższania energii, ale także dlatego, że wielką ilość energii trudno jest utrzymać, trudno zachować. Im silniejsza jest frustracja, tym silniejsza chęć zaspokojenia potrzeb i tym większe jest prawdopodobieństwo zerwania. Co to za zerwanie?

Już wytłumaczę. Gdy energia znajdzie sposób, żeby przesączyć się przez istniejący szablon, zgodnie z wykrystalizowanym zamiarem przez sferę nieświadomości... tak, oto już się przesączyła. Im bardziej się przesącza, tym trudniej poddaje się kontroli świadomości, ponieważ świadomość ma coraz mniej energii i z tej platformy, na której się mogła wesprzeć, wypada jedno pojęcie za drugim.

Tego procesu już nie sposób kontrolować, karmi się sam sobą.

Niewątpliwie obserwowaliście już takich ludzi – posiedli możliwość subtelnego odczuwania świata, a potem coś się zdarzyło i ludzie ci z pianą na ustach twierdzą, że sens życia polega na tym, by najeść się do syta i mieć słodkie sny. Złamali się. Stoczyli się ze zdobytego wcześniej szczytu do prymitywnych znaczeń. Będą musieli na tę górę wdrapywać się jeszcze raz, jeśli ich umysł zdoła odzyskać kontrolę.

A odbudować to, co stracili, nie będzie łatwo, ponieważ wszystkie subtelne znaczenia zgromadzone z takim trudem są przemieszane bez ładu i składu i chociaż pamięć przechowuje nazywające je słowa, to jednak umarły już żywe emocjonalne znaczenia łączące je w jednolity system.

Wiążąca je energia przekierunkowała się za sprawą prymitywnych pojęć. Żeby znowu zbudować system składający się z subtelnych znaczeń, trzeba będzie przejść jeszcze raz całą drogę – od początku, ale odbijając się już od innych podstawowych pojęć. Trzeba wtedy wszystko zacząć od nowa, jakby nie było tej części życia, której doświadczenie stracili.

Jednak niestety, prawdopodobieństwo zerwania pogłębia działalność samej świadomości. Im większą aktywność przejawia świadomość w obszarze subtelnych pojęć nieposiadających stałego energetycznego doładowania, tym bardziej przybliża samo zerwanie. Ten temat jeszcze podejmiemy, a teraz czas na wniosek.

Rozmiar zaklętego kręgu poznania może zostać poszerzony przez zastosowanie frustracji drajwów i w wyniku tego poprzez zwiększenie ilości energii dla świadomości. Jednak taki sposób jest mało perspektywiczny z powodu wysokiego prawdopodobieństwa wystąpienia kryzysu systemu znaczeń i zlikwidowania zgromadzonego doświadczenia.

Jak już mówiliśmy, zerwanie i kryzys są wynikiem przekierunkowania energii potrzebnej umysłowi, żeby móc kontynuować poznanie, poprzez sferę nieświadomości i znajdujące się w niej zamiary. Gdy tylko zrobi się szczelina, następuje koniec – energia zaczyna uciekać ze świadomości i jeśli natychmiast się nie zatrzyma tego procesu (np. kosztem utrwalenia uwagi na religijnym rytuale w niektórych kulturach), to dosłownie w czasie kilku minut – nie dni, nie godzin, ale minut – będzie za późno! Lawina ruszyła!

Nie na darmo w prawosławnej ezoterycznej tradycji mówi się, że gniew wpuszczony do duszy w ciągu kilku minut zniszczy lata pracy nad życiem wewnętrznym.

Co może przybliżyć kryzys?

Czynniki wewnętrzne – niezdolność systemu znaczeń do utrzymania podwyższonej ilości energii.

A co się dzieje, jeśli do tego dołączy czynnik środowiska zewnętrznego?

To coś, co frustruje ten czy inny drajw i niestety, ma biosocjalny szablon do realizacji, np. gniew?

Oczywiście człowiek może ograniczyć wpływ, jaki na niego wywierają wyraziste czynniki świata zewnętrznego.

Jednak po przebadaniu mechanizmu ograniczenia wiemy już, że to nie odegra żadnej znaczącej roli. Przecież im bardziej umysł zagłębia się w poznanie, im dłuższą drogę przechodzi, tym mniejsze oddziaływanie może pozbawić go energii. Powiemy tak: pustelnikowi kończą się drwa, a zdobycie ich przyniesie wzruszenie i będzie akurat wystarczające do zejścia lawiny.

Podajemy bardzo ekstremalny wariant – jacy pustelnicy we współczesnym świecie, po co nam to, przecież dywagujemy na temat wolnego życia Umysłu, i czy takie rozwiązanie jest w zasadzie interesujące, przecież ograniczenie nie znika?

Istnieje jeszcze jeden czynnik, który nawet przy w pełni sprzyjających warunkach powoduje, że kryzys jest nie do uniknięcia.

To praca samego umysłu zmuszonego do pracy ze zbyt subtelnymi pojęciami.

Pojęcia te migoczą, majaczą na granicy percepcji. Umysł uświadamia je sobie to tak, to inaczej. Nie potrafi ich adekwatnie wbudować w system znaczeń.

Próbuje uświadomić sobie nowe poprzez już posiadane znaczenia, czego absolutnie nie można robić przy uświadamianiu sobie pryncypialnie nowych rzeczy. Umysł nie zauważa napięcia, ponieważ wykorzystane przez niego znaczenia są zbyt subtelne, a nowe nie wyraziło się niedwuznacznie poprzez doświadczenie.

Szczególnie dotyczy to spraw przyniesionych przez strumień uporządkowania z Wielkiego Świata nienależącego do biosocjalnej iluzji. Wtedy umysł przypomina dzikusa próbującego smakować gumkę do ołówka i na zawsze już odwracającego się od niej. Zamiast tego mógłby doczekać chwili, gdy ktoś inny weźmie ją do ręki, poobserwować gumkę w działaniu i zgromadzić bardziej adekwatną informację dotyczącą przeznaczenia rzeczonej gumki.

Błędy są nieuniknione.

System znaczeń na obrzeżu zaklętego kręgu jest niekompletny, posiada wyrwy w strukturze wzajemnych połączeń.

Skoro tak jest, to wokół tych rozerwań często pojawiają się wnioski nieuwarunkowane logiką, tylko napięciem emocjonalnym, naiwnym samozadowoleniem. Ponieważ radioaktywność jest tajemnicza, to oczywiście, z pewnością można się nią leczyć. Błąd. Tworzy się przesłanka do powstania szczeliny.

Na podstawie nieprawidłowych wniosków jest budowane zachowanie nieadekwatne do rzeczywistości. Nieadekwatne zachowanie przekłada się na nieadekwatne oddziaływanie. A realność przy pierwszej okazji zawsze uderza dokładnie w to słabe miejsce.

Lawina zerwania już się zaczyna.

Prawdopodobieństwo kryzysu skutkującego anulowaniem rezultatów pracy umysłu i powrotem do środka zaklętego kręgu jest spowodowane niedoskonałością samej pracy umysłu nad subtelnymi pojęciami.

W ten sposób zaklęty krąg okazuje się rzeczywiście zaklętym kręgiem.

Widać jak na dłoni, że mamy do czynienia z informacyjną niedoskonałością umysłu.

Wciąż powtarzamy ten sam rezultat – powrót do pojęć biosocjalnych.

Istota próbująca wyrwać się z niepotrzebnej skorupy zawraca do jej środka.

Pośród tradycyjnych recept na poszerzenie kręgu poznania nie ma żadnej, która definitywnie, ostatecznie i bezpowrotnie rozwiązałaby to zadanie indywidualnego rozwoju.

Teraz widzimy mechanizm pułapki, z której musimy znaleźć wyjście – jasne i wyraźne.

Co mogłoby być rozwiązaniem tej łamigłówki?

Pozwolimy sobie wreszcie odpowiedzieć na to pytanie.

Po pierwsze, trzeba zapewnić zwiększenie mocy tych znaczeń, które potrafią wytyczyć kierunek ruchu umysłu. Jeśli to możliwe, należy zrobić to tak, żeby podczas obróbki przez świadomość otrzymywały one energię bezpośrednio ze źródła drajwów, a nie drogą pośredniego przekazania znaczenia.

Wtedy pojęcie centrum zaklętego kręgu, w istocie, odpada. Centrum będzie się przemieszczać w kierunku świadomego ruchu umysłu.

Po drugie, należy zapewnić gromadzenie mocy nowych znaczeń dostających się w zakres pola widzenia z naszego świata lub powstających w rezultacie myślenia bez uczestnictwa świadomości. Trzeba wyłączyć jej ingerencję – do czasu. Idealne byłoby zabezpieczenie zgromadzenia głównych znaczeń do wielkości porównywalnej z wielkością jasnej strefy myślenia.

Wtedy podczas pojawienia się takich znaczeń umysł będzie umiał je wgrać bez zarzutu do systemu, tworząc wszystkie znaczące związki.

Po trzecie, trzeba zrobić tak, żeby oba procesy towarzyszyły kierunkowi ruchu umysłu.

Wtedy ruch umysłu będzie świadomy i umysł będzie mógł oprzeć się podczas swojej drogi na własnej drodze wykonanej, przerobionej wcześniej, a nie na czymś innym.

I to będzie ostateczne rozwiązanie, to będzie odpowiedź na pytanie.

Zaklęte koło z utrwalonym biosocjalnym centrum zniknie, przekształci się w koło jasnego poznania towarzyszące umysłowi w drodze, dokądkolwiek by prowadziła i jakkolwiek długa by była.

To nowy sposób życia, inny sposób istnienia umysłu, gdy kierunek rozwoju umysłu wybiera niczym nieograniczona świadomość.

Tylko wtedy umysł może naprawdę ŻYĆ w Wielkim Świecie przyczynowo-skutkowego wszechświata, dokonując w nim dogodnych dla siebie odkryć, nie będąc zależnym od niczego, oprócz samego siebie i świadomie obranej drogi.

Stworzywszy w energoinformacyjnej strukturze umysłu system energetycznego podtrzymania uświadomionych sobie

znaczeń i system pozaświadomego gromadzenia nowych znaczeń działających w kierunku jego ruchu, rozrywamy zaklęty krąg, wypuszczając umysł w Wielki Świat.

Gałąź wiecznie żywa

Wyobraźmy sobie system znaczeń w naszym umyśle – w postaci drzewa. Niech to drzewo – system, według którego rozwija się nasze myślenie – rośnie w miarę coraz lepszego rozumienia przez nas świata, coraz lepszego ogarniania go umysłem, pojmowania wzajemnych relacji zachodzących w świecie.

Jego korzenie to ukryte, niewidoczne dla nas drajwy, zanurzone w życiowej sile gatunku.

Pień – to podtrzymane przez mechanizmy biologiczne i społeczne, splecione znaczące figury, tworzące „dżentelmeński zestaw" przedstawiciela ludzkiej wspólnoty poza kulturami i epokami, reprezentanta ludzkości z prawem biologicznej przynależności.

Podstawy gałęzi – wzajemnie powiązane figury, mające odniesienie do poznania i życia społecznego; to miejsce, w którym egregorialne pojęcia zaczynają się różnić między sobą, wyróżniać się z tła ślepego, niewymagającego rozmyślań pragnienia życia.

Gałęzie – to główne kierunki ruchu umysłu, typy poznania; przyciągnięte są do niedocieczonych, nieznanych, powabnych dali wyliczonych przez myślenie, wyodrębnionych przez nie na tle innych kierunków. Każda gałąź posiada znaczenia wszystkich aspektów życia, karmi się sokami wszystkich korzeni.

Odgałęzienia gałęzi – to kierunki poszukiwań myślenia, warianty, trwale i logicznie wzajemnie oddziałujące znaczenia, przeszukujące przestrzeń w poszukiwaniu powodu do wzrostu.

Drobne gałązki – tematy rozmyślań, próbujące powietrze, dążące do rozwoju.

Listeczki (na tym drzewie listki są bardzo drobne) – to rozmyślania, poszukiwania umysłu. Gdy liść pełnowartościowo oddziałuje z rzeczywistością, gdy jest owocny, płodny, gałązka znaczeń pod nim staje się fundamentalna, pojawiają się na niej nowe listki; gałązka rośnie.

Im silniejsze są korzenie, im potężniejsza jest płynąca z nich siła życiowa, tym szerzej mogą rozłożyć się gałęzie. Podobnie rzecz się ma z człowiekiem – obdarzony przez naturę nieposkromioną energią, może w ciągu całego życia poznać bardzo wiele obszarów istnienia, być zarówno carem, jak i cieślą, katorżnikiem i uczonym.

Dlatego technologie czwartego stopnia, niepozwalające energii na błądzenie, gubienie się w samej sobie, dostarczające więcej energii całemu drzewu, tak znacznie zwiększają spektrum życia i wyrazistość przeżywania.

Im słabsze korzenie, tym drobniejsze gałęzie, chociaż czasami przy słabych korzeniach cała siła drzewa przechodzi do jednej tylko gałęzi. Wtedy człowiek staje się wielkim uczonym, pisarzem, artystą... kimś wielkim.

Czasami drzewa mają dużo gałęzi, czasami – mało. Bywa, że są prawie bezlistne, a bywa też, że drzewo jest całkowicie zielone. Jeśli człowieka cechuje harmonia i jedność, żywa gałąź jest zawsze tylko jedna, może nawet stanowić całą koronę (tak bywa rzadko, to ludzie doskonali, idealnie „spełnieni"). Jeśli człowiek jest „rozdrobniony", może mieć kilka gałęzi, ale będą one słabe, cherlawe, mizerne i dziwaczne.

Tak, człowiek przypomina drzewo. Gdy ludzi–drzew jest dużo, są ściśnięci i skrępowani, w ich masie tworzą się napięcia wypaczające wzrost każdego drzewa we wspólnocie – egregorialne związki wpływają zarówno na system, jak i na życie.

Człowiek wykorzystujący nawyki DEIR też jest podobny do drzewa, ale takiego, które wiedząc, w którą stronę ma rosnąć, wyrosło ponad swoich sąsiadów i nacisk z ich strony odbija się już nie na tworzącej się koronie, lecz na twardych podstawach gałęzi. Takie drzewo wyznacza sobie kierunek wzrostu nieodkryty i nieprzetarty przez nikogo do tej pory, świadomie przebudowuje wzrost wierzchołka, wartościowo wykorzystuje energię, odczuwa listkami żywy świat wokół siebie i wciąga go do wzajemnego oddziaływania. Ale my też – rośniemy i tworzymy system znaczeń.

Co zmusza drzewo znaczeń do wzrostu?

Z jednej strony to siła życiowa korzeni – drajwów – dążąca do wyrwania się z potencjalnego istnienia, z napięć biochemicznych struktur, by stać się czymś.

Z drugiej strony to praca umysłu, jego rozmyślań przyciągających siłę życiową do tych listków, które znalazły oddźwięk w niezbadanej przestrzeni otaczającej drzewo i które nawiązały wzajemną wymianę z tą niezbadaną przestrzenią.

Jednak korzenie nie zawsze posiadają tyle siły życiowej, żeby podtrzymać gałąź.

I nie zawsze sygnał owocnych rozmyślań jest na tyle silny, żeby zapewnić rosnącej gałęzi energię korzeni.

A jeśli gałęzi nie wystarcza sił, przestaje rosnąć.

Dlatego drzewo może wyciągnąć gałęzie – ale nie nieskończenie daleko.

Czasami nie wystarcza energii, by przeszła obok wszystkich pobocznych i już nierosnących gałęzi i gałązek do tej, która mogłaby jeszcze rosnąć, i wzrost się zatrzymuje.

A czasami gałąź, nagle pozbawiona pożywienia, ulega atrofii, zanika.

Dzieje się tak wtedy, gdy cała energia od korzeni nagle znajdzie ujście w jakiejś przypadkowej gałązce (która niechcący wyrosła u podstawy gałęzi z powodu nadmiaru energii), pobłądzi i wypłynie przez nią. Mimo wszystko energia jest ślepa. Cała ujdzie przez szczelinę.

Czasem bywa i tak, że nagle korzenie zaczynają dostarczać mało energii – wtedy gałęzie znowu zamierają, a u ich podstawy rosną nowe odnogi, które muszą jeszcze pokonać długą drogę.

Nowa odnoga wyrasta po prostu dlatego, że nie ma innego wyjścia – z powodu potrzeby energii do przebicia się, przedarcia i stania się czymś, co stopniowo zaczyna się wykrzywiać, dążąc do światła.

A gałązki, które nie mają dostępu do energii, umierają.

Wzrost gałęzi – to życie, odczucie, przeżywanie życia.

Drzewo rośnie zawsze tak długo, póki ma energię; wykorzystuje ją w całości; dlatego w sposób pełnowartościowy przeżywamy życie, w każdej sytuacji, niezależnie od tego czy jest łatwa czy trudna, sensowna czy bezproduktywna. Jednak sama utworzona gałąź już nie żyje, po prostu istnieje w postaci podpory, odprowadza soki w strefie wzrostu, oczywiście tylko wtedy, gdy soki te jeszcze do niej dochodzą.

Długość gałęzi to głębia poznania.

Dlatego im lepiej ukierunkowana jest energia, tym ruch jest bardziej świadomy i tym dłuższa może stać się gałąź.

Ukierunkowanie wzrostu to świat zewnętrzny, poszukiwanie nowego miejsca i nowej formy.

Im lepiej umysł za pomocą listków – rozmyślań odczuwa świat, tym bardziej ukierunkowanie rośnie gałąź, tym lepiej bilansuje energię, umożliwiając sobie dalszy wzrost.

Im więcej energii, świadomości, poznania, tym dalej rozprzestrzenia się nasz umysł.

Dzięki temu, że wzrost zależy od chwiejnego bilansu energii i przekształcenia tej energii przez rozmyślania – w znaczenia, wzrost drzewa jest zakończony.

Oto właśnie spojrzeliśmy z innej strony na rozpatrzony przez nas zamknięty krąg.

Co da dowolna gałąź?

Część siebie, owoc, który upadł tam, dokąd ta gałąź sięgnęła.

Możliwe, że pojawi się kiełek.

Jednak kiełek ten nie będzie kontynuacją drzewa. Przeszedł skrócenie życia. Stanie się drzewem takim samym jak inne, innym drzewem. Tak ochroniona myśl jest otaczana przez egregory i staje się częścią innego systemu znaczeń, realizującego biologiczną naturę, ale gubiącego kierunek ruchu.

Przecież drzewo znaczeń niesie swój sens i treść w geometrii gałęzi, wzajemnych relacjach odnóg i wzajemnym oddziaływaniu listków, w bardzo złożonej topologii biegu energii po jego strukturach informacyjnych.

To rysunek jego życia, samo przeżywanie, samo życie.

To, co przeżywamy jako subiektywną przestrzeń, żywy świat wewnętrzny, z myślami, marzeniami i dążeniami.

Proszę, Przyjaciele, zastanówcie się nad moimi słowami chociaż przez kilka minut (potraktujcie to jako ćwiczenie trwające minimum pięć minut – sprawdźcie z zegarkiem w ręku), pomyślcie nad tą jedną frazą, to ważne: My dla siebie ze wszystkimi swoimi przeżyciami jesteśmy tylko ruchem energii i informacji po gałęziach własnego drzewa znaczeń, takim falowym pakietem energii ze swoją informacyjną geometrią, który wyrywa się w przestrzeń materii i zastyga w niej w postaci rysunku pamięci po to, żeby zaistnieć w nowym ruchu, który jest tego logiczną kontynuacją.

Nasze życie jest tylko tym.

Każdemu ludzkiemu drzewu całe życie wydaje się, że dokądś rośnie.

Tak właśnie jest – tak, ale jednocześnie nie tak.

Dzięki bilansowi między energią i jej przyciągnięciem drzewo właściwie nie rośnie, ale „krzaczy się”, grupuje.

Jedne gałęzie obumierają, inne odrastają.

Przeżyć w życiu jest bardzo wiele, wciąż coś się dzieje, energia przekształca się w coś, to coś jest odrzucane, staje się pamięcią, nie doprowadzając do czegoś, obok wyrasta coś nowego... Oto teraz ta gałązka obumiera, a tamtą będziemy rozwijać... żeby przeżyć...

Jedna gałąź w niczym nie jest lepsza od innej, a jedyne osiągnięcie takiego drzewa polega na mniej więcej równomiernym rozmieszczeniu w przestrzeni niegdyś odrośniętych i umarłych gałęzi.

Różne drzewa to różne formy koron, zatem miejsca, na które spadają owoce, są też różne.

Jeden tylko sens.

Ruch bez ruchu, wzrost bez głównego celu.

Drzewo stoi w jednym miejscu.

Buszujące w nim życie w żaden sposób nie wpłynęło na jego naturę i perspektywy.

Jednak to, o czym rozmawiamy, spełnienie naszych planów – wpłynie na pewno.

Bardzo chciałbym, żebyście rozumieli całą głębię tego, co zamierzamy zrobić.

Zamierzamy zmienić sposób wzrostu i istnienia.

Przede wszystkim rozwiążemy problem dotyczący kierunku ruchu. To będzie proste, ponieważ stanowimy dla samych siebie, dla naszego umysłu tylko wrzącą energię w geometrii informacyjnych zmiennych, które posiadamy w danej chwili i które kontynuują same siebie – nie mamy lepszego kierunku niż logiczna kontynuacja istniejąca w każdym z nas, w każdej sekundzie, swojej żyjącej i rosnącej gałęzi.

Zmiana kierunku – to maleńka śmierć, odrzucenie żywej części siebie, niepotrzebnej. Inny kierunek nie będzie lepszy, przeciwnie

– znowu trzeba będzie go budować. A my przecież kontynuujemy swoje życie, nie przystosowujemy go do egregorialnych zaleceń.

Będziemy je kontynuować, tworząc nowy rysunek w formie współdziałania z wielkim światem.

Kierunek mamy tylko jeden, zatem – naprzód!

Powinniśmy wyposażyć w energię drajwów żywą gałąź i składające się na nią znaczenia. Nie należy tego robić tak, jak to zwykle robi umysł – nakładając na drzewo znaczeń wciąż nowe i nowe łańcuchy znaczeń od dużych figur do drobnych, ponieważ nie wystarczy na to ani energii, ani czasu.

Musimy wszczepić energię drajwów bezpośrednio w kierunek naszego ruchu, jakby przedłużyć, przeciągnąć kanał dla pierwotnej siły życiowej odżywiającej umysł.

Zrobiwszy to, i zawsze robiąc w razie konieczności, możemy, dopóki istnieje korzeń – źródło drajwów – zapewnić prawie nieograniczone przedłużenie życia w gałęzi znaczeń, jej wzrost i samorozwój. Przecież jej rosnąca część jest właśnie naszym życiem i życiem naszego umysłu.

Potem powinniśmy pomóc samym sobie zachować kierunek ruchu, żeby kierunek ruchu naszego umysłu, nasze życie, rozwijało się w tę stronę, w którą chcemy.

Musimy stworzyć w sobie informacyjno-energetyczne przesłanki ukierunkowanego wzrostu i rozprowadzić je na zewnątrz, żeby świat zewnętrzny tworzył przestrzeń w miarę naszego ruchu. Wtedy podróż ducha będzie produktywna i interesująca.

W końcu powinniśmy też zrobić tak, żeby wzrost realizował się w dokładnym wzajemnym oddziaływaniu z realiami Wielkiego Świata, żeby gałąź czuła wszystkie warunki i przeszkody, adekwatnie z nimi oddziałując. W przeciwnym wypadku ryzykujemy utratę kierunku ruchu wskutek przypadkowego stworzenia nieprawidłowego znaczenia i wyłom w miejscu wystąpienia nieprawidłowości energii, co może doprowadzić do umierania gałęzi.

Wtedy nasz umysł będzie się rozwijał w Wielkim Świecie w sposób nieograniczony, mając sam siebie za podstawę. Stanie się zdolnym do ruchu mieszkańcem Wielkiego Świata.

Wtedy będzie możliwy inny rozwój zdarzeń.

Przecież nasza gałąź nie jest zwykłą gałęzią rosnącą w niezajętych sektorach przestrzeni.

W miarę zmian, jakie w niej zachodzą w czasie wzrostu, coraz bardziej rozwija swoje możliwości dane jej przez nawyk wzajemnego oddziaływania z zewnętrznymi kanałami energoinformacyjnymi.

Nasz żywy, wypełniony energią system znaczeń, energoinformacyjna struktura umysłu oddziałuje z Wielkim Światem i światem innych drzew.

Poprzez jego energoinformacyjne kanały, którymi także płynie energia i informacja.

Tych kanałów będzie coraz więcej.

Gałąź będzie się rozwijać, przyłączając do siebie strumyki energii i informacji.

Będziemy przywykać do wykorzystywania zewnętrznych kwantów energii na równi z energią drajwów, wykorzystywać je w celu stworzenia emocjonalnej przyczyny systemów znaczeń i jako ożywiającego system strumienia energii.

Będziemy ulegać przeobrażeniu dzięki temu rozwojowi.

Będziemy oddziaływać na tym nowym poziomie z egregorialnymi energoinformacyjnymi kanałami i kanałami Wielkiego Świata.

Będziemy rozwijać się i rosnąć, a kierunek wzrostu i rozwoju będzie określany przez logiczną energoinformacyjną strukturę samego wzrostu, tj. poprzez samo życie gałęzi i jej umysł.

Dwie funkcje jednocześnie – wzrost i tworzenie przesłanek wzrostu, życie i wznoszenie jego fundamentu.

Energia i informacja Wielkiego Świata staną się dla gałęzi umysłu dającym życie domem.

Kiedyś odgałęzienia tej gałęzi osiągną nową ziemię i będą mogły zapuścić w niej korzenie.

Takie kroczące drzewo istnieje.

Wyciąga swe gałęzie poziomo, gałęzie puszczają korzenie. Znowu dają odrosty, korzenie stają się pniami.

Jedno drzewo czasami wygląda jak cały zagajnik. Czasem takie drzewo-zagajnik w ciągu stuleci może dzielić się na kilka zagajników, a potem znów zrastać się w jeden. Nie stoi w miejscu. Posuwa się powoli, od gleby do gleby, znajdując inne warunki oświecenia, zmieniając formę. W sposób nieograniczony powtarza siebie w tej formie, która zapewnia mu dalsze życie.

Ale to już całkiem inna historia, a kto ma uszy, ten usłyszy.

Na razie przed nami jasne zadanie: musimy przekształcić kierunek ruchu naszego umysłu skazany przez naturę mechaniki świadomości na kryzys i zamieranie wyrosłych gałęzi znaczeń, w ruch podtrzymujący i zabezpieczający siebie i swoją drogę.

Musimy wyhodować na drzewie swoich znaczeń wiecznie żywą gałąź.

Teraz, gdy w pełni uświadamiamy sobie nasze zadanie, czas pomyśleć o metodach.

A metody na pewno znajdziemy!

Wolny umysł tworzy z logicznej geometrii siebie samego przedłużenie swojego ruchu i może w sposób nieograniczony kontynuować samoodnowienie, żyjąc i rozwijając się.

Stożek świadomego wzrostu – maska

Oto nasze pierwsze zadanie.

Musimy rozwiązać problem dotyczący energetycznego zabezpieczenia elementów drzewa znaczeń w kierunku naszego bieżącego ruchu.

Jak go wyznaczyć?

Gdzie jest?

Można rzecz jasna długo filozofować na ten temat, przeczytać wszystkie mądre książki, przepytać mądrego człowieka i w wyniku ogłoszonego konkursu znaleźć ten jeden, jedyny sens życia, by następnie zdecydowanym bojowym krokiem ruszyć w tym kierunku, depcząc nikczemną skorupę życia.

Czy to jednak dobry sposób?

A co, jeśli wybierzesz źle? Przecież nie wiesz z góry, jak będzie... A jeśli zupełnie nie tak, jak ci się zdaje?

Może okaże się, że to nie to źródło?

Albo wybierzesz coś takiego, co samo z siebie jest ledwo osiągalne, typu: otrzymać Nagrodę Nobla, zostać prezydentem, na ringu osobiście znokautować Tysona, dożyć dziewięćdziesiątki, a potem delektować się młodymi gejszami – czy to jest celem eskapady?

Dalekie cele – to rzecz zwodnicza, złudna, mogąca zmieniać treść.

Z pewnością wszystkie życiowe rozczarowania związane są z tym, że człowiek określa sobie konkretny cel, nie mając ku temu najmniejszych podstaw. Żyje tym celem, wiąże z nim nadzieje, jest nim oczarowany... I doprowadza do całkowitej wewnętrznej katastrofy, gdy cel w zasadzie okazuje się osiągalny, ale dla innych. Może być jeszcze gorzej – cel został osiągnięty ogromnym wysiłkiem, ale okazał się niewarty starań.

To straszne emocjonalne uderzenie, zamieranie ogromnej gałęzi znaczeń – nie wszyscy są w stanie to przeżyć.

Zaiste naprawdę mądrzy byli twórcy społecznego zjawiska religii – wyznaczyć cel, którego nikomu nigdy nie uda się osiągnąć i poskarżyć na jego realne właściwości. Dlatego ich cel został osiągnięty. Składa się z mamiącego oczarowania i jest zupełnie pozbawiony wad. Inną sprawą jest etyka... Ale to faktycznie inna kwestia.

W rzeczywistości wszystko jest zupełnie proste.

Właściwie to nie tajemnica, ale tak trudno w to uwierzyć, że wciąż się o tym zapomina.

Dla nas cel dalekosiężny to po prostu kierunek ruchu. Jego konkretyzacja nie ma sensu, wszystko jedno, albo ty, albo twoje rozumienie kierunku, albo sam kierunek zmienią się na twojej drodze do niego. Kierunek nie posiada konkretnego wyrażenia, w przeciwnym razie nie byłby kierunkiem, ale celem. Kierunek utworzony jest dla nas przez najsubtelniejsze wektory pól, przecięcie korzystnych, pomyślnych płaszczyzn, dwusieczną promieni oczekiwań. To kierunek naszego życia, pracy umysłu.

Podczas kryzysu zmienia się kierunek – wtedy umierają dla nas wszystkie wartości położone w okrywie poprzedniego kierunku.

Dlatego nie ma sensu wyznaczanie sobie celu na siłę.

Każdy prawdziwy kierunek zaczyna się bezpośrednio tu, pod nogami, w tym punkcie, w którym dzisiaj jesteście.

Oderwiesz się od niego – i wszystko co widziałeś z tego punktu, stanie się dla ciebie nieistotne. Dotyczy to także dalekosiężnych celów.

Nieodrywanie się od każdej bieżącej minuty, wyrastanie z niej całą swą istotą – to warunek osiągnięcia dalekosiężnego celu, warunek tego, by był prawdziwy.

To jedyna ścieżka.

Inna, rozpoczęta od zerwania z poprzednią w imię „czegoś ważnego", doprowadzi cię do całkowicie bezużytecznego miejsca nawet wtedy, gdy jest nim to samo miejsce, które okaże się długo oczekiwanym sensem życia na końcu prawidłowej ścieżki.

Tak się rzeczy mają, Przyjaciele.

To sprawa bardzo prosta, choć nie wiedzieć czemu, tak trudno ją ludziom pojąć.

Większość ludzi błądzi, ugania się za mrzonkami – za złotem elfów, które rankiem okazuje się zwykłą skorupą, dąży do dobrego, łaskawego Słońca, nie zauważając, jak z każdym ich krokiem Słońce zmienia się w kulę rozpalonego gazu.

Jakże żal niemłodych już chłopczyków i starzejących się dziewczynek, wspaniałych marzeń...

Niewesoły jest rezultat wyobrażanych przymusowych dróg, braku uświadomienia w życiu.

Nie popełnimy takiego błędu.

Dlatego nasze cele będą zupełnie zwyczajne. Bieżące.

Są nowe na tyle, na ile możecie sobie na to pozwolić, już posiadają cechy celów Wielkiego Świata, a kolejne cele będą posiadać jeszcze więcej takich cech, które wyrastają nie z wyobrażanego, ale Waszego realnego oddziaływania z Wielkim Światem.

Ta droga stopniowo doprowadzi nas do Wielkiego Świata, żadna inna droga tego nie potrafi. Nic innego nie może wyprowadzić właśnie nas w Wielki Świat oprócz drogi naszego życia.

Droga rozerwana też tam doprowadzi – oczywiście – ale nie nas, tylko istoty niezdolne do pójścia swoją własną drogą, istoty, które wątłym, ospałym głosem mogą powiedzieć, że one przecież idą po tej drodze, przecież mają paszport itp. Jednak droga ta doprowadzi je nie do tego Wielkiego Świata, do którego dążyły.

Musimy mieć w sobie oparcie.

Jednak nie wystarczy jeden cel.

Jak pamiętamy, gałąź odżywiają soki wszystkich korzeni.

Dlatego od razu powinniście wybrać pięć celów, według liczby drajwów. Muszą to być aktualne cele.

Niekoniecznie takie, które musicie osiągnąć już jutro, i do których już nawtykaliście po dziesięć programów i wektorów. To są już konkretne wcielenia, w których prawie nie ma rezerwy perspektywy.

Ale przecież każdy z Waszych prostych celów do czegoś prowadzi? Do czegoś, czego chcecie?

Powiedzmy, że chcecie zająć jakieś stanowisko. To coś konkretnego - dobrze.

Jednak - po co Wam jest potrzebne to stanowisko, czy nie po to, żeby po prostu je mieć?

Czy to oznacza, że stanowisko jest tylko środkiem? Środkiem - do czego?

Spróbujcie określić się według grup drajwów: konsumpcja, bezpieczeństwo, rozmnażanie, ekspansja i pakiet socjalny.

Przyjrzyjmy się dokładnie każdej z grup - w każdej mieszczą się pragnienia wywołane przez tę energię, pojęcia emocjonalne. Przecież energia samego drajwu, dopóki nie uaktywniła jakiejś charakterystycznej dla siebie figury, podobnie jak każda energia niewpływająca jeszcze na nic w naszej świadomości, nie może zostać przez nas zarejestrowana. Powinna przekształcić się w widzialną świadomą formę, przeniknąć do niej - i tak oto według tych najbardziej charakterystycznie aktywowanych figur można jakoś nadać zarys drajwom i przeanalizować ich wpływ na nasze życie.

Drajwy zostały przecież zrodzone z logicznych dróg potrzeb i będą przez nas rozpoznawalne jako bliskie pod względem emocjonalnym albo jako bardzo dobre, albo złe, przyjemne lub nieprzyjemne... Ten znak znaczenia powstaje po ożywieniu pojęcia przez drajw i po tym, jak wpływa na sytuację.

Konsumpcja - głód, żądza, pragnienie oddychania, posiadania, panowania, rozporządzania.

Bezpieczeństwo – strach, bojaźliwość, ostrożność, pewność, ochrona.

Rozmnażanie – pragnienie, namiętność, popęd, zmysłowość, pożądliwość, lubieżność, delikatność, pieszczota, troska o dzieci, zazdrość.

Ekspansja – nuda, ciekawość, zainteresowanie, pasja, pragnienie nowości, dążenie do podróżowania.

Pakiet socjalny – samotność i komunikacja, podporządkowanie, władza, rywalizacja, zawiść, chwalenie się, sprawiedliwość, współczucie, żal, poparcie, szacunek, przypochlebianie się, towarzyskość, poświęcenie się, ofiarność.

Rzecz jasna niemożliwe jest wyliczenie wszystkich drajwów wraz z ich przejawami. Człowiek wymyślił zbyt wiele pojęć i nadał im przeciwstawne znaczenia. Znaczenia przeplatają się w wielu pojęciach, zatem trudno je wszystkie wychwycić.

Podam przykład: „pieniądze"... odnoszą się przecież do wszystkiego.

A „miłość" w sensie wzniosłym, nieseksualnym? Można ją zaliczyć do konsumpcji, ponieważ oznacza oczekiwanie czegoś dobrego, czegoś, co doświadczający miłości będzie wchłaniał. Ale to także bezpieczeństwo, w rodzaju „nic mi się nie stanie, nie zaatakują mnie, przecież jestem po stronie miłości" (nawiasem mówiąc, pamiętacie? – im straszniejszy bóg czy tyran, tym niewolnicy czują większą potrzebę kochania go, żeby upewnić się, że nie są niewolnikami). To także rozmnażanie – ciepłe uczucie towarzyszące pokrewieństwu. Ale też ekspansja – pociąg do przestrzeni. Miłość to też pakiet socjalny, np. miłość do narodu.

A teraz, biorąc to wszystko pod uwagę, trzeba zastanowić się nad swoimi celami.

Za każdym drobnym celem kryje się cel większy, czasem można go nazwać rolą.

Przykład – stanowisko w spółce. Po co istnieje w odniesieniu do drajwu konsumpcji? Żeby zarabiać więcej? Nie, nie tylko tyle, może nieco więcej? To tylko część obrazu, czy jest jeszcze chałtura, partactwo? A jak wygląda cel, wielkość niezwiązana z ambicją, a cel teraz aktualny, do którego właśnie dążycie i który odnosi się do zarobków? Ach, teraz powinniście zarabiać na przykład tyle samo, tylko jeszcze z pięcioma zerami? Rozumiem, że z siedmioma zerami wygląda to znacznie lepiej, niemniej nie jesteśmy w sklepie cudów, wy już na tym szóstym zerze z tym wyznaczonym sposobem złamiecie sobie kark, po co wam te dwa zera, to zbędne, przecież teraz nawet nie będziecie mieli z nimi co robić. Pytam zatem – jaki drogowskaz was prowadzi, dokąd idziecie, chcąc zarabiać? A teraz wystarczyłaby liczba z czterema zerami, no dobrze, z pięcioma...

Oto znaleźliśmy cel obecnie leżący dla Was gdzieś w centrum skorupy drajwu konsumpcji.

Teraz spróbujmy zorientować się w kwestii celu markującego dla nas drajw bezpieczeństwa...

Jestem pewien, że sami potraficie wybrać sobie cele, bez mojego wywodu na temat wszystkich pięciu grup drajwów. Pojęliście już przecież zasadę wyboru omówioną powyżej.

Ktoś wyznaczy sobie cel przeniknięcia do egregorialnych światów, a ktoś inny jeszcze do tego nie doszedł, albo w ogóle zmierza w innym kierunku i teraz chce stworzyć strukturę energoinformacyjną dla firmy przyjaciół... Jak mógłbym cokolwiek radzić w sprawach osobistych?

Niemniej mamy tu do czynienia z takim cudownym prawem – pomyłka jest niemożliwa. Jeśli będziecie długo myśleć, doszukiwać się dziwacznych uzasadnień w rodzaju: „wszyscy w Roku Byka powinni lubić wołowinę", to oczywiście możecie się pomylić co do logiki. Ale nie w stosunku do emocji. Obecność waszego osobistego pragnienia pomaga uniknąć błędu (no i jeszcze to, że dzięki technikom pierwszego stopnia od dawna już żyjecie prawdziwymi celami, gdyby tak nie było, natworzylibyście takich rzeczy...). Pragnienie wyraża współmierność tego, co pomyśleliśmy, z żywą gałęzią znaczeń.

Chciałoby się teraz, interesująco, realnie – znaczy, chce się i to rzeczywiście jest dla was taka latarnia morska.

Chciałbym poprosić Was tylko o jedno: nie próbujcie stworzyć z tego jakiejś integralnej figury i przyswoić jej sobie w postaci roli (celowo podam bezosobowe, niejednostkowe, a zatem nieprawidłowe przykłady). To tak, jakbyście chcieli bardzo dużo pieniędzy, żeby nie być od nikogo zależnym, żebyście z łatwością mogli pokochać i zdobyć, żeby cały świat leżał u Waszych stóp, i żeby wszyscy zazdrościli... Przecież powinniście zostać prezydentami wszystkiego! No, jakże inaczej...

To bzdury, niebezpieczne dla jednostki. Prezydenci zajmują się zupełnie czymś innym. A czym – tego dowiecie się wtedy, gdy zajdzie taka potrzeba, byście prezydentem zostali.

Unikajcie tutaj wniosków i abstrakcyjnych konstrukcji logicznych, żeby niczego nie wykoślawić. Jeśli zrobiliście już coś podobnego w związku z opisanym przeze mnie przykładem, pomyślcie jeszcze raz.

Nas interesują cele uosabiające aktualne pragnienia, przy czym ich wielkość powinna przykładowo odpowiadać wielkości znaczeń przyczyn pragnienia.

To raptem pięć celów, one staną się latarniami morskimi dla wzrostu naszej gałęzi.

Czy już wybraliście? Nie musicie się spieszyć, wybierzcie: 5 celów, 5 figur.

Teraz porozmawiamy o tym, w jaki sposób będziemy zaopatrywać je w energię.

To także ważna sprawa, więc musicie zrozumieć wszystkie jej subtelności.

Moglibyśmy stworzyć stałe nasycanie tych celów przez energię centralnych strumieni. Jednak do niczego to nie doprowadzi, ponieważ energia centralnych strumieni jest przyczyną przyśpieszającą obróbkę, opracowanie tych czy innych zjawisk wewnętrznych. Takiej energii nasza świadomość ma wystarczającą ilość.

Nas interesuje to, co powoduje zwiększenie energetycznej składowej znaczeń, zmuszając strumienie do skupienia się na figurze, do tego by stała się bardziej wyrazista.

Energia przefiltrowana przez obszary „przyjemnie", „nieprzyjemnie", „dobrze", „źle" też nam się nie przyda.

Po pierwsze, te strefy są tylko filtrami. Takimi filtrami, że jeden z nich wiąże naszą psychikę z jej podstawą fizjologiczną, systemem enkefalinowo-endorfinowym, a drugi – z całą strukturą zespolonych pojęć wywołujących reakcję dobrze – źle, prawdziwą dla całego układu.

Po drugie, pamiętamy, że drajwy wtedy zaczynają dostarczać energię tym czy innym pojęciom, gdy potrzeba nie jest zaspokojona. Zaczynają nasycać wszystkie istniejące, a mające odniesienie do drajwów znaczenia, w celu jaśniejszej i wyraźniejszej reakcji, wprowadzać je do procesu myślenia i uświadomienia, jak chemiczne elementy aktywujące do reakcji.

Wobec tego głupio byłoby siłą wypaczać znaczenia figur wybranych przez nas w charakterze latarni morskich. Powinny świecić w swoim spektrum, tylko z większą siłą.

Zatem potrzebujemy źródła drajwów.

Jak je odkryć?

Jeśli mamy do czynienia z jakimś przedmiotem schowanym w pamięci, sprawa jest prosta – wystarczy sobie przypomnieć.

W kwestii stref „dobrze", „źle", „przyjemnie", „nieprzyjemnie" też jesteśmy dobrze zorientowani – pamiętamy, jak szukaliśmy ich w swojej wirtualnej przestrzeni psychiki.

A jak ma się sprawa z drajwami?

Drajwy nie przejawiają się w żaden inny sposób, tylko poprzez inne znaczenia. Za każdym „dobrze", „źle", wyrazistym przedmiotem, interesującym przedmiotem, przedmiotem powodującym lęk, ruchomym przedmiotem – za wszystkim tym kryją się drajwy. W przeciwnym razie nawet nie zauważylibyśmy tych obrazów. A samych drajwów w ogóle nie widzimy.

Jednak istnieje pewien sposób na ich znalezienie. Jak wiemy, zaspokojenie potrzeb obniża wytwarzanie energii drajwów, uspokaja je. I odwrotnie, ograniczenie, frustracja, niebezpieczeństwo instynktownie wyczuwane zmusza je (czego nie widzimy) do wybuchów, każąc jaśnieć tym odbitym światłem obrazom wszystkich rzeczy, które ryzykujemy. A z nich energia przejdzie łańcuchami znaczeń do innych obrazów, do trzecich i czwartych – dopóki cała nasza wewnętrzna przestrzeń nie zatrzęsie się w gorączce myśli szukających dobrego wyjścia z sytuacji.

Drajwy – to przenikające do subiektywnej przestrzeni energetyzujące sygnały biologicznych układów zabezpieczenia zaspokojenia potrzeb, w sposób zorganizowany aktywujące stosowne elementy powiązanego systemu znaczeń i będące przyczyną ukierunkowanej działalności psychicznej w warunkach zewnętrznych i wewnętrznych sygnałów.

Co to oznacza? Drajw, w odpowiedzi na bodźce, ujawnia się w zmianach tła energetycznego wokół siebie.

Wtedy możemy go wykorzystać w celu jego doładowania, stworzenia dodatkowego kanału od korzenia do gałęzi.

Jak wyciągniemy to źródło? To proste. Podrażnimy je figurami mającymi styczność z potrzebami. Uspokajającymi i trwożącymi.

Dobierzemy 5 wyobrażonych obrazów zaspokajających potrzeby – bardzo smaczne jedzenie, bardzo spokojne miejsce, niewiarygodnie pociągający partner (albo dziesięciu i wy razem z nimi... rozumiecie), odbyta podróż do centrum galaktyki, władza nad światem... Nawiasem mówiąc, sprawdźcie te cele, które wybraliście. Jeśli są podobne do zaproponowanych przeze mnie, to powinniście pomyśleć jeszcze raz.

Teraz 5 powodujących największy lęk: głód, wojna, samotność, worek kamieni, niewolnictwo... coś w tym rodzaju.

Nawiasem mówiąc, zwróćcie uwagę na to, że pozytywne figury trudniej jest wybrać niż negatywne, ponieważ biologiczne potrzeby dokładnie wiedzą, co nie jest im potrzebne, a wy, będąc na określonej gałęzi znaczeń, musicie wybierać spośród wielu możliwych atrakcji.

A teraz poszukamy źródła energii drajwów.

Krok 1.

Odkrycie źródła drajwów w wirtualnej przestrzeni

Siądźcie wygodnie, zamknijcie oczy.

Możecie przeprowadzić zharmonizowanie poprzez wzorcowy stan, ale możecie też utworzyć energetyczną kulę i wyrównać energetyczne tło wirtualnej przestrzeni. Radziłbym ten drugi sposób.

Teraz całkowicie skupcie się na wirtualnej przestrzeni wiedzy – na tej chwiejnej granicy, w której reakcje mechanizmów mózgu rodzą odczucia.

Postarajcie się nieco uspokoić, wyciszyć swoje wewnętrzne tło.

Teraz wywołujcie kolejno obrazy z pozytywnego zestawu, starając się odczuć ich położenie w przestrzeni wirtualnej. Znacie to odczucie – jakby uwaga na mgnienie oka przeszła na niewidzialną półkę do szafy za zasłonką przestrzeni wirtualnej. Wywołujcie obrazy jeden po drugim, starając się określić przecięcie ich zwartych granic. Oceniajcie zwartość i nasycenie energetyczne wirtualnej przestrzeni...

Jeśli jesteście uważni, zwrócicie uwagę na to, że obrazy rozłożone są właściwie, trudno powiedzieć, że obok siebie, ale gdzieś w geometrycznym centrum między nimi, znacznie w dole, a tło energetyczne wydaje się odchodzić, zmniejszać się...

To drajwy uspokajają się, zasypiają, przestają tłoczyć energię.

Zapamiętajcie ten obszar i przełączcie się na figury negatywne: jedną, drugą, trzecią... Robimy to samo, co robiliśmy z pozytywnymi figurami i nawet na chwilę nie przestajemy obserwować odkrytego przez nas obszaru przestrzeni wirtualnej.

Przestrzeń tę nagle, choć z pewną rezerwą, zaczyna nieuchronnie wypełniać niewidzialna energia. Przypomina to ciemną czarę z ciężkim gazem... Stopniowo to nasycenie zaczyna się rozprzestrzeniać wokół niej.

Gdy zapomnimy o obrazach, źródło zacznie się uspokajać.

Bardzo ważne jest, byście się nie pomylili, żebyście znaleźli dokładnie to, co potrzebne. Z pomocą książki wykonanie tego kroku jest o wiele trudniejsze w porównaniu do pracy w asyście człowieka doświadczonego i doskonale przenoszącego, transmitującego odczucia, dlatego – bądźcie uważni.

Wspaniale!

Znaleźliście poszukiwany obszar!

Obszar, w którym w przestrzeni wirtualnej przejawiają się dla nas drajwy, ma granice trudne do określenia. Jednak różni się on pod względem usytuowania od już znanych stref „dobrze", „źle", „przyjemnie", „nieprzyjemnie" – leży jakby głębiej i bardziej centralnie. Trudno go znaleźć, ponieważ wychodząca z niej energia nie przejawia się sama, nie jest zjawiskiem subiektywnej przestrzeni, nie istnieje w postaci odczuć. Przejawia się tylko pośrednio w znaczeniach obrazów ukrytych w psychice.

Tej energii nie można wykorzystać dla podtrzymania programów, gdyż w żaden sposób nie nasila ich realizacji, zwiększa tylko to, co jest treścią obrazu. To nawet nie jest energia, ale coś, co zmienia energetyczny poziom i postrzeganie energetyki całej sfery psychicznej.

Podam przykład. Jeśli spróbujecie ocenić pozytywnymi figurami odczucie zwartości energii własnego ciała przy stymulacji strefy przeniknięcia drajwów do subiektywnej przestrzeni, będzie się Wam wydawać, że w całości zaczynacie posiadać więcej energii. Jednak jeśli spróbujecie uformować w dłoniach kulę, okaże się ona zwiotczała i pusta.

Dzieje się tak, ponieważ centralny obszar Waszej świadomości pierwszy doświadcza braku energii płynącej od drajwów; na wszystkich figurach, obrazach i innych elementach sfery psychiki energia jeszcze się zatrzyma, a centrum Waszej świadomości odczuwa, że jest jej tam więcej – jeśli sprawdzić to za pomocą kuli, okaże się ona nijaka – dotyku nie można okłamać.

Jeśli spróbować tego z negatywnymi figurami, wszystko wychodzi na odwrót. Wydaje się, że energii jest mało, ale kula staje się zwarta i napięta. Przyczyna jest taka sama. W centralnym obszarze świadomości poziom energetyczny rośnie szybciej, a na obrzeżach – powoli, jednak kula zaraz pokaże, że energii jest więcej.

Sprawdźcie, pobawcie się znalezioną strefą.

Trudno ją znaleźć i utrzymać za pomocą uwagi, trudno z nią pracować i praktycznie niemożliwe jest kierowanie nią.

Jednocześnie to ona dostarcza energii całej naszej psychice.

Oczywiście powstaje teoretyczne pytanie – a co by się stało, gdyby ją lepiej wykorzystać, gdyby sięgnąć głębiej...

NIE WOLNO TEGO ROBIĆ.

To jest centralny blok energetyczny.

Do czego może doprowadzić wyciek z niego? Przypomnijcie sobie wiek przejściowy, gdy czas biologiczny aktywował tylko jeden element jednego drajwu i musieliście przeliczać cały niebogaty w danej chwili system swoich znaczeń. Są pytania? Nikt chyba nie chce po raz drugi przeżyć wieku przejściowego, zamkniętego na coś nieusprawiedliwionego zarówno pod względem logicznym, jak biologicznym? Myślę, że chętnych brak.

Dlatego należy ostrożnie korzystać ze źródła energii drajwów.

Co teraz będziemy robić?

Powinniśmy sprawić, żeby energia tego źródła utworzyła kanał do wybranych przez nas figur.

Kanał ten powinien zostać stopniowo utrwalony przez nasze myślenie.

Wtedy w istocie damy możliwość swojej świadomości, swojemu umysłowi, by zajął się tym, co potrafi najlepiej: analizowaniem, myśleniem, osiąganiem, działając w obszarze jasnych pojęć i niezachwianej logiki.

Hodowaniem gałęzi w kierunku logicznej kontynuacji samego siebie.

Wspaniała sprawa!

Duże znaczenia, dostępność decyzji, rozwiązania, pełnia zaspokojenia, ruch, radość, zainteresowanie.

Inaczej mówiąc, energia źródła drajwów, jasne racjonalne cele, świadomość – to recepta z ingrediencjami dla życia efektywnego, pełnego satysfakcji, zgodnie wzmacniająca gałąź znaczeń.

Taka konstrukcja rzecz jasna nie zawiera ludzkiej istoty z całą jej głębią – podświadomą aktywnością tła, wzajemnym oddziaływaniem niejasnych pól, niewyczuwalnie przygotowujących wewnętrzne warunki w celu przeorientowania w logicznej przestrzeni... Nie zawiera.

Ale tam, w głąb świadomości nie wolno wnikać, tam tylko zniszczyłaby wszystko, co możliwe, chwytając przyziemną potężną uwagą subtelne tendencje, powolne procesy efemerycznych obrazów. Tam będzie mozolnie pracować bezsenna nie-maska dokładnie sortująca znaczące sygnały, będzie je wybierać, zlepiając w całość, żeby nie trwożyć świadomości tym nowym, które może jeszcze zburzyć swoim gorejącym wzrokiem; nie trwożyć do czasu – dopóki po obróbce nie ukaże tego, co znalazła, żeby świadomość mogła już wziąć ten nowy element i włączyć do życia – puszczając w obieg.

Wobec tego konstrukcja obejmuje tylko górną, oświeconą wiedzą i dlatego najbardziej żywą dla nas warstwę psychiki, w której mieszka nasz umysł, doświadczając radości płynącej ze słusznych, racjonalnych osiągnięć i istnienia. Dlatego nazywamy ją „siłą realizacji znaczenia", a prościej – „maską".

„Maska" – to energoinformacyjny system funkcjonujący w przestrzeni wirtualnej psychiki, który w wyniku energetycznej komunikacji źródła energii drajwów i aktualnych celów zapewnia ukierunkowany wzrost i utrwalenie układu znaczeń w wybranym kierunku.

Stosunkowo łatwe jest stworzenie takiej maski – trzeba tylko prawidłowo przestroić związki z już przez Was wybranymi (mam nadzieję, że już wybraliście) pięcioma celami.

Krok 2.

Stworzenie maski

Skupcie się na Waszej wewnętrznej przestrzeni, postarajcie się ją wyrównać.

Dla pewności można jeszcze raz znaleźć obszary, w których powstają drajwy.

Teraz zwiększamy wstępujący strumień – powinniśmy go rozproszyć jak najbardziej można, ponieważ pozytywne figury będą obniżać ogólny poziom energii.

Przypominamy sobie po kolei wypracowane cele, znajdujemy lokalizację ich obrazów w wirtualnej przestrzeni, nasycamy energią wstępującego strumienia tak, żeby aż się świeciły z powodu nasycenia, nakładamy te strefy wirtualnej przestrzeni jedna na drugą i znów pompujemy, tworząc wypełniony energią konglomerat z naszych celów.

Zaraz po stworzeniu konglomeratu zaczynamy przesuwać go do strefy, w której pojawiają się drajwy i kontynuujemy pompowanie energii. Do tego będzie nam potrzebna duża ilość energii. Gdy poczujecie, że więcej jej już nie wchodzi, odrzućcie skupienie.

Wirtualna przestrzeń bez nacisku Waszej uwagi powróci do swej postaci, nasycone energią strefy rozejdą się, roznosząc między sobą stworzone energetyczne związki.

Teraz każda aktywacja obrazu będzie znacznie szybciej łączyć się z drajwami, usprawniając połączenie między nimi i umożliwiając nam osiągnięcie celu – bezpośrednie dostarczanie energii drajwów i wzmacnianie znaczeń wybranych przez nas obrazów – latarni morskich kierunku.

Ale to jeszcze nie wszystko.

Teraz musimy poruszyć świadomość, wskazując jej to najbardziej odpowiednie otoczenie – w końcu poruszamy się przecież właśnie w tym kierunku!

Znowu się skupiamy.

Znowu odkrywamy obrazy naszych celów.

Znowu je łączymy w całość i nasączamy energią centralnego strumienia wstępującego.

Utrzymujemy konglomerat.

Przeprowadzamy redukcję świadomości do obszaru „Jam jest", centralnej strefy naszej świadomości.

Łączymy ją – siebie! – z konglomeratem.

Kontynuujemy zwiększanie strumienia i nasycamy to połączenie energią – jak można najsilniej.

Odwracamy uwagę, porzucamy skupienie i wirtualna przestrzeń znowu się prostuje.

Gratuluję Wam, Przyjaciele!

Stworzony przez nas konglomerat to właśnie maska.

Podczas jej tworzenia bardzo ważne jest pamiętanie o dwuetapowym działaniu, nie wolno wszystkiego zwalać do kupy i nie wolno krzyżować „Jam jest" z obszarem drajwów, ponieważ wtedy świadomości trudno będzie orientować się wśród znaczeń, będzie wykoślawiona.

Co robi maska?

Ochrania świadomość na drodze do oznaczonych przez nas celów, zwiększając wielkość znaczeń całej gałęzi.

Spróbujcie pomyśleć o wyznaczonych celach. Myśli się o nich z łatwością, uwaga potrafi je utrzymać, są znaczące, pełne powabu, chce się je osiągać.

Teraz świadomość łatwiej może zauważyć wyznaczone cele, zwrócić się ku nim, tkać pajęczynę myśli i powiązań z ich uczestnictwem, myśleć o nich, poruszać się w ich kierunku.

Z każdą myślą, z każdą kombinacją źródło drajwów odpowiada wyrzutem energii, wciąż zwiększając wszystkie związane znaczenia w kierunku ruchu.

Co jeszcze?

Powoduje, że życie staje się wyraziste, ponieważ znaczenia celów są duże. Sprawia, że życie jest radośniejsze, gdyż uświadomiliśmy sobie wszystkie figury i racjonalna świadomość łatwo osiągnie racjonalne rezultaty. Z tej przyczyny wszystko jest bardziej efektywne.

Co jeszcze?

Dzięki temu umysł żyje przyjemniej i przynosi sam sobie więcej korzyści, znaczenia gałęzi rosną, wzmacniając różnorodność i wagę najsubtelniejszych pędów tej gałęzi.

Gałąź rośnie świadomie.

Sami to poczuliście.

Bardziej wyrazista, jasna i radosna – życie jest bardziej zadziwiające i przyjemne, czyż nie tak, Przyjaciele?

Co możemy jeszcze zrobić dla naszej maski, strefy wzrostu gałęzi znaczeń i ukierunkowania naszego życia?

Można trochę polepszyć pracę maski i na pewno wkrótce tak zrobimy. Świadomość zależy od energii i jej dystrybucji, dlatego możemy podtrzymać pracę maski, stosując czynniki uzupełniające, zwiększające nasycenie energetyczne, komfortowość funkcjonowania świadomości oraz efektywność jej ruchu naprzód.

Co robić z samą maską?

Nic. I właśnie na tym polega jej urok.

Żyć.

Żyć i cieszyć się.

Ponieważ maska – to życie i wzrost.

Wzrost, jeśli prowadzi do wzrostu, nie może być niepomyślny i nieskuteczny i nie może nie zaowocować radością życia i osiągnięciami.

Maska – to środek świadomego ruchu umysłu. Zwiększa szybkość, jakość i radość rozwoju w wybranym kierunku.

Siatki znaczeń – szpalery dla wzrostu

Moglibyśmy nieco pomóc masce.

Rzeczywiście skierowaliśmy swoją świadomość tak, jak uważaliśmy za stosowne i jak to wynikało z logiki naszego życia. Dla energii. Wszystko przygotowaliśmy.

Jednak świadomość, hodując gałąź znaczeń, odkładając każdy swój logiczny wywód w postaci znaczenia, pielęgnując gałąź systemu znaczeń, nie może zajmować się tylko pięcioma przez nas wybranymi celami.

Nie może i nie powinna.

Zawsze będzie się rozkojarzać, dotykać podobnych spraw, obierając uboczne cele, badając świat, ujawniając jego możliwości.

Tak powinno być.

Dlaczegóż by jednak nie pomóc temu procesowi?

Nie można zmienić systemu znaczeń – to wynik pracy myślenia – nie będziemy przecież pozbawiać się tej przyjemności, to nawet nie jest możliwe. Trzeba żyć i myśleć.

Dlaczegóż by jednak w przestrzeni energoinformacyjnej nie stworzyć struktury, która tworzyłaby energetyczną rezerwę dla maski i pomagałaby jej rosnąć w pożądanym kierunku?

Rezerwa energetyczna będzie przecież potrzebna – kroczymy ukierunkowani, pośród racjonalnych zdarzeń, włączyliśmy do tej wędrówki drajwy, a dla myślenia niezwykle przydatne będą energia i nasycone nią elementy – musi przecież zlepiać z obrazów nowe figury.

Możemy stworzyć siatki znaczeń, zarówno w wewnętrznej przestrzeni, jak i w świecie zewnętrznym.

Od takiej struktury zewnętrznej przestrzeni wymaga się tylko pokrewieństwa z elementami maski, szerszego spektrum włączonych do niej pojęć i ochrony rezerw energetycznych oraz zwiększenia tempa i radości istnienia. To niewiele.

Siatka znaczeń – to struktura leżąca w wewnętrznej przestrzeni, składająca się z powiązanych pojęć skupiających możliwe wzajemne relacje kilku celów.

Siatka znaczeń wcale nie musi być logiczna, jest niczym notatka dla systemu znaczeń maski, po prostu pokrywa możliwie jak największą ilość sensów, z których będą pobierane elementy pożyteczne i potrzebne dla wzrostu maski, witaminki ze znaczeń.

Łatwo to zrobić i jest to w dodatku zajęcie wesołe.

Weźmy cele, z którymi już pracowaliśmy, tworząc maskę. A teraz... dlaczego by nie pokombinować i nie połączyć ich w pary, tworząc wesołe imaginacje obrazka?

Pragnę uprzedzić, że będę przesadzał, z realnymi celami już nie będzie tak wesoło, za to bardziej jasno i serdecznie.

Powiedzmy, że w bezpieczeństwie znajdował się czołg. W konsumpcji – wagon marchewki. Pokombinujmy, połączmy – otrzymamy wypełniony marchewką czołg. Zabawne. W rozmnażaniu była odaliska. Odaliska pośród marchewki. Intrygujące. W ekspansji była wyprawa na nartach. Odaliska na nartach...Tutaj wyobraźnia, speszona, zaczyna mi odmawiać pomocy. W pakiecie socjalnym była Nagroda Nobla. Na nartach. To działa silniej niż odaliska. A w bezpieczeństwie był czołg. Czołgiem zabieracie Nagrodę Nobla... tu mamy już jakąś perspektywę – w ten sposób można zabrać kilka Nagród Nobla.

Wyłączamy cele wykorzystane przez nas w masce i zostawiamy tylko kombinacje.

Zwiększymy rekombinacje znaczeń, powtórzymy wszystko raz jeszcze: czołg pełen marchewki jedzie na odaliskę. Odaliska z marchewką na nartach. Odaliska na nartach otrzymuje Nagrodę Nobla. Jedziecie w czołgu i zabieracie wręczoną wam przez Komitet Noblowski całą Nagrodę Nobla. Komitet ma czołg marchewki.

Idziemy jeszcze dalej. Odaliska na nartach oddala się od czołgu pełnego marchewki. Nagroda Nobla przypada nartom, odaliska dostaje marchewkę. Komitet Noblowski, uzbrojony w czołg, próbuje dogonić narty. Dogania je i prześladuje marchewkę. Wszystko to, razem z czołgiem, przykrywa odaliskę.

Kurtyna.

Otrzymaliśmy 15 obrazów.

Hm... brakuje tylko Jamesa Bonda. Nie będę przytaczał jakiegoś innego wariantu, bo albo wyjdzie jeszcze śmieszniej, albo zbyt poważnie.

Uprzedzałem przecież, że będzie to zajęcie stosunkowo wesołe. Zresztą jeśli z czegoś rozważnego, przemyślanego stworzyć burleskę, wtedy zawsze jest śmiesznie. Przecież napięcie, jako energia związków międzyatomowych, jest skrępowane między wzajemnymi zależnościami związanych pojęć, a podczas ich niszczenia rodzi śmiech będący niczym neutrino w reakcji jądrowej.

W praktyce, podczas pracy ze swoimi realnymi celami, otrzymujemy po prostu ciąg niejasnych, mglistych obrazów – to jakby korytarz odbity w stojących naprzeciw siebie lustrach.

Od nakierowującej siatki znaczeń, jak już mówiłem, nikt nie wymaga logiki. Nie jest ona planem działania, nie jest celem, niczym, co chcielibyśmy wcielić w życie.

To po prostu obłok znaczeń, międzygwiezdna mgiełka ubocznych sensów, molekuły gazu dla wzrostu gałęzi.

Teraz powinniśmy zainstalować siatkę znaczeń (mam nadzieję, że zapisaliście kombinacje) i zapewnić zgromadzenie w niej energii.

To stosunkowo łatwe, potrzebne jest tylko skupienie.

Krok 3.

Stworzenie wewnętrznej siatki znaczeń

Siądźcie i skupcie się całkowicie na wewnętrznej wirtualnej przestrzeni psychiki.

Wzmocnijcie centralny strumień wstępujący.

Przypomnijcie sobie pierwszy kombinowany obraz. Znajdźcie go w wirtualnej przestrzeni. Nasyćcie ten obszar wirtualnej przestrzeni energią centralnego strumienia wstępującego.

Znajdźcie następny obraz, wypełnijcie go energią, złóżcie go z poprzednim obszarem. Postępujcie tak z każdym obrazem, dopóki nie powstanie jednolity konglomerat wypełniony energią.

Niech nie umknie on Waszej percepcji.

Znajdźcie w przestrzeni wirtualnej strefę „dobrze", która jest obszarem przecięcia wszystkich związków systemu znaczeń, odnoszącej się do tej cechy emocjonalnej.

Połączcie ją z powstałym konglomeratem.

Wypełnijcie energią, dobrze jest utrzymywać skupienie przez jedną, dwie minuty.

Teraz przerwijcie skupienie.

Bardzo dobrze!

Możecie teraz przeanalizować swój stan wewnętrzny.

Pomyślcie o celach dostarczonych masce.

Wasz stan uległ zmianie, o celach myślicie z jeszcze większym zainteresowaniem, stały się bliższe i jakby bardziej pojemne, myślenie z łatwością szykuje drogi do ich osiągnięcia.

Tak właśnie powinno być.

Dzięki związkom energetycznym między strefą „dobrze" i alikwotom dostarczonych do maski celów, uwaga błądząca podczas procesu spontanicznego myślenia, w nadmiarze wewnętrznych znaczeń, we śnie, natychmiast zauważa elementy siatki znaczeń, która stanowi jakby najodpowiedniejszy temat do rozmyślań.

Związek ze strefą „dobrze" zapewnia zgromadzenie uzupełniającej energii w strefie siatki znaczeń, dzięki tej aktywności uwagi tła związującej z siatką procesy przestrzeni świadomości nasycone pod względem energetycznym.

Myślenie wyłapuje z niej określone elementy, wykorzystując je do tworzenia logicznych mostków, sprzyjających wzmocnieniu gałązki.

Siatka położona jest w logicznej przyszłości w odniesieniu do maski. Podczas każdego działania maski będzie odczuwać logiczną kontynuację.

Oprócz tego siatka znaczeń osłania bardzo ważną, znaczącą strefę, pozwalając gałęzi znaczeń na świadomy rozwój właśnie w tym najbardziej pożądanym, najodpowiedniejszym kierunku.

Wspaniale. Wewnątrz możemy zbudować taką strukturę.

A na zewnątrz?

Na zewnątrz nasz umysł otacza Wielki Świat, przeważnie o charakterze nieegregorialnym... Jednak jest w nim także bardzo dużo zdarzeń socjalnych!

Egregorialne zdarzenia koordynujące także możemy skierować na współdziałanie z maską!

Co nam to da?

Siatka zewnętrznych znaczeń może dodatkowo nakierować maskę i dodatkowo dostarczać jej energii. Oprócz tego jest źródłem stworzenia wokół Was zorientowanego segmentu społecznego i umożliwia wcielanie w życie długo oczekiwanego egregorialnego planowania.

Technika stworzenia zewnętrznej siatki znaczeń jest prosta.

Krok 4.
Stworzenie zewnętrznej siatki znaczeń

Siądźcie wygodnie, skupcie się całkowicie na wewnętrznej przestrzeni wirtualnej.

Zwiększcie centralny strumień wstępujący. Przypomnijcie sobie pierwszy kombinowany obraz. Znajdźcie go w przestrzeni wirtualnej. Wypełnijcie ten obszar wirtualnej przestrzeni energią centralnego strumienia wstępującego.

Znajdźcie następny obraz, wypełnijcie go energią, złóżcie go z poprzednim obszarem. Postępujcie tak z każdym obrazem, aż powstanie jednolity wypełniony energią konglomerat.

Niech nie umyka on Waszej uwadze.

Znajdźcie w przestrzeni wirtualnej strefę „przyjemnie", która jest obszarem przecięcia wszystkich związków systemu znaczeń, odnoszących się do tej cechy emocjonalnej.

Połączcie ją z powstałym konglomeratem.

Wypełnijcie energią, skupienie utrzymujcie jeszcze przez jedną – dwie minuty.

Stwórzcie w dłoniach kulę energetyczną. Wprowadźcie do niej wypełniony konglomerat. Dodatkowo wypełnijcie kulę energią.

Teraz przekażcie kulę jakiemukolwiek człowiekowi. Można po prostu powiększyć kulę, rozszerzyć ją na przestrzeń, w której znajdują się ludzie. Najlepiej, żeby to byli ludzie, z którymi często się spotykacie. Kule wypełnione wstępującym strumieniem energetyka grupowa wchłania błyskawicznie.

Jeśli jednak takiego audytorium nie mamy, w zasadzie możemy wykorzystać innych ludzi. Wasze znaczenie łatwo zostanie wchłonięte przez kolektywną świadomość, tak samo, jak rzecz się miała z zewnętrznymi wektorami.

Wspaniale!

Ta siatka znaczeń robi tylko jedną rzecz – dzięki translacji popularnego w społeczeństwie znaczenia słowa „przyjemnie" przyciąga do tematyki maski uwagę innych ludzi. Z tymi ludźmi łatwiej wtedy znaleźć wspólny język. W naszej obecności w ich rozmowach często wypływa tematyka maski... jest z czego wybierać. Wyznaczone przez nas kierunki ruchu zaczynają otaczać szanse.

Czego nam jeszcze trzeba?

W zasadzie można podtrzymać ją egregorialnie aktywną frazą, w celu uproszczenia aktywacji tej zewnętrznej siatki... To łatwo zrobić. Trzeba stworzyć jakąś frazę, znaleźć jej znaczenie w przestrzeni wirtualnej i przy tworzeniu siatki znaczeń dodać ją do niej, tak jak dodajemy jeden z jej elementów. Nie potrzeba do tego jakichś oddzielnych opisów. Żadnego kombinowania tu nie ma.

Zewnętrzna siatka pracuje, ponieważ stworzony przez Was system połączeń pojęć istnieje nie tylko w Waszej świadomości, jest także zakotwiczony w kolektywnej nieświadomości. Podczas wypowiedzenia frazy w obecności innych ludzi ożywa cały kompleks tych związków.

Zatem siatka aktywuje się i zewnętrzna koordynacja przybiera na sile. Dla maski oznacza to większą możliwość wzrostu. Więcej zdarzeń przekłada się na więcej osiągnięć.

Nie ma żadnych forteli czy kombinowania.

Dla nas obie siatki będą niezwykle pomocne.

Pomagają naszemu myśleniu, oszczędzają jego siły i zbierają to, co niezbędne – chociaż są zwykłymi strukturami mechanicznymi.

Niczym stworki – poławiacze zbierają energię, znaczenia i szanse, organizując kierunek naszej uwagi, ułatwiając wzrost systemowi znaczeń w kierunku świadomie przez nas wybranym.

Zapobiegają rozpraszaniu energii drajwów, pomagają w jej zbieraniu, gdy osiądzie na elementach siatki, i umożliwiają przekształcanie jej w myśli i możliwości działania.

To stosunkowo prosta pomoc dla maski.
Jednocześnie to pomoc ogromna!
Wspaniała pomoc.
Ukierunkowany rozwój maski siatki znaczeń porządkuje zewnętrzne i wewnętrzne znaczenia wokół maski, zwiększa uporządkowanie wzrostu systemu znaczeń i tworzy więcej możliwości dla osiągnięcia świadomego wzrostu w określonym przez maskę obszarze.

Nie-maska: nastrojenie na Wielki Świat

Stworzyliśmy już system maski doskonale gwarantujący zgodny, nieprzeciwstawny wzrost i energetyczne wsparcie dla wzrostu systemu znaczeń. Teraz czas zatroszczyć się o to, żeby elementy Wielkiego Świata, które tak trudno wychwycić z powodu ich nowości i braku odzwierciedlenia w zestawie egregorialnych znaczeń, stopniowo stawały się częścią nas.

A ściślej mówiąc, by stały się częścią naszego systemu znaczeń – w rzeczywistości zaś częścią nas, naszego umysłu. Przecież umysł jest tym, co przeżywa, a my żyjemy w Wielkim Świecie i nasz wzajemny stosunek jest na tyle duży, na ile ten Wielki Świat odbija się w nas dzięki systemowi znaczeń. Tylko to pozwoli nam wydostać się z egregorialnych kolein w przestrzeń Wielkiego Świata i umożliwi wzajemne z nim oddziaływanie – życie i przyzwyczajanie, wprawianie się.

Aby to osiągnąć, do każdego kroku potrzebna jest nam baza wypadowa, która powinna być tylko troszkę nowa, która tylko w niewielkim stopniu powinna różnić się w przesłankach od poprzedniej, wchłaniając dodatkowe podstawy i związki pozbawione biosocjalnego charakteru.

Baza wypadowa nie powinna być tylko „nieegregorialnym wariantem", niepowodowanym ciśnieniem energoinformacyjnych pasożytów, uwarunkowanym prawdziwymi, szczerymi, istotnymi pragnieniami, nowym i wolnym, ale pozostająca wciąż wariantem pochodzącym z biosocjalnego spektrum; powinna być bazą ze znaczeń aktywnie organizujących nasze wzajemne oddziaływanie z otaczającym Wielkim Światem.

Te znaczenia są jak elementy chemiczne, jak dostawcy energii i zainteresowania do działania, umożliwiają ciału żywej istoty (a w naszym przypadku – umysłowi) życie w świecie.

Sytuacja wygląda tak samo, jak z każdym żywym organizmem, jego ewolucją i otaczającym go środowiskiem – żywy organizm zbudowany zgodnie ze swoim planem biologicznym pobiera ze swojego różnorodnego środowiska tylko konkretne substancje chemiczne, wykorzystuje tylko konkretne sfery i sposoby oddziaływania z tym otaczającym środowiskiem.

Ewolucja oznacza możliwość początku oddziaływania ze środowiskiem zewnętrznym na innym poziomie, z innymi substancjami i środowiskami.

Podam przykład. Ryba pływa w wodzie i oddycha rozpuszczonym w niej tlenem. W trakcie procesu ewolucji, trwającego miliony lat, nauczyła się chodzić po lądzie i oddychać tlenem znajdującym się w powietrzu. Ale przecież niektóre ryby mogą oddychać w obu środowiskach! Potrafią oddychać powietrzem i wodą. Niektóre organizmy żyjące przy gorących źródłach na dnie oceanów w ogóle nie muszą mieć tlenu. To nie tylko bakterie! To także robaki i krewetki, bardziej zaawansowane w rozwoju. Potrafią żyć w temperaturze osiemdziesięciu stopni, w gorących źródłach, podczas gdy u wszystkich innych zwierząt w takich warunkach ściętoby się białko.

Określony poziom rozwoju – to określony biologiczny wybór, przeznaczenie co do sposobu życia. Każde życie na świecie to energoinformacyjne życie, a określony etap ewolucji jest raptem tylko innym sposobem energoinformacyjnego oddziaływania tego życia i jego struktury ze środowiskiem energoinformacyjnym.

Wokół każdego żywego organizmu znajduje się ogromna ilość substancji odżywczych, a jednak tygrys ginie z głodu pośród koniczyny, owca – wśród migrujących lemingów. A termity będą pomyślnie rozwijać się tam, gdzie ani tygrysy, ani owce nie są w stanie utrzymać się przy życiu.

Natomiast rozumna małpa – człowiek – tak urządzi sobie środowisko, że ani tygrys, ani owca, ani termit nie przeżyją. Gdy będzie trzeba, znajdzie sposób, by posiąść niezbędne enzymy. Ale i on ma swoje ograniczenia.

Te ograniczenia nie dotyczą sfery fizycznej, ale intelektualnej, logiczno-strukturalnej. To ograniczenia umysłu, które nie wiążą się z umiejętnością wykorzystania tej czy innej substancji odżywczej, ale dotyczą umiejętności zastanowienia się nad tym, że umysł można wykorzystać w inny sposób, nie tylko tak, jak podpowiada nam to biologiczna natura.

Zauważcie, że mam tu do czynienia z informacyjnym ograniczeniem tego samego typu, który poruszam – tracę dużo słów, ponieważ ludzkość nie wymyśliła jeszcze pojęć do opisania danego problemu.

Przecież w istocie nie rozmawiamy tu o substancjach i możliwości wydobycia z nich energii dla ciała czy samochodu. Mówimy o takiej czy innej kompozycji wynikającej z przyczynowo-skutkowych logicznych związków Wielkiego Świata i o możliwościach wykorzystania ich w celu zagwarantowania umysłowi przyczyny (powodu) i energii do istnienia, o przekształceniu ich w siebie, a siebie – w nie.

O energoinformacyjnej ewolucji energoinformacyjnego organizmu w energoinformacyjnym środowisku.

Powiedzmy, że doskonale wiemy, jak wymienić atomy swojego ciała na nowe – po prostu jeść i ruszać się. Po jakimś czasie nastąpi wymiana. Wiemy, jak wyhodować sobie muskuły – trzeba jeść i ćwiczyć. Wiemy, jak nabyć wiedzę i stworzyć w świecie samodzielną konstrukcję przyczynowo-skutkową – należy poczytać książkę lub skonstruować urządzenie.

A czy wiemy, jak wymienić całe ciało na inne, oparte na innych zasadach? Nie? A to przecież takie ciekawe – atomy możemy wymienić, ale struktury już nie? Przecież podczas budowy urządzenia zakłócamy strukturę, czyż nie? Przecież istnieje sztuczne serce... A czy nie możemy w kwestii zamiany struktury dotrzeć głębiej? Przecież potrafimy czytać książki? Tak, budujemy urządzenia... A jeśli sięgnąć głębiej – dlaczego samolot, a nie skrzydła? Dlaczego komputer, a nie rozszerzenie osobistego umysłu? Dlaczego oddychamy tlenem? Dlaczego, potrafiąc tworzyć uporządkowania, nie możemy przenieść się swoim umysłem na inne uporządkowania, nawet na uporządkowania płonącej atmosfery Słońca? Żeby umysł mógł istnieć w dowolnym fragmencie materii, będąc bardziej złożony lub uproszczony, przestrajając się wedle swojej chęci i wygody?

I po cóż ci to wszystko, szanowny autorze?

Jak myślicie, komiczne byłoby myślenie o seksie między egregorialnymi organizmami? Chi, chi. A podatki?

O! To dobre pytanie, trafiające w sedno problemu. To nic, że wystarczy tylko kilka enzymów i obłudnie wzruszający wszystkich problem głodu na planecie byłby rozwiązany na sto lat? A kilka innych sposobów życia, to już na zawsze?

Naszą naturę ogranicza nasze myślenie.

Sprawa nie polega na tym, że ***nie możemy****. Chodzi o to,* ***że nie wiemy, jak zechcieć*** *potrafić chcieć czegoś nowego z powodu całkowicie kontrolowanego przez biosocjalną naturę procesu uzasadnienia pragnienia.*

Ileż to odkryć przeszło obok nas dlatego, że nasze myślenie przebiega według biosocjalnych schematów, że myślimy tylko jednym sposobem, a nie wieloma?

Ileż rzeczy uroniliśmy, niczym kura, która przejdzie obok poszukiwanych ziarenek?

Nie wiemy.

Jeśli myślenie nie ma punktu oparcia, po prostu nie zadaje pewnych pytań, nie może zechcieć, nie wytycza celów.

Człowiek jest odgrodzony od nowości Wielkiego Świata bardziej niż jądro Ziemi od afgańskiego chłopa.

Często rozprawia o kosmitach i międzygwiezdnych cywilizacjach, i jest to nieprawdopodobnie śmieszne, ponieważ od dowolnego gatunku oddziela go nie tyle bariera, ile cały wielki mur chiński myślenia zdominowanego biologią.

Bariera pojawiła się nie dlatego, że człowiek jest prymitywny, ale dlatego, że jest człowiekiem.

Z łatwością udowodnię powyższe stwierdzenie za pomocą jednego prostego pytania: dlaczego człowiek bez przeszkód znajduje wspólny język, tworzy wspólny słownik z każdym zagubionym ludzkim plemieniem, niezależnie od tego, jakim dialektem mówiliby jego członkowie. Istnieją przecież bardzo dziwne języki, np. język Buszmenów, język gestów, język świstów, język, w którym brak zaimka „ja". Dlaczego zatem ludzie mogą porozumieć się z innymi ludźmi – opóźnionymi w umysłowym rozwoju czy nawet z tymi, którzy postradali zmysły – i dlaczego, w ciągu tysięcy lat istnienia ramię w ramię z delfinami, małpami człekokształtnymi, wielorybami humbakami (ich język ma charakter gramatyczny) człowiek nie potrafił stworzyć z nimi jakiejś ogólnej formy komunikacji, już pal licho z wzajemnym zrozumieniem?

Dlaczego orka z orką, nawet wtedy gdy pochodzą z różnych „plemion" (stada orek bardzo przypominają dzikie koczownicze plemiona ze swoimi obyczajami wiedzą, dialektami) potrafią się porozumieć na elementarnym poziomie, a zadowolony z siebie, zarozumiały, zadufany w sobie człowiek – rozumny (a o tym jest święcie przekonany), nieprzerwanie wysyłający specjalistów – uczonych mających do dyspozycji urządzenia potrafiące odtworzyć każdy dźwięk, do tej pory nie potrafi nawiązać słownego kontaktu z tymi ciemnymi stworzeniami? Dlaczego nie może porozumieć się z tymi nieokrzesanymi morskimi kowbojami za pomocą języka, którym posługują się na co dzień, wydzierając się na całe gardło?

Na tym właśnie, moi Przyjaciele, polega bariera gatunkowa rozdzielająca różne typy systemów znaczeń – w całym swym pięknie i całym tragizmie.

Na cóż nam rozważania o kosmitach! Przecież to z rzeczoną orką człowiek mógłby znaleźć jakiś punkt styczny, niechby nim nawet była sprzeczka o rybę.

Jednak człowiek nie może zbudować wspólnego obrazu świata z orką, doprowadzając umysł na wspólną energoinformacyjną kanwę, nie może odtworzyć wspólnej komunikacyjnej realności wyrażonej w podobnych odczuciach i odcieniach emocjonalnych, nie posiada instynktownie zrozumiałego wspólnego słownika, wspólnego interfejsu, zatem nie może stworzyć wspólnego języka.

A ta różnica między nami jest tak mała, jak różnica między pianinem a fortepianem.

Cóż dopiero mówić o porozumieniu się z istotą z kosmosu, która skupia się w swojej logicznej biosocjalnej niszy i nade wszystko pragnie nieruchomo wyciągnąć się w probówce z żółtą cieczą będącej dla niej ekwiwalentem miotającego iskry zoopsychologicznego show Dom – 2?

Mamy jasność.

Dopóki bariera międzygatunkowa nie zostanie pokonana, żaden kontakt nie będzie możliwy.

Dopóki nie zostanie pokonana bariera biosocjalnego ograniczenia, o pokonaniu bariery międzygatunkowej nie ma nawet co marzyć.

Dopóki umysł nie będzie umiał nadbudować się kosztem nowości Wielkiego Świata, bariera biosocjalnego ograniczenia będzie niepokonana.

Pokonanie tej bariery jest wręcz niewyobrażalne.

Na drodze do jej przekroczenia stoi jeden mały „problem”

Składa się z dwóch elementów.

Pierwszy – umysł człowieka nie może funkcjonować bez mocnej podpory w postaci swojego biosocjalnego fundamentu, przejawiającego się w znaczeniach zabarwionych pod względem emocjonalnym, wyprowadzanych w odniesieniu do niezmiennej instynktownej bazy.

Drugi – to podstawowa działalność umysłu opierającego się na systemie znaczeń i jego wzajemnych powiązaniach, których bazę stanowią znaki emocjonalne; działalność ta jest jakby autocenzorem – w trakcie swej pracy wyzuwa z treści nowość na korzyść instynktownie zleconego systemu ocen: kosztem budowy logicznych związków między motywami i wyobrażeniami nowego jako całokształtu starych elementów.

Jest jeszcze trzeci element – uzupełniający. Polega na tym, że podczas nagłego przeskoku jednego z umysłów na inny system znaczeń cały biosocjalny aparat otaczającego środowiska zaczyna walkę, by unicestwić inną strukturę myślenia. Trzeci element nazywamy uzupełniającym, ponieważ nie zważając na to, że im silniejsza różnica, tym większa wrogość, gdy interesy stają się diametralnie różne, to egregorialna wspólnota po prostu przestaje widzieć istnienie tuż obok siebie i nawet wewnątrz tego innego rosnącego organizmu. Dany element w istotny sposób utrudnia stworzenie wspólnej bazy komunikacyjnej, sprzeciwia się temu, aby nowość stała się osiągnięciem całego gatunku „człowieka rozumnego".

Okazuje się, że problem nie jest znów taki błahy.

Uwzględniając wszystkie wyżej wymienione czynniki, nie może być mowy o natychmiastowym przeskoku umysłu na nowy strukturalno-logiczny fundament. A właściwie – może, tylko taki przeskok będzie zniszczony przez siebie samego lub przez „życzliwych".

Taki przeskok – zmiana może odbywać się tylko stopniowo.

W jaki sposób, to możemy sobie już wyobrazić.

Zadanie wygląda jasno – trzeba umożliwić naszemu umysłowi, a raczej – podmiotowi (ponieważ umysłowi do pracy potrzebna jest też część nieświadoma, tworząca tło istnienia) gromadzenie nowości bez ingerencji świadomości – cenzora, który natychmiast niszczy to nowe.

Gromadzenie nie może trwać w nieskończoność, ale tylko do czasu, dopóki znaczenia tych nowych obrazów nie przybiorą ultymatywnej wielkości – takiej, która sama będzie uczestniczyć w stworzeniu logicznych wzajemnych powiązań systemu znaczeń; sama – niefałszowana przez biosocjalnie uwarunkowane sensy i systemy napięć znaczeniowych.

Szczególnie ważny jest fakt, że bez ingerencji cenzora dane elementy będą brane takie, „jakie są", we wzajemnych powiązaniach Wielkiego Świata, zachowując zależność od niego i od przebiegających w nim zdarzeń, co dla umysłu jest równoznaczne z przeniknięciem do energoinformacyjnej struktury umysłu energii nowych drajwów, powstałych nie z instynktownej bazy ciała, ale z niewyczerpalnej przyczyny otaczającego świata.

W tym stanie umysłu, nowym pod względem ewolucyjnym, jest pewna filozoficzna subtelność, którą najprościej wyrazi zwyczajne pytanie: do energoinformacyjnego środowiska jakiej rzeczywistości przenosi się umysł mający dostęp do zewnętrznych kanałów energoinformacyjnych, do tego chroniący w nich część informacji, jeśli drajwów ze świata zewnętrznego zaczyna być więcej niż instynktownych? Jeśli wystarczyło mu energii i czasu na taką zmianę? Jest to jednak pytanie typu „Kto ma uszy, ten usłyszy".

My skupimy się na tym, że nowe znaczenia z Wielkiego Świata mogą być przygotowane dla naszej świadomości w taki sposób, że będą wbudowane w system znaczeń według dominującej cechy własnych właściwości, a nie według stopnia współmierności z biologicznymi oczekiwaniami.

Wtedy będziemy mieć do czynienia z powstaniem cudu.

W systemie zacznie pojawiać się oparcie dla elementów przybyłych z Wielkiego Świata i niewyzutych z treści przez systemy instynktowny i biosocjalny.

Emocjonalne zabarwienie tych elementów nie jest spowodowane biologicznymi oczekiwaniami, ale ich stosunkami między sobą i światem, co nie przeszkadza temu zabarwieniu w byciu energetycznym czynnikiem dla istnienia umysłu.

Spróbujmy ocenić kolejny krok myślenia – jak będą gromadzić się znaczenia, jeśli w systemie znaczeń są już znaczenia odbijające właściwości Wielkiego Świata?

Oto umysł spotkał się z nowym zjawiskiem. Jak je będzie oceniać?

Pamiętamy przecież, że znaczenia łączą się w łańcuchy, że znaczenie nowego wywodzi się ze starego... Do percepcji dotrą w większości nowe zjawiska.

I znów będą wgrane do systemu znaczeń.

Wtedy, krok za krokiem, Wielki Świat, nie będąc ograniczony filtrem biosocjalnego przeznaczenia, zacznie przenikać do umysłu.

Aby zacząć kroczyć tą drogą, nie musimy podejmować wytężonych prób wymyślania jakichś superszykownych punktów orientacyjnych. Możemy wykorzystać bezpośrednio, na bieżąco napływające zdarzenia, które określają ruch naszego umysłu i kierunek wzrostu systemu znaczeń.

Gałąź systemu znaczeń, która poruszana jest naprzód przez umysł, ale wykorzystuje energię znaczeń już przez nie stworzonych, sama zacznie śledzić sploty możliwości Wielkiego Świata.

Umysł stanie się mieszkańcem nieograniczonego Wielkiego Świata.

Jeśli te możliwości będą realizowane, będą przetłumaczone na język biosocjalnej percepcji, staną się własnością ludzkości.

I ludzkość też uczyni krok naprzód.

Miejsce na nowym ewolucyjnym etapie rozwoju umysłu, niezbędne na obecnym etapie rozwoju ludzkości, jest niczym nieograniczone, jeśli uwzględnić fakt, że w wyrażeniu „ewolucja homo sapiens" główne słowa to: „ewolucja" i „sapiens" – wyrażające treść, a słowo „homo" stanowi tylko formę.

Jednak są to dalekie perspektywy rozwoju umysłu na naszej planecie.

Wszystko zaczyna się od rozwoju jednostek.

To złożone zadanie, które postawiliśmy przed sobą, po dokładnym rozpatrzeniu okazuje się mieć rozwiązanie.

Polega ono na stworzeniu struktury pracującej w nieświadomym porządku tła, gromadzącej i systematyzującej znaczenia bez udziału umysłu, tylko według faktycznych oznak wzajemnych stosunków, prowadzących nasilenie tych znaczeń do poziomu porównywalnego z poziomem elementów podtrzymanych biosocjalnie.

Ponieważ taka struktura z jednej strony logicznie odpowiada „masce", a z drugiej – skupia w sobie możliwości, jakich brakuje „masce", to zwykle nazywana jest po prostu „nie-maską".

„Nie-maska" – to energoinformacyjna struktura przestrzeni psychiki, umożliwiająca, bez ingerencji świadomości,

gromadzenie informacji o elementach świata zewnętrznego w jakiś sposób odnoszących się do wartości i znaczeń, które określają bieżący kierunek rozwoju jednostki.

Podczas jej stwarzania nie mamy innego oparcia oprócz bieżącego kursu własnego ruchu.

Oparcie jest niezbędne – przecież nasze poruszanie się w świecie możliwe jest tylko dlatego, że z całej różnorodności sygnałów coś wybieramy, a czegoś – nie, od czegoś uciekamy i do czegoś dążymy.

Tak, oczywiście, nasz kurs na razie jest oparty na momentach biosocjalnych, ale nie zapominajmy o tym, że tkwią w nim już pozaegregorialne znaczenia zjawisk biosocjalnego świata, że korzystamy ze strefowości, wsłuchując się w falę Światowych Prądów... Jednym słowem, mamy wszelkie przesłanki do tego, by aktywnie gromadzić znaczenia Wielkiego Świata i tworzyć bazę wypadową dla kolejnego kroku oraz stopniowego rozbudowania gałęzi znaczeń.

Jak to zrobimy?

To stosunkowo łatwe. Wykorzystamy złożone posiadane przez nas znaczenia (mające w sobie pozaegregorialne elementy) i rzecz jasna energię drajwów, które będą załamywać się (to nic, że w niewielkim stopniu) według pozaegregorialnych cech, oznak.

„Nie-maska" powinna gromadzić znaczenia.

Jak ustalają się znaczenia?

Zazwyczaj zawsze zapominamy o tym i parę słów na ten temat nam nie zaszkodzi.

Człowiek swoim umysłem zajmuje przeważnie pozytywną stronę własnej psychiki. Mówimy: „Dobrze byłoby zrobić... To byłoby dobre. To i to będzie fajne, przyjemne...". Wspaniałe cele, wybitne osiągnięcia, pożyteczne wynalazki...

Jednak energia zawsze ma dwa bieguny: dodatni i ujemny.

Jeden bez drugiego nie istnieje.

Nasz umysł wybiera pozytywne rzeczy nie jako bezpośrednią alternatywę, ale jako przeciwwagę dla rzeczy negatywnych. A stałe niebezpieczeństwo realizacji negatywnych rzeczy, wciąż gdzieś zawieszone w naszej psychicznej przestrzeni, umożliwia posiadanie energii i wydatkowanie jej na drobne przyjemności.

Zatrwożyliśmy się? W lodówce mamy kanapkę. Jeśli podczas urlopu nie wyjedziemy nad morze, będzie nudno – trzeba postarać się dobrze zarabiać.

W rzeczywistości rzeczy mają dla nas tylko znaczenie sytuacyjne – nie ma dobrych i złych rzeczy, jest moduł znaczenia, który zależy od zdolności do istnienia / braku frustrowania lub niefrustrowania tego czy innego drajwu, gdy zmusi się go do wybuchu w psychice energii pobudzającej do działania.

Brak energii jest jednoznaczny z brakiem powodu do ruchu. Nic się nie chce, jest dobrze, spokojnie i ciepło. Bomba – źle, trzeba trzymać w szopie. Napaść wroga – bardzo źle. Ale jest bomba. Wróg i bomba – to jest wspaniałe, można zająć się różami.

Gdy drajw ekspansji frustrował się wewnętrznym zegarem – zrobiło się nudno, trzeba iść na spacer lub obejrzeć telewizję albo coś przekąsić. Nuda jest prawdziwa, rzeczywista, negatywna i jedna, a recepty są sytuacyjne, pozytywne, wielorakie.

Wyobraźcie sobie coś, co ma dla Was pozytywny wydźwięk. Milion dolarów w walizce lub coś innego, ważnego i znaczącego tylko dla Was, czego nie macie. Prawda, że przyjemnie? Wobec tego osiągnijcie to! Ach, nie teraz, potem, nie wiem jak... Dlatego, że teraz – to pozytywna rzecz, to narzędzie mające dla Was tylko znaczenie sytuacyjne.

Wyobraźcie sobie, że tę rzecz już posiadacie. Żyjecie, mając ją obok, z nią budujecie życie. I nagle znika. Jak tam wtedy z Waszymi emocjami? Pojawia się pragnienie działania? Są silniejsze? Jeśli emocje nie są silniejsze, oznacza to, że wyobraziliście sobie coś mało znaczącego, jakieś głupstwo. Spróbujcie jeszcze raz. O, teraz już lepiej. Oto teraz ta rzecz z naszego małego eksperymentu o kradzieży czegoś cennego **rzeczywiście** miała znaczenie. Ujawniło się to poprzez siłę alternatywy.

To samo ćwiczenie możecie wykonać, biorąc pod uwagę coś negatywnego, tylko najpierw tego czegoś nie ma, a później – pojawia się.

I tak dalej, i tym podobne.

Jeśli potrzebne jest nam ustalenie znaczeń tych czy innych zjawisk, nie warto nawet próbować tego robić w odniesieniu do rzeczy i oczekiwań pozytywnych, które są wartościami względnymi i sytuacyjnymi. Gdybyśmy w taki sposób chcieli ustalić znaczenia, świadomość – rozwiązując za pomocą zaproponowanych do oceny wartości równanie o przesunięciu naszego osobistego „źle" lub „przypuszczalnie źle" w stronę „dobrze" lub „przypuszczalnie dobrze" – narobi takich głupstw, że będzie nam później wstyd.

Podobnie rzecz się miała z radem i samoleczeniem.

Dlatego znaczenia rzeczy można wyprowadzać tylko na podstawie ich stosunku do negatywnych oczekiwań. Wtedy będą zawsze prawidłowe i prawdziwe. Będą zawierać energię i sens.

A znaczenia pozytywne – sytuacyjne całkowicie zależą od tego, jak to narzędzie ułoży się razem z innymi. Treścią tych znaczeń są sytuacyjne, szybko zmieniające się emocje oraz sytuacyjne sensy.

To musi być dla nas całkowicie jasne i zrozumiałe.

Nie wątpię w Wasz zdrowy rozsądek, Przyjaciele. Tu po prostu mamy do czynienia ze szczególnym momentem – bardzo subtelnym, ponieważ prawda zawarta w moich słowach może być Wam nie w smak, podobnie jak wiele innych niepopularnych substancji tworzących ciało człowieka. Niemniej, nie oszukujmy się – to prawda.

Do pracy będziecie potrzebować negatywnych osobistych znaczeń i – jeśli umysł zacznie twierdzić, że trzeba myśleć tylko o tym, co piękne – lepiej się nie spieszyć, dopóki uczciwość nie zwycięży i nie zaczniecie pracować z konkretnymi czynnikami, w przeciwnym razie nie powstanie „nie-maska", ale Kiwaczek (Czeburaszka) – bezużyteczny, chociaż powabny stworek.

Trzeba myśleć o tym, co wspaniałe, ale trzeba także pamiętać, że wspaniałość to przeciwieństwo potworności, szpetoty.

Energetyczny napęd ludzkości – to pragnienia, dążenia budzące się wyłącznie dlatego, że bez ich realizacji człowiekowi jest źle; pragnienia to wieloraka alternatywa wobec konkretnego negatywu.

A nie-maska – to zorientowana na nowe konkretne znaczenia świata zewnętrznego energetyczna połowa tworzonej przez nas struktury. To trzeba rozumieć, żeby jej stworzenie się udało.

Nie-maska – to działający bez udziału uwagi system baczenia (czujności), dostrzegający w otaczającym świecie nawet małe znaczenie dla kierunku naszego ruchu, to system gotowy pomóc ruchowi lub mu przeszkodzić, to system badający to znaczenie. Przy wielokrotnym ujawnianiu się znaczenia wzrastają.

Maska obrasta takimi obrazami jak nasionami.

Gdy nadejdzie czas – świadomość je zauważy, zintegruje z systemem znaczeń, zacznie szukać narzędzi do poruszania się, uwzględniając je, znajdzie, stworzy uzupełniające pozytywne znaczenia, przejdzie jeszcze więcej, przekształciwszy znalezione w bezsłowną wiedzę części realności.

Zatem do stworzenia nie-maski będziemy potrzebować elementów, od których można się odsunąć, od których każdy człowiek i tak się odsuwa, wybierając konkretny kierunek ruchu.

Przecież wybieraliście cele, by wbudować je w maskę?

A cele te stanowiły alternatywy czegoś... były jedną z alternatyw wybraną z uwzględnieniem geometrii całej pozostałej struktury znaczeń.

Te elementy będą potrzebne do stworzenia nie-maski.

Musimy wybrać 5 negatywnych osobistych obrazów, wyobrażeń, odpowiadających 5 drajwom.

Nie próbujcie przekonywać mnie lub siebie, że ich nie ma.

Można byłoby nazwać je słowem „lęki", ale nie jest to zbyt trafne słowo. Tak, same obrazy mogą przerażać, np. kto chciałby głodować i nie mieć możliwości utrzymania bliskich – ale przecież skutecznie tego unikacie już od dawna, nieprawdaż?

Właśnie dlatego dany przykład nie jest odpowiedni.

Instynktowne lęki, alternatywy, przed którymi uciekamy przez całe swoje życie, w nie-masce warto wykorzystać tylko wtedy, gdy jest dla niej przeznaczona ogromna ilość energii, gdy przyświecają jej wielkie cele i gdy ma służyć przez dłuższy czas. Warto to robić tylko wtedy, gdy staliśmy się leniwi, całkowicie przyzwyczailiśmy się do świadomego istnienia i gdy nie chce nam się w tym czasie dokonywać jakichś aktywnych ruchów.

Nie-masce potrzebne są bieżące, aktualne niechciane alternatywy, problemy – łamigłówki, nigdy całkowicie nieznikające, od których się odsuwamy.

Oto przykład. Człowiek ma nowe stanowisko pracy. Od czego się odsuwa? Od tego, co aktualne? Pewnie nie, choć może być i tak. Może od poniżenia. Lepiej. Od pozbawienia się tego nowego rzemiosła jako środka do życia. Tak. To będzie w sam raz.

Jest w tym niechęć (nieżyczenie sobie tego) i strach, i sytuacyjność (rzemiosło to nie dochód z akcji), i potencjał, który może pomóc ziścić się wielce korzystnej alternatywie, na przykład w wywyższeniu... lub zostaniu akcjonariuszem, znalezieniu dobrego wyjścia z sytuacji, kto wie?

Proszę, bądźcie uczciwi wobec siebie. Pięć grup drajwów. Pięć pojemnych personalnych chorągiewek.

I przystąpimy do stworzenia nie-maski.

Krok 5.
Stworzenie „nie-maski"

Zamknijcie oczy i skupcie się całkowicie na swojej wewnętrznej przestrzeni.

Zwiększcie centralny strumień wstępujący. Będziecie potrzebować dużo energii.

Przypomnijcie sobie pierwszy wybrany obraz. Znajdźcie go w przestrzeni wewnętrznej.

Nasyćcie go, ile tylko możecie, energią centralnego strumienia wstępującego. Pomoże Wam fakt, że podczas pojawienia się negatywnego obrazu psychika zacznie mieć więcej energii, kosztem zużywania się drajwów.

Gdy energii jest już wystarczająca ilość, zajmijcie się następnym obrazem. Robicie to samo i łączycie – nakładacie. Kontynuujecie ćwiczenie z pozostałymi obrazami, aż stworzycie cały konglomerat.

Znajdujecie obszar powstania drajwów. Łączycie go z elementami nie-maski. Kontynuujcie nasycanie energią.

Gdy już więcej energii nie możecie przekazać, wyjdźcie ze stanu skupienia.

To wszystko.

Brawo.

Teraz możecie ocenić zmianę stanu wewnętrznego związanego z pracą nie-maski.

Jesteśmy żywsi. W powietrzu jasność i ostrość postrzegania. Nastrój skupienia, uwagi.

Gratuluję Wam, moi przyjaciele!

Właśnie to chcieliśmy osiągnąć.

O pracy nie-maski opowiedziałem już prawie wszystko, co powinniśmy wiedzieć.

Rozumiecie, że jasność i ostrość pojawiły się, ponieważ Wy, Wasz umysł stał się bardziej uważny. Staliście się żywsi, gdyż macie więcej energii. Zrobiliście się bardziej uważni i przezorni. To dlatego, że nie-maska pracuje bez udziału świadomości.

Teraz wszystko, co o niej mówiłem, ma pokrycie, to nie puste słowa.

Nie-maska pracuje sobie, i niech tak będzie.

Nasza psychika będzie utrwalać w pamięci znaczenie wszystkiego, co napotka w środowisku zewnętrznym i co ma jakiś stosunek – pozytywny lub negatywny, do figur zamkniętych w nie-masce. Chodzi o znaczenie bezpośrednie. Bez wewnętrznego krytyka. Bez fantazji. Bez naciągania sensów. Tak będzie raz za razem.

Rzeczy, których się lękamy, będą opracowywane, obrabiane bez udziału świadomości, nie będzie się to wiązać ze stratami energii ani nie zniszczy nastrojenia.

Sny staną się bardziej interesujące, ponieważ część figur będzie obrabiana we śnie i szeregowana w logiczne połączenia.

Rzecz jasna świadomość natychmiast dowie się o tym, że nie-maska natknęła się na coś znaczącego.

Jednak nie-maska wykonuje o wiele większą pracę.

W rzeczywistości istnieje bardzo dużo figur odnoszących się do kierunku naszego ruchu. Człowiek zwykle ich nie zauważa, ponieważ natychmiast niszczy je świadomość z powodu niewłaściwej, naciąganej interpretacji. Wtedy następują kryzysy.

Teraz jest coś innego.

Świadomość jest odcięta od swojej wcześniejszej pracy. To w psychice dojrzewają znaczenia nowych rzeczy. Jest ich wiele. Ich znaczenie wciąż rośnie.

Wszystko to przybliża chwilę, w której nasz umysł pomieści w sobie już dojrzałą wiedzę.

„Nie-maska" jest środkiem świadomego istnienia umysłu; środkiem pozwalającym w sposób ukierunkowany, celowy i bez wypaczeń gromadzić informacje o zjawiskach wielkiego świata mających znaczenie dla obranego kierunku ruchu.

Przeobrażenie i odnowa

Czego dokonaliśmy, moi drodzy Przyjaciele, co osiągnęliśmy, stworzywszy system „maska" – „nie-maska"?

Przypomnijmy, co doprowadziło do jej powstania.

Z jednej strony, abstrakcyjno-opisowej, stworzyliśmy ten system w celu pokonania ograniczenia naszego myślenia zależącego od biosocjalnej podstawy umysłu. Właśnie to ograniczenie nie pozwalało mu na istnienie w Wielkim Świecie, do którego nasz umysł jest zdolny i w pełni gotowy.

Aby ten nasz krok był wykonany niezwykle precyzyjnie, dokładnie i skutecznie, omawialiśmy go bardzo dokładnie, uwzględniając mnóstwo szczegółów dotyczących kwestii technicznych.

Biegłość w realizacji tego kroku była konieczna, ponieważ od niego zależało bardzo wiele – nasza szansa, by wejść do Wielkiego Świata.

Do tego dążyliśmy podczas tych pięciu stopni Szkoły Nawyków DEIR. A w rzeczywistości – przez całe życie, ze szkołą DEIR lub bez niej.

Ponieważ dla siebie samych jesteśmy tylko naszym umysłem w naszym ciele biologicznym – umysłem kochającym, ciekawym, myślącym, cierpiącym, mającym nadzieję.

Naszą dolę, nasz los przeczuwamy od dnia narodzin – to Wielki Świat – dążymy zatem ku niemu, choć wcześniej nie wiedzieliśmy, jak tam dotrzeć.

Teraz zaczynamy spotkanie z nim, dotykamy go.

W istocie stworzyliśmy interfejs, wspólną platformę z wielkim światem.

Dzięki temu pozwalamy Wielkiemu Światu, by miał na nas wpływ i by stawał się częścią nas. Jednocześnie sami coraz głębiej przenikamy przyczynowo-skutkowe związki Wielkiego Świata. Ten proces zachodzi stale i nasila się z każdą parą „maska" – „nie-maska".

Żeby spotkać się z Wielkim Światem, rozpoczęliśmy trzeci etap piątego stopnia. Społeczne zabawki stąły się dla nas obrzydliwie powszednie. Możliwości społeczeństwa konsumpcyjnego odsłoniły swój sens, gdzieś tam na obrzeżach świadomości okresowo pojawiały się wybuchy odczuć przeżywanej nowości, by zaraz zgasnąć, niczym iskry nad ogniskiem.

Zrobiliśmy coś, co ożywi dla nas świat i nie pozwoli wywinąć się nowości od dostrzeżenia jej przez świadomość łaknącą nowych przestrzeni.

Teraz mamy w sobie dwie struktury. Jedna to „maska" – taki zakątek, świątynia świadomości, która z zadowoleniem działa w zaproponowanym, w pełni racjonalnym kierunku. Druga – „nie-maska", która niczym rachmistrz, księgowy utrwala wszystko, co ma znaczenie.

Na razie „maska" i „nie-maska" prawie się nie stykają.

„Maska" jest racjonalna. W niej jest uwaga i świadomość. Zarządza znaczeniami świata i zjawiskami świata, i to daje jej satysfakcję, a nas cieszą jej dokonania.

„Nie-maska" jest irracjonalna. Nie ma w niej uwagi ani zdolności myślenia. Może tylko obserwować. Spotkała zjawisko – z powodu jego przybliżenia się pogorszyło się. Zapisała. Myśleć nie może. Co widzi, opisuje. Pytanie „dlaczego" jej nie dotyczy. Każdemu zjawisku przyporządkowuje znaczenie. Wiele zjawisk „zapisuje w notatniku" jaskrawym kolorem.

Energia drajwów jest racjonalnie wykorzystywana, w zupełności wystarczy jej dla obu masek.

To wspaniały sposób istnienia. Każda część zajęta jest swoją pracą.

A co dalej?

Kiedy zaczną się cuda?

Już są w drodze.

Mówiliśmy o tym, że świadomość, umysł – to dla nas najbardziej znacząca część nas samych. Właściwie nią jesteśmy, ponieważ tylko ona zdolna jest do przeżywania, uświadamiania sobie różnych spraw, dokonywania wyborów, spoczywania na laurach, układania wierszy i napawania się życiem na różne sposoby.

Jednak głównym narzędziem naszej świadomości jest uwaga, która pośredniczy, i wysiłek woli, za pomocą którego nasza świadomość może wprawiać w ruch energoinformacyjne kanały wokół niej – od własnego myślenia i pamięci do pulpitu sterowania mechaniką naszego ciała.

Uwaga posiada pewną właściwość – automatycznie skupia się na najbardziej wyrazistym znaczeniu, a bez uzupełniającego dostarczenia energii (żeby zapewnić to dostarczenie energii do uwagi w celu skierowania jej na nowy obiekt, trzeba w systemie znaczeń mieć ku temu przesłanki, czyli współrzędne tej nowości) nie zauważa mniej wyrazistych obiektów, czyli tych z mniej wyrazistymi znaczeniami.

Teraz uwaga może skupić się na realizacji celów założonych w masce.

Pomagają jej w tym siatki znaczeń, gromadząc energię, śledząc informację, czyniąc aluzje i podając warianty.

Świadomość za pomocą uwagi radośnie tworzy prozę życia.

Osiągając.

Przybliżając się do celu.

Albo osiągając to samo, ale za pomocą innych środków.

Przecież człowiek nigdy nie może wysunąć celu konkretnego w stu procentach, cel zawsze będzie mu potrzebny do czegoś, będzie jakby przykładem uszczegółowionym na tyle, na ile człowiek był dokładny, przezorny i przenikliwy, gdy ten cel ustalał.

Dlatego w płaszczyźnie kierunku wzrostu oznaczonej światłem celów maski, w rzeczywistości ma miejsce proces wydzielenia osiągnięcia tego, co upragnione.

Tak się dzieje oczywiście tylko wtedy, gdy Waszym celem nie jest kilka programów i wektor emocjonalny. To nie było potrzebne przy naszym zadaniu, chociaż mu nie zaszkodziło.

Wtedy ten proces jest silniejszy w konkretnym celu.

W płaszczyźnie można zaobserwować proces ogólnego zaspokojenia sumy pragnień, zmuszających nas do wybrania właśnie tych konkretnych celów, proces „zaspokojenia w ogóle" – przybliżenia do celów, realizacji części zamysłów, innych wariantów...

Co się wtedy dzieje?

Powinniście rozumieć pewną rzecz: w miarę zaspokojenia pragnień obniża się podświetlanie przez drajwy znaczeń figur założonych w masce. Jak pamiętamy, pozytyw jest dzieckiem sytuacji. Do elementów maski dochodzi mniej energii. To, co osiągniemy, gaśnie całkowicie i nie ma sensu powtórne osiąganie tego samego jeszcze raz...

Maska przygasa i mniej przyciąga uwagę.

Spełniła swoje zadanie – czy miał miejsce świadomy wzrost systemu znaczeń? Tak. Figury posiadały podwyższone znaczenie? Posiadały. Czy te figury i figury z nimi związane zostały utrwalone z nasilonymi znaczeniami w systemie znaczeń? Tak. Czy gałąź systemu znaczeń została pogrubiona? Tak. Czy w razie „zaniepokojenia" przez nas dowolnego z tych celów będzie widoczne nasilone, powiększone znaczenie gałęzi? Tak, będzie.

Panie kierowniku, czy uosobienia zadań, teraz już wypełnionych, mogą iść na zasłużony odpoczynek na swoim miejscu w systemie znaczeń? Nie będę protestować...

Zatem elementy „maski" w miarę jej realizacji zmniejszają refrakcje energii na swoich znaczeniach.

A co w tym czasie dzieje się z „nie-maską"?

Tam raz za razem w polu widzenia podświadomości majaczą figury, a ich zbliżanie się do figur „nie-maski" przekłada się na nerwowe lub radosne drgania tych ostatnich. Utrwala się dodatkowa informacja – ta figura pojawia się rankami. Ta – zazwyczaj podczas myśli o daczy. Tamta w jakiś sposób wiąże się z pracą. Gdy ukazują się tamte dwie – pojawia się także panika.

Figury „zaczepiające" „nie-maskę" do tego czasu sterczały przed oczyma.

Ich znaczenie jest nasilone, na potęgę załamuje energię drajwów i rośnie z każdą obserwacją.

Dzięki temu, że sami wybieraliśmy elementy zarówno „maski", jak i „nie-maski", ich praca jest logicznie koordynowana zgodnie z kierunkiem ruchu naszego umysłu.

Aktualne znaczenia elementów jednej stopniowo się zmniejszają, ponieważ to, co zostało osiągnięte, nie jaśnieje refrakcyjną energią drajwów. Aktualne znaczenia drugiej zaczynają rosnąć.

A nasza uwaga zauważa to, co jest bardziej wyraziste.

I oto „maska" i „nie-maska" są porównywalne pod względem stopnia znaczenia.

Czasem dzieje się tak po kilku godzinach. Rzadziej – po upływie dnia lub kilku dni.

Właściwie niemożliwością byłoby niezauważenie tego.

Ommmmmm.

I na powierzchnię wypływa gwiazdozbiór nowych sensów, oszałamiając świadomość swoją mozaiką wzorów.

Uświadomienie. Zrozumienie.

Jasne, wyraźne zrozumienie nowych dróg stojących otworem.

Cały zespół możliwości.

Hura, moi Przyjaciele!

To wspaniała chwila, gdy świadomość nagle pełną piersią może oddychać tą nowością, która wcześniej była dla niej niepojęta, kiedy energia kieruje się na nowe znaczenia, napełniając nowym życiem całą przestrzeń umysłu.

Gdy w ciągu jednej sekundy wszystko nagle się upraszcza i wzbogaca.

To cudowny czas na plany i dokonania.

Gwałtowny skokowy wzrost gałęzi znaczeń, kształtowanie ruchu z uwzględnieniem zmiennych wielkiego świata. Radość odkryć. Olśnień. Radość życia i przyzwolenie świata.

Nowe i znacznie zwiększające efektywność sposoby zastosowania i punkty przyłożenia znanych Wam już technologii energoinformacyjnych. To także stanowi Wasze wyposażenie.

O! Jakże zapamiętacie tę chwilę!

To powtórne narodziny za życia.

To ogromna przestrzeń dla działalności i osiągania wyników!

Maska, w odróżnieniu od programów i wektorów, nie służy temu, by osiągnąć dosłownie właśnie te cele. Cele znajdujące się w niej są tylko niczym latarnie morskie wskazujące kierunek ruchu. A kto by pływał po morzu wyłącznie od latarni do latarni?

Coś osiągnęliście w okresie pracy „maski", coś osiągniecie z zestawem znaczeń dostarczonych przez „nie-maskę".

Możecie nawet całkowicie zmienić kurs – w przeciwnym razie po cóż mielibyście zarzucać sieć „nie-maski" w Wielki Świat? Te wasze latarnie morskie odpracowały już swoje, teraz możecie wypłynąć na szersze wody.

Po odkryciu systemu „maska" – „nie-maska" upływa jakiś czas.

Nie należy zbytnio spieszyć się z następnym jego stworzeniem. Po co?

Ten czas można i trzeba przeznaczyć na wykorzystanie pojawiających się perspektyw.

Na przyjemności życia i na korzystanie z niego.

To czas odnowy celów, rozumienia świata, energii i przeobrażenia całej duszy.

Jeśli można tak powiedzieć, lato żywej gałęzi znaczeń i huczącego w niej życia waszego Umysłu.

Niech ten czas będzie maksymalnie produktywny.

Przesunęliście się o krok w głąb Wielkiego Świata energoinformacyjnego i oswajacie się z nim, zadomawiacie się w nim.

Nie będę rozpisywać się na ten temat, sami wszystko zrozumiecie, gdy zamiast kryzysu świadomości, do którego przyzwyczailiśmy się w naszym życiu, nagle pojawi się migocząca plejada atrakcyjnych, pociągających możliwości, wrażenie, jakby dla was świat się polepszył. I tak właśnie się stało – po prostu świat zrobił się większy.

Doświadczycie tego i wtedy przypomnicie sobie moje słowa.

Może wtedy dokonacie nowych odkryć natury energoinformacyjnej, może pogłębicie swoją wiedzę. Może poradzicie komuś, by wstąpił na Drogę. Może w jakiś sposób pomożecie wspólnej sprawie wszystkich kroczących Drogą ku wyzwoleniu umysłu i nieco przybliżycie wszystkim czas odkrycia Wielkiego Świata. A może po prostu podzielicie się swoją radością z bliskimi. Wykorzystajcie czas i siły w jak najlepszy dla siebie sposób.

A dalej... Wszyscy bardzo dobrze wiemy, że życie nie stoi w miejscu, że idzie naprzód.

Przed nami migoczą nowe osiągnięcia, a opanowane terytorium już zmusza do patrzenia w przyszłość.

Teraz przyszła chwila... Jaka?

Już ją znacie.

To co osiągnęliście, powoli przestaje się świecić, świat staje się znany i już kątem oka zaczynacie dostrzegać nieuchwytne cienie czegoś nowego.

Jesteście gotowi do wykonania następnego kroku, kontynuując świadome kierowanie ruchem swojego umysłu.

Świadomy ruch – to praca taka sama jak oddychanie.

Nadszedł czas na stworzenie nowej „maski" i „nie-maski".

Pora zagłębić się w Wielki Świat.

I znowu się odnowić.

I znowu żyć.

I znowu!

System „maska" – „nie-maska" otwiera się podczas wyrównywania znaczeń między maskami, obdarowując świadomość plejadą nowych sensów i znaczeń Wielkiego Świata.

TANIEC UMYSŁU I ŚWIATA

Zrobiliśmy wspólnie wielką rzecz.

Zmieniliśmy sposób pojmowania świata, sposób istnienia umysłu, ponieważ tylko tak umysł powstały w oparciu o biosocjalną bazę mógł rozpocząć przeorientowanie swojego ruchu w stronę Wielkiego Świata.

Po co? Żeby poznać prawa nim rządzące, sprawić, by stał się trochę nami, a my – trochę nim, żeby znaleźć sobie oparcie w energoinformacyjnych kaskadach powszechnej zdarzeniowości.

Nie sposób tego ocenić w ciągu tygodnia lub nawet paru miesięcy. Gdy zaczynasz oceniać, widzisz całą przepaść, którą udało się przekroczyć. Wszystkie stare techniki zaczynają działać zupełnie od nowa!

To nieprawdopodobny, gigantyczny krok dla umysłu – choć możliwe, że tylko dla umysłu człowieka z planety Ziemia. A może w rzeczywistości krok ten jest malutki, porównywalny z raczkowaniem – gdy nasi koledzy wejdą w ten Wielki Świat, może usłyszą od spotkanych tam istot z różnych czasów i światów: „Dlaczego tak długo, zakuta pało?".

Wszystko jest możliwe, ale przecież my – ludzkość – dopiero rośniemy jako istoty rozumne i nie mamy zamiaru zbaczać z drogi.

Kontynuujemy tworzenie warunków dla urządzenia się w Wielkim Świecie.

Dla umysłu – im dalej, tym bardziej wszystko zależy nie od energoinformacyjnych muskułów i nie od czarodziejskich recept, ale od logicznego rysunku, świadomego stosowania nawyków, znajomości schematu, wyczucia chwili, stworzenia systemu, rozumienia charakteru oczekiwanego rezultatu oraz tego, gdzie go oczekiwać... Jednym słowem, zależy od umysłu.

Ogromny goryl o wielkich mięśniach podnosi mniejszy ciężar niż jeden mały Chińczyk. By wypełnić takie zadanie, człowiek nie potrzebuje niczego innego oprócz swoich mięśni, sprytu i bambusa.

Trzeci etap piątego stopnia jest właśnie takiego typu przedsięwzięciem – polega na wykorzystaniu przez umysł swoich możliwości.

Musimy jeszcze zająć się dwiema sprawami. Do ich realizacji nie będą nam potrzebne muskuły w postaci programów, wektorów czy silnych strumieni.

W celu wykorzystania ich rezultatów i rozumienia przebiegu ich pracy, będziemy potrzebować naszego umysłu i doświadczenia.

Ponieważ w zależności od stopnia zrozumienia są albo niczym, albo wielkim przywilejem. Wszystko zależy tu od zrozumienia.

Jak korzystać. Jak zbierać plony. Co z przydatnością.

Stają się przydatne w pełni dopiero po stworzeniu systemu „maska" – „nie-maska" i tym samym po stworzeniu pełnowartościowych warunków dla przeniknięcia elementów Wielkiego Świata do naszego umysłu.

Pozwólcie jednak zapytać, co to jest Wielki Świat?

To kaskady przyczynowo-skutkowych wzajemnych oddziaływań wszechświata, niezależnych od tego, czy przejawiają się w biosocjalnych aspektach, czy w tańcu słonecznego wodoru.

Z pewnością mają jakąś swoją hierarchię, ale – i tu pojawia się problem – zapomniano nam o tym powiedzieć. Niemożliwe jest ustalenie tego na podstawie naszych oddziaływań energoinformacyjnych. Oczywiście pomijam tu różnorakie brednie biosocjalnej matrycy (nawiasem mówiąc, ten sam błąd myślenia niszczy rzeczywistą nowość) na temat zielonych ludzików i innych opowieści z kosmosu.

Jesteśmy trzeźwo myślącymi, rozumnymi istotami i wiemy, że nie sposób klasyfikować energetyczne kaskady wszechświata za pomocą miary wywodzącej się z biosocjalnego analfabetyzmu.

Dla nas występują w postaci przypadku, już to wielokrotnie omawialiśmy.

Ich wpływ na to, co bierzemy za rzeczywistość, jest podobny do wpływu egregorów, energoinformacyjnych pasożytów kolektywnej świadomości przejawiających się poprzez oddzielnych ludzi, w ich skoordynowanych działaniach. Jednak ta koordynacja jest na tyle złożona, że tylko matematyka albo bardzo uważna obserwacja mogą z całą pewnością rozpoznać ten wpływ.

Tak samo przyczynowo-skutkowe kaskady wszechświata istnieją wszędzie i przenikają wszystko, ale my ich przejawianie się postrzegamy wyłącznie jako szereg przypadków.

Chciałbym zwrócić Waszą uwagę na fakt, że sens egregorialnego przejawiania – nie tendencja, ale konkretny sens dla człowieka, który nie opanował określonych technologii pozwalających przenikać do egregorialnych kanałów energoinformacyjnych, okazuje się niezrozumiały.

Jeśli pracowaliście z technikami egregorialnymi, np. z kontaktem poprzez egregorialny fokus (ognisko), wiecie, że egregorialne działanie zawsze jest nasycone jakąś subiektywną treścią, że jego działanie (tylko tam, gdzie się znajdujesz) można zrozumieć i objaśnić, choć oczywiście przetłumaczenie tego wszystkiego na ludzki język jest niemożliwe, gdyż egregor odczuwa świat inaczej niż człowiek.

Jednak nawet w przypadku egregorów należących do ludzkiego świata, niełatwo jest wyrokować na temat ostatecznego sensu ich działania, nie mówiąc już o tym, żeby je odczuć. A przecież egregory są nam znane. My, ludzie, jesteśmy ich nosicielami. Współżyją w naszym mózgu z naszym umysłem. Mają taką samą jak my biosocjalną bazę... Po prostu są nieco bardziej złożone niż my – pod tym względem, że istnieją w mnóstwie procesów równolegle przebiegających u ogromnej ilości ludzi.

A cóż dopiero mówić o wszechświatowej przypadkowości?

Wokół nas może toczyć się obdarzone subiektywnością rozumne życie różnowymiarowych aspektów, istniejąc w każdym zdarzeniu, w powolnym dryfie galaktycznych pól grawitacyjnych i przekształceniach substancji w gwiezdnych reakcjach jądrowych, we wrzeniu wirtualnych cząstek i zderzeniach komet, w wyładowaniach atmosferycznych, w wietrze i w falach oceanu – tak to najprawdopodobniej się dzieje. Jednak jest jedno małe „ale".

Bez życia w systemie znaczeń, który składa się z tych łańcuchów energoinformacyjnych, nie znajdując się na tym poziomie, nie można odtworzyć ich sensów. Jest to całkowicie jasne od samego początku. Wszechświat rozmawia z nami, a my – z nim, ale nie rozumiemy się nawzajem.

Teraz stworzyliśmy system „maska" – „nie-maska". Naszym bezprzedmiotowym i bezpośrednim zadaniem jest wzajemny stosunek z przyczynowo-skutkowym światem wokół nas.

Mamy już jedno pragnienie. Chcemy ułatwić sobie opanowanie tego nowego poziomu realności i przyśpieszyć tworzenie sytemu znaczeń umożliwiającego wymianę informacji z tymi nowymi dla nas energoinformacyjnymi kanałami.

Jednocześnie nie jesteśmy w stanie pojąć sensów tego ogromnego uporządkowanego systemu.

Co o tym myśleć?

Tu przyda się umysł, żeby zrozumieć, że w rzeczywistości żadne sensy nie istnieją.

Świat subiektywny istnieje w obiektywnej realności, a świat sensów – w rzeczywistości energoinformacyjnej, powstając na granicy systemu znaczeń.

To samo zdarzenie posiada różne sensy – dla każdego człowieka, dla grupy ludzi, dla egregora, dla wszechświata.

Jeśliby wszyscy wyżej wymienieni nagle przemówili do siebie, każdy z nich zrozumie wszystko po swojemu, wyłowi inny sens. Między nimi będą tylko słowa, ale nawet nie na takiej samej częstotliwości, na której je wypowiedziano, a na tej, na której zostaną usłyszane. Tylko część słowa. Jednak komunikacja ma miejsce.

Dlaczego? Otóż dlatego, że sensu nie tworzy mówiący system, a system rozumienia. Wszystko zachodzi w fazie rozumienia, a nie artykulacji (wypowiadania). To odzew systemu znaczeń.

To naturalne, że takie czy inne zdarzenie wszechświat zrozumie w taki sposób, w jaki może przekazać to innemu wszechświatowi. A pozostali, dopóki ich umysł nie osiągnie rozmiarów wszechświata, nie będą mieć możliwości, by to pojąć.

To samo dotyczy działania przejawiającego się dla obserwującego jako zdarzenie. Sens działania polega na trosce dążącego do jego zrozumienia. Całkowite zrozumienie jest niemożliwe. I wcale niekonieczne.

Wystarczy nam częściowa wiedza.

Wystarczy częściowe zrozumienie i adekwatne oddziaływanie z częścią całości.

Można współdziałać z częścią, nie z całością.

Ponieważ to samo zdarzenie może posiadać dla każdego inny sens.

Może służyć jednocześnie różnym umysłom, będąc ogniwem kanału energoinformacyjnego.

I będzie przekładać się to na wzajemne zrozumienie i wzajemne oddziaływanie, jeśli rzeczywiste zachowanie obiektywnie istniejącej kaskady jest odzwierciedlone w systemie znaczeń każdego z wzajemnie oddziałujących za jej pośrednictwem. Sensy – to kwestia wewnętrzna, mogą zatem być różne.

Adekwatność wzajemnego oddziaływania z częścią oznacza adekwatność wzajemnego oddziaływania z całością – reakcje całości będą wyróżniać się na tle reakcji części, jawnie na nie wpływać – i będzie to komunikacja, uznawanie nowego pochodzącego z innego systemu. Czyż nie tak właśnie rozmawiamy?

Oznacza to, że komunikacja z Wielkim Światem to wymiana uporządkowań tylko na określonym poziomie, w określonej objętości, podczas swobodnego pojmowania, uświadamiania sobie wzajemnego oddziaływania z każdej strony i stopniowe poszerzenie objętości poznania.

To daje nam wolną rękę i umożliwia spokojne rozpoczęcie przebudowy wzajemnych relacji z Wielkim Światem jego części – przy czym rzecz jasna nie o część geometryczną chodzi, tylko o logiczną.

Jeśli w tej objętości wzajemne oddziaływanie będzie adekwatne, będziemy mogli je stopniowo rozprzestrzeniać na wielką objętość.

Mamy zatem szansę na spełnienie naszego pragnienia.

Pozostaje jeszcze zdecydować, jak określić tę część, według jakich zasad to zrobić.

To też nie będzie niczym trudnym – naszym oparciem może być tylko własny system znaczeń. Nic innego.

W celu bardziej produktywnego tworzenia energoinformacyjnego współdziałania z Wielkim Światem musimy zrobić dwie rzeczy: ułatwić nastrojenie swojego systemu znaczeń na jego rytmy i zacząć rozprzestrzenianie swojego wpływu na zewnętrzne kanały energoinformacyjne, nadając swoje rytmy.

W rezultacie powstanie ogólna strefa energoinformacyjna, warstwa adaptacji między nami i Wielkim Światem, rozszerzenie umysłu na jego objętość.

Mowa o wprowadzeniu w życie metody metaforycznego myślenia i o stworzeniu Światowych Prądów.

W istocie mowa o początku wspólnego tańca – tańca między naszym Umysłem a całym wszechświatem.

I raz, i dwa, i trzy...

Raz, dwa, trzy...

Myślenie metaforyczne, rytm zdarzeń

Zadziwiający jest fakt, jak fantastyczne rezultaty może przynieść zastosowanie wielu prostych metod przez dobrze przygotowany umysł.

A może jednak nie jest to takie dziwne? Przecież dla jednych zachlapana farbami kartka jest arcydziełem, a dla innych to bohomaz.

Metaforyczne, czyli „magiczne" myślenie jest jedną z takich technik.

Nie będzie przydatna, jeśli człowiek stosuje ją bez należytego zrozumienia i przygotowania; wtedy budzi nieuzasadnione fantazje, ma posmak lekkiego szaleństwa i czasem nawet może być szkodliwa.

Jeżeli natomiast korzystać z niej rozsądnie i sensownie, stanie się nieocenionym narzędziem nastrojenia, będzie poszerzać objętość wzajemnego oddziaływania człowieka ze światem i otworzy różnorodne możliwości działań.

Mowa o jednym z fundamentalnych sposobów poznania właściwego dla naszej świadomości, a wynikającego z jej natury, od momentu pojawienia się.

Świadomość zwykle wykorzystuje ten sposób poznania pod informacyjnym wpływem wewnętrznego systemu znaczeń. Naturalnie, znaczeń biosocjalnych.

Potem otrzymana informacja umieszczana jest w tym samym systemie znaczeń, ze wszystkimi już rozpatrzonymi przez nas defektami obróbki.

A my pójdziemy inną drogą – przyłączymy do danych wewnętrznego systemu znaczeń cząstkę danych zewnętrznych, zewnętrznej przypadkowości, tj. energoinformacyjnej struktury Wielkiego Świata.

Następnie sprawimy, by ta informacja zgromadziła się w „nie-masce".

I zobaczymy, jak to działa, jak pracuje.

Przecież działamy na rzecz zgłębienia przez umysł energoinformacyjnych kanałów Wielkiego Świata, które mogą być środkiem rozprzestrzenienia umysłu na zewnątrz. Dla nas wprowadzenie do informacyjnych przyczyn działania elementu świata zewnętrznego, nieobjętego jeszcze naszym systemem znaczeń, ale przyłączonego z jego udziałem, jest równoznaczne z włączeniem tego elementu do systemu znaczeń. Z włączeniem jako warunkiem tworzącym w systemie znaczeń wakaty do przyłączenia nowych elementów Wielkiego Świata.

A to oznacza rozszerzenie umysłu za granice biosocjalne.

Stopniowo będzie mógł się na tym oprzeć.

Ten mały niuans – włączenie elementu świata zewnętrznego, elementu będącego podstawą, fundamentem w pracy myślenia, zmienia wszystko.

A sposób działania jest całkiem prosty, każdy z niego korzysta.

Prawdę mówiąc, jeśli się zastanowić, schemat ten w naturze jest nieco poniżający dla „człowieka rozumnego", ponieważ ten podstawowy sposób otrzymania nowej informacji o świecie całkowicie, absolutnie, w ogóle nie odnosi się do umysłu.

Zilustruję to prostym przykładem: stoicie koło dworca w nieznanym mieście.

Wydaje się, że wokół wszystko wymarło. Nie ma drogowskazów, żadnych znaków informacyjnych. Takie miasto. Ale wy musicie pojąć, gdzie jest przystanek.

Można pójść w lewo albo w prawo.

Niestety, punktu informacji turystycznej też nie ma. Nawet asfalt pozostaje gładki i czysty, brak na nim jakichkolwiek śladów.

Jak określamy, co robić w przypadku braku informacji?

Odpowiedź brzmi: nijak.

Tu rozumna istota niby powinna w idealnej sytuacji, w której nie ma miejsca na żadne poprawki, „zawisnąć" - ani w lewo, ani w prawo.

Jednak my dokądś idziemy, trzeba dokonać wyboru po prostu na podstawie jakiegoś wewnętrznego fantazyjnego, wymyślonego elementu. Coś w rodzaju - na prawo poszedłem w poprzednim mieście, teraz pójdę na lewo. Albo - zaswędziała lewa noga.

Innymi słowy, stawiamy hipotezę o nieznanym (!) na podstawie... żadnej, na niczym nie opartej.

Mylimy się z prawdopodobieństwem 50 na 50. Jednak w rzeczywistości jakie to mądre działanie, chociaż niezaplanowane przez rozum!

Jest przydatne dla człowieka, jest przydatne także dla chomiczka.

Dokądkolwiek byś poszedł, otrzymasz informację.

„Po lewej nie ma przystanku" - świetnie, cała cząstka świata stała się zrozumiała!

„Z prawej strony jest przystanek" – jeszcze lepiej, nie tylko jest informacja, ale także nagroda!

Jednak tak naprawdę ten sposób odnieść można do metodologii badania środowiska, ale nie do rozumnej działalności.

Dlatego jest tak uniwersalny, pasuje zarówno Einsteinowi, jak i krewetce.

Sposób ten nieco gwałtownie w stosunku do umysłu, nieoczekiwanie dla niego, pomaga stworzyć wzajemną relację otaczającego świata i systemu znaczeń, na którego logicznej podstawie powstało pragnienie i został wybrany sposób jego realizacji.

Co się stanie, jeśli dodamy do tego łańcucha jeden jedyny element otaczającego świata, wiążąc go z systemem znaczeń w taki sposób, żeby ta zależność była odczuwalna jako potencjalny kanał dla przebudowy związku?

Czy oprzemy się na zdarzeniach Wielkiego Świata, na przypadkowości?

Jeśli wziąć pod uwagę, że mamy „nie-maskę" zbierającą informacje?

Żeby wszystko było jasne, podam przykład. Rzucamy monetę. Nawiasem mówiąc, to zupełnie zwyczajna czynność, tylko nie wiedzieć czemu, nie ma zastosowania przy rozstrzyganiu ważnych kwestii obmyślania problemów i układania planów. Uwaga: nie wolno tego mylić z metodą odbudowy emocjonalnego znaczenia, nie wolno tego poplątać. Wspólna jest tylko moneta. Co przy tym czujemy czy myślimy, to już zupełnie inna sprawa, metoda jest zupełnie inna.

Orzeł – w lewo, reszka – w prawo.

Możemy także orientować się według przelotu ptaków, szczekania psów albo kropli deszczu spadającej z dachu. To bez różnicy. Im bardziej przypadkowo (poprawka, przypadki nie istnieją, ale podstawy tego wyboru są jednym z naszych celów), tym lepiej.

Co wtedy otrzymamy?

Po pierwsze, traficie za pierwszym razem... dokładnie z takim samym prawdopodobieństwem jak poprzednio. Nawiasem mówiąc, to prawdopodobieństwo może być nawet mniejsze, ponieważ umysł tak jest urządzony, że mieści w sobie gromadę subjaźni skonfliktowanych ze sobą. Jeśli taka subjaźń zna już odpowiedź, może łatwo wykoślawić, wykrzywić wasze zamierzenia – w fazie planowania. To jednak na razie nie ma znaczenia.

Rzuciliśmy monetą nie po to, by uzyskać odpowiedź na pytanie – cóż moneta może wiedzieć o świecie. Podrzuciliśmy monetę, bo pracujemy z sobą.

A co będzie się dziać z systemem znaczeń i „nie-maską"?

Zatem nasza psychika ma pytanie, ale nie zna na nie odpowiedzi.

Postanowiliśmy (całkowicie obca konstrukcja pod względem logiki, niepochodząca z gałęzi znaczeń zadającej pytanie), że reszka oznacza pójście w lewo. A właśnie w lewo, dzięki zwykłemu w takich sytuacjach procesowi, psychika chciała pójść.

To oznacza, że system znaczeń jest zmuszony podejrzewać możliwość istnienia związku między swoimi oczekiwaniami a monetą.

Jednak wypada orzeł.

Och, świat zewnętrzny zachowuje się inaczej!

Związek zmienia się w zdarzenie. Jest to jakieś doświadczenie.

Ze ściśniętym sercem idziecie w prawo (w rzeczywistości nic nie tracicie, nie przegrywacie, mimo wszystko – informacji nie ma) i – tam nic nie ma!

Związek pozostał, ale był oznaczony nie jako nieistniejący, ale nieprawidłowy. W tym konkretnym przypadku.

Teraz podsumujmy korzyści.

Bez monety zyskaliśmy tylko informację, że po lewej stronie nic nie ma.

Stosując rzut monetą, zyskaliśmy nie tylko to, że po lewej stronie nic nie ma, ale jeszcze informację, że związek z naszą przypadkowością miał miejsce (moneta została rzucona, zatem było działanie), ale w danym przypadku okazał się nieważny, nierzeczywisty.

To znaczy, że przypadkowość – szum świata – może mieć znaczenie przy odpowiedzi na pytanie.

Następnym razem świadomość przyjrzy się temu uważniej...

Zyskaliśmy wspaniałą rzecz!

Umysł zaczął próbować włączać przypadkowość do informacji w celu orientowania się.

Przeżywając przypadkowość jako część systemu znaczeń.

Czy to nie jest czasem zewnętrzny kanał energoinformacyjny?

Czy całkiem niedawno nie dołączyliśmy go do naszego systemu znaczeń?

A jeśli moneta upadła tak, jak chcieliśmy, to wspaniale. Związek – a on jest nie mniej logiczny niż wszystko inne w naszym systemie znaczeń zbudowanym na zbieganiu się zdarzeń i utrwaleniu powtórek – jest! Pozostaje obserwacja tego, jak ten związek pracuje...

Element Wielkiego Świata wgrał się do systemu znaczeń. Teraz kwestią czasu pozostaje korekta tego wgrania.

Jednak to jeszcze nie wszystko, przecież istnieje „nie-maska"!

W jaki sposób będzie działać?

Nasza słabo zbadana część psychiki – ta, w której mieszka „nie-maska", ma jedną zadziwiającą właściwość.

Nie posiada uwagi, odbija świat takim, jaki jest. Odbija go dokładnie, bardzo szczegółowo. O takiej precyzji odzwierciedlania uwaga może tylko pomarzyć.

Jeśli stworzyliście związek między systemem znaczeń a przypadkowością, to w polu widzenia „nie-maski" pojawią się wszelkie okoliczności otaczające ten związek. W to pole widzenia trafia WSZYSTKO: jak podrzucono monetę, którą ręką, jaka była wtedy pogoda, dlaczego wybrano monetę, a nie krople, co doprowadziło do potrzeby takiego wyboru, jakie były okoliczności pola, dokładne wyliczenie niejasnych przeczuć, dźwięki, intuicja. WSZYSTKO...

Wszystko jest gromadzone, wyciągane są wnioski, następuje ich usystematyzowanie i zbliżenie do świadomości i systemu znaczeń.

Jeden przypadkowy logiczny związek przynosi ogromną ilość informacji. Zaczyna przestrajać się system orientacji.

Jeśli tam znajduje się choćby maleńki związek z czymś z grona wszystkich tych przypadkowości, będzie wykryty i wgrany do systemu znaczeń. Może być tak, że logiczny związek nie jest jeszcze ustanowiony, że istnieje na poziomie przypadków, np. z jakiegoś powodu świadomość nie zauważyła, że nieznacznie podwyższył się poziom sygnału płynącego od skóry małego palca nogi albo sąsiad zaczyna grzmieć... nieważne. Każdy szablon Wielkiego Świata wzajemnie oddziałujący z Waszym systemem znaczenia będzie Waszym osiągnięciem i stanie się częścią Waszej istoty.

Po jednym razie, rzecz jasna, system znaczeń nie będzie uformowany. Ale już po kilku razach, w miarę zdobywania doświadczenia – o, to zupełnie inna sprawa.

Po kilku razach moneta nagle zaczyna z jakiegoś powodu uchylać zasłonę, nieważne, czy to sytuacja z działaniem, czy analiza sytuacji.

To na pozór stosunkowo głupie zgadywanie sytuacji zaczyna być niczym dokładne magiczne narzędzie pozwalające nagle spojrzeć na problem lub zadanie z perspektywy o kolosalnej skali, podjąć decyzję opartą na najsubtelniejszym i najbardziej efektywnym intuicyjnym objawieniu, nie dzięki wyroczni – przecież system nic nie mówi, ale dzięki jakiemuś czarodziejskiemu kluczykowi.

Poczekałeś i wiesz sto razy więcej niż wcześniej.

Jednak dzieje się tak tylko pod warunkiem dokonania korekty i dokładności zastosowania.

Za pomocą metaforycznego myślenia można znacznie poszerzyć wzrost drzewa znaczeń i wprowadzić do struktury kanałów energoinformacyjnych umysłu całe obszary zewnętrznego świata. Powiększyć je.

Można sprawić, że świat nie tylko będzie wydawał się czarodziejski, ale po prostu będzie czarodziejski i efektywny w najwyższym stopniu.

Metoda sama w sobie jest niezwykle prosta, a jej rezultaty zależą od przestrzegania precyzji, finezji zastosowania.

Jedna z takich finezji użycia polega na tym, że nie należy w nieskończoność trzymać się wskazań monety, jeśli ją wykorzystujecie.

Początkowo, oczywiście, wskazania te będą niezbędne do budowania związków i narastania znaczeń w „nie-masce".

Pamiętajcie jednak, że „nie-maska" utrwala bardzo wiele danych. Nie ma takiej potrzeby, by zmuszać ją i stwarzać w systemie znaczeń metodę podrzucania monety właściwą stroną w taki sposób, by pokazała prawidłową decyzję. Prościej będzie dla niej podpowiedzieć znaczenie oparte na sygnale monety podrzuconej lub nawet już leżącej.

Dlatego cała finezja polega na tym, że potem, gdy już popróbowaliście kilkakrotnie (dla każdego ilość prób jest indywidualna, ponieważ zależy od czułości „nie-maski" itd.) postępować według wskazań monety, planujecie, co będzie czym, gdy moneta już upadnie. Na co można się orientować? W chwili upadku monety będziecie mieć po prostu wyraźny obraz sytuacji, pojawi się wyraźna wiedza na ten temat. Wtedy spróbujcie dotknąć tej przypadkowości bez planowania, bez zamierzania.

Ponieważ tak naprawdę to nie jest sposób wykorzystania wskazań monet.

Tym sposobem jest myślenie.

Czarodziejskie myślenie.

Właściwie metoda jest na tyle prosta, że nie trzeba jej rozpisywać na kroki. Inaczej sprawa wygląda z dostrojeniem się do przypadkowości Wielkiego Świata za pomocą metody i sprawdzianu rezultatów.

Krok 6.

Sprawdzanie dostrojenia do przypadkowości Wielkiego Świata za pomocą metaforycznego myślenia

Spróbujcie odnaleźć jakąś sytuację, w której można zgadywać i sprawdzić, jak w grze: „Zgaduj-zgadula, w której ręce złota kula". Świetnie nada się do tego skrzyżowanie ulic – dokąd pójdą kolejni ludzie: w lewo czy w prawo?

Tylko nie wyczuwajmy ich zamiarów (trzeci stopień). W końcu podczas wyboru strategii rozwoju firmy myślenie metaforyczne może być przydatne, ponieważ nie będzie możliwości wyczuwania myśli, poza tym nie czas na trening trzeciego stopnia.

Wiecie, co robić – patrzycie na człowieka, decydujecie (decydujecie za każdym razem, ale nie we wszystkich sytuacjach „orzeł" powinien oznaczać „w lewo") w kwestii strony i znaczenia monety, rzucacie, patrzycie. Oczywiście obserwujecie częstotliwość występowania zgodności.

Gdy zaczyna pojawiać się niepewne odczucie, że oto jakby pojawił się jakiś system w odczuciach i zgodnościach, przenosicie moment zgadywania bliżej chwili upadku monety.

Będziecie świadkami cudu!

Moneta zachowa się tak, jakby się czegoś nauczyła – coraz częściej zaczyna podpowiadać prawidłową odpowiedź...

Chociaż w rzeczywistości to nie moneta nauczyła się tego, tylko – Wy.

Gratuluję!

Rzecz jasna nie po to istnieje metoda z monetą, żeby bawić się w zgaduj-zgadulę. Choć początkowo faktycznie tak może być.

Wspomniana metoda jest po to, by zacząć tak MYŚLEĆ. Spróbujcie obmyślić, uwzględniając sposób z monetą, jakieś złożone życiowe zadanie z wieloma niewiadomymi, jego łańcuchy, części składowe, detale i przyczyny.

Obiecuję – będziecie zdumieni, jak bardzo wciągnie Was to zadanie, jak okaże się pasjonujące. Wgląd we wszystko, przegląd spraw pogłębi się dziesięciokrotnie. Problem stanie się tylko malutkim supełkiem między ogromnymi strukturami określającymi jego rozwój. Okaże się, że ten supełek, przy uwzględnieniu wszystkich niewiadomych, posiada bardzo ograniczoną ilość decyzji zupełnie niezależących od tego, od czego, wydawałoby się, zależą.

Nawiasem mówiąc, metoda jest zabawna. Gdy np. ktoś zada Wam głupie pytanie na temat przyszłości, odpowiecie, patrząc na lecące ptaki, że jeśli skręcą w lewo, to będzie tak i tak. W razie niespełnienia się Waszych słów zawsze możecie powiedzieć, że tylko skończony głupiec uwierzy ptakom. Jeśli natomiast wszystko się spełni, będziecie chodzić w nimbie sławy proroka...

A najważniejsze, że będziecie się mylić coraz rzadziej i rzadziej.

Rzecz jasna możecie spotkać opór subjednostki mającej całkowicie przeciwne motywy, która „próbuje" wodzić za nos dominującą świadomość. Można się do niej dokopać z pomocą psychologa lub po prostu usunąć dzięki metodom opisanym w książce „Terapia istinnoj karmy" („Terapia prawdziwej karmy", przyp. tłum.). Ale właściwie nie trzeba się tym przejmować, ponieważ trudności mają charakter przejściowy, a moneta i „nie-maska" zmienią wszystko na Waszą korzyść. Przyzwyczaicie się do myślenia w oparciu o Wielki Świat, o dowolne jego elementy, a on się odwdzięczy, poszerzając Wasz system znaczeń i pozwalając na to, by Wasze przeżycia wyszły daleko za granice biosocjalnego świata.

To inny sposób życia i poznania, wiernie służący wprawnemu umysłowi.

Umożliwia gromadzenie przypadkowości i wyjście poza granice swoich uzależnień.

Sprawia, że człowiek staje się mądrzejszy.

Jednakże słaby człowiek może wpaść w pewną pułapkę psychologiczną, której trzeba uniknąć za wszelką cenę.

Nie wolno stać się „kapłanem monety".

Chodzi o to, że przecież można myśleć o swoich sprawach i zwracać uwagę na to, co dzieje się wokół, rozpatrując obserwowane zdarzenia jako komentarze do własnych myśli. Takie podejście wykorzystywane jest w psychologii, to coś w rodzaju plam Rorschacha umożliwiających odkrycie nieprzypadkowych asocjacji pacjenta.

Co się stanie, jeśli uwierzycie?

Świat i prawda odpowiedzą na Wasze myśli?

Bóg zza węgła wypuszcza ptaki, czart podsuwa czarnego kota, kosmici ciskają meteory, dlatego że Onufry zastygł między piekarnią a pralnią...

Niesamowity, straszny obrazek, prawda?

Gdy człowiek rozmawia z Bogiem – to modlitwa, ale gdy Bóg rozmawia z człowiekiem – to schizofrenia.

Człowiek egzaltowany, z chorobliwie niską samooceną, cierpiący z tego powodu, tak chce wierzyć w to, że Bóg mu sprzyja, a diabeł szkodzi (a to wykorzystuje religia), że niewidzialne siły pomagają...

Zaczyna tłumaczyć znaki, objaśniać, dlaczego jest tak, a nie inaczej...

Jeśli nie jest dręczony przez rozwijającą się chorobę psychiczną, to oczywiście nie zwariuje (ponieważ z powodu myśli się nie wariuje), ale bardzo pobłądzi we własnych myślach, we własnej głowie.

Nie lepiej przedstawia się wariant, gdy człowiek jest szczerze przekonany o tym, że w taki sposób zwraca się do „głębin własnej podświadomości"... która bez „nie-maski" plecie mu niedorzeczne bajki.

Jeśli doczytaliście do tego fragmentu, mam podstawę przypuszczać, że zachowujecie się adekwatnie i nie stworzycie wokół siebie takiej sieci kłamstw.

Mówię to na wszelki wypadek – monetą nie kierują żadne wyższe treści, i nie trzeba z nią rozmawiać.

Ta metoda nie jest w stanie przestroić osobistych relacji poprzez mechanikę jej działania. Gwiazdy i ich konstelacje nie mają tu nic do rzeczy.

Tu działacie Wy, Wasza wrażliwość, która za pomocą „nie-maski" jest zwiększona w wyniku rozszerzenia systemu znaczeń o elementy Wielkiego Świata. Jakaś część światowej przypadkowości włączona do systemu znaczeń, mimo biosocjalnego pozwolenia, jest wspólna dla Was i dla świata i poprzez tę wspólną płaszczyznę dociera do Was głos Wielkiego Świata.

Nie odnoście się poważnie do monety ani do tego, co będziecie w podobnym charakterze wykorzystywać.

To zabawa, uciecha, radość, w czasie której wzrasta Wasza jedność ze światem.

A całe czarodziejstwo wypływa z Was, tylko z Was, ponieważ słyszycie świat.

Życzę sukcesów!

Nawyk myślenia metaforycznego w połączeniu z „nie-maską" umożliwia systemowi znaczeń człowieka wykonanie logicznego skoku i przyswajanie elementów energoinformacyjnych kanałów Wielkiego Świata.

Światowe Prądy, muzyka zdarzeń

Teraz nadszedł czas rozmowy na najbardziej interesujący temat – oczywiście temat okaże się najbardziej interesujący dla tych, którzy go rozumieją.

Urok całej sytuacji polega na tym, że dzięki skupieniu w jednej wspólnej warstwie zdarzeniowej komunikacja między dwoma rysunkami energoinformacyjnymi, tj. między Wami i Wielkim Światem, jest obustronna.

Jesteśmy w stanie nie tylko wprowadzić niebiosocjalne elementy Wielkiego Świata do swojego systemu znaczeń, ale także możemy na nie wpływać, nałożywszy odbicie własnego systemu znaczeń na rysunek tańca światowej przypadkowości.

Oczywiście to nie komunikacja – nikt tam z góry nie krzyknie, że nasz gorszący obraz myśli ostatnimi czasy całkowicie dosięgnął żyjących w gwiazdozbiorze Koziorożca... a oni nas na pewno nie dostaną.

To właśnie wzajemna komunikacja, wzajemne oddziaływanie, w których większego znaczenia nie ma sens wkładany przez strony w pismo, ale samo pismo jako zdarzenie, materialny przedmiot.

Ale idzie ku lepszemu.

Ponieważ sensy na podstawie zdarzeń może odtworzyć tylko analogiczny system będący adekwatnym kluczem do tej informacji. Podobnie rzecz miała się z orkami.

Różne systemy nie mają o czym ze sobą rozmawiać, nie niosą z sobą analogicznych treści. Tego, co jest ważne dla jednego systemu, nie sposób wyjaśnić drugiemu. Inna sprawa – zdarzenia, na które wpływają oba systemy. Wspólny interfejs.

Przykład z listem – oto koperta wpadła do skrzynki pocztowej – obrazek dostępny dla każdego, kto zechce poobserwować. Ktoś skojarzy list z rachunkiem za prąd elektryczny, ktoś inny stwierdzi, że list jest dowodem pamięci o adresacie, a jeszcze inny połączy kopertę ze sprawiedliwą karą dla kogoś niewyłączającego światła. Być może wszystkie trzy sposoby rozumienia tego faktu – list w skrzynce – są tylko nierozumnymi marzeniami, nieprawidłowym rozumieniem, a w rzeczywistości to w taki sposób mafia sprawdza, czy w mieszkaniu jest lokator.

Poprzez zdarzenie możliwe jest wzajemne oddziaływanie najróżniejszych systemów znaczeniowych.

To bardzo ważna sprawa, należy ją rozumieć.

Na różnych odcinkach jednego łańcucha przyczynowo-skutkowego są obecne zupełnie różne znaczenia i sensy, wnoszone przez systemy, które oddziałują z tym łańcuchem. Mogą nawet się rozgałęziać.

Nawiasem mówiąc, jest to naturalne, przecież znaczenie – to odbicie zdarzenia w systemie znaczeń. Ile systemów znaczeń, tyle znaczeń zdarzeń.

Jednak w wyniku tego zdarzenie nie przestaje nieść funkcji komunikacyjnej. Nie przejawia się ona w biosocjalnym sensie (do którego przywykliśmy), ale w szerszym, energoinformacyjnym.

Podam przykład. Na niebie zaświeciła supernowa i była widoczna z Ziemi.

Dlaczego gwiazda wybuchła? Ponieważ zmienił się w niej typ reakcji jądrowych. Tylko dlatego.

Ale zmiana typu reakcji jądrowych przygotowana została przez obrzydliwych kosmitów – terminatorów pragnących zachwiać mocą nie tak zupełnie bezgrzesznej cywilizacji nibenimegów.

Fala radiacji wdarła się w lodowaty kosmos, zmieniając w rozpalone węgle planety układu gwiezdnego i całkowicie sterylizując cały ten oddalony zakątek kosmosu.

Po kilku tysiącach lat światło wybuchu supernowej dotarło do Ziemi.

W Chinach skojarzono to z pomyślnym znakiem – wesele cesarza może się odbyć. Pewne plemię zobaczyło w tym znaku niejasną przyszłość i na wszelki wypadek wyrżnęło całą sąsiednią wioskę. Rzymski patrycjusz, zachwycając się światłem, przehulał całą noc. Wtedy też, dzięki zakochanym na całej planecie, za dziewięć miesięcy nastąpi znaczny przyrost naturalny. Pastuch poszukujący nocą kozy zaginionej wśród wzgórz, zobaczywszy czerwony znak na niebie, splunął i zawrócił.

Astrolodzy pracowali bez ustanku. Gwiazda ta legła u podstaw pewnej religii, która dojrzała i stała się bardzo, bardzo dobrą religią.

Oto tylko jeden łańcuch przyczynowo-skutkowy. Wojna – wybuch – śmierć planet i ból tego, co żyje – religia (i wiele innych pozostałych rzeczy; na Ziemi zawsze z okazji pojawienia się komety przyjęto ogłaszać koniec świata i spuszczać na kogoś gromy. Tradycja Aborygenów).

Na razie nie jest to pole komunikacyjne. Stanie się takim, jeśli chociaż na jeden element łańcucha będą wpływać dwa systemy. Kontynuujmy teraz nasz eksperyment myślowy.

Oto bardzo, bardzo dobrej religii nie lubi bardzo, bardzo zła sekta.

Sekta, świetnie rozumiejąc rolę mitologii w powstaniu religii, postanowiła posłać kosmicznego temporalnego szahida, żeby przeniósł się w czasie i nie dopuścił do wybuchu gwiazdy, likwidując w zarodku przyczyny wybuchu.

Szahid wrzucił do wnętrza gwiazdy neutronowy stabilizator, ale wtedy pojawili się kosmiczni terminatorzy, by go stamtąd wydobyć, a posłańcowi złej sekty na wszelkie sposoby zaczęli przemawiać do sumienia.

Z pomocą przyszli im kapłani bardzo, bardzo dobrej religii, terminatorzy dostali też wsparcie od swoich kolegów. Oj, co tam się działo...

Oto teraz sama gwiazda stała się polem komunikacyjnym i sensy stopniowo zaczęły stawać się wspólne.

Gwiazda, jej zachowanie wzbudziły zachowanie kilku systemów i podsystemów energoinformacyjnych.

Te systemy i podsystemy, za pomocą gwiazdy, zaczęły odczuwać wzajemnie swoje istnienie.

W rezultacie wzajemnie oddziałujące strony wsłuchiwały się w głos umysłu i innym sposobem wysadziły w powietrze potęgę nibenimegów – podsunęły im mianowicie bardzo, bardzo dobrą religię.

Wszyscy byli zadowoleni oprócz nibenimegów, którzy nawet nie uczestniczyli w tym wzajemnym oddziaływaniu – to ich nie interesowało.

Oderwijmy się teraz od naszego żartobliwego przykładu.

Chciałem pokazać, że sensy, znaczenia – to rzeczy nieistniejące w obiektywnej rzeczywistości, że służą tylko jako pomocnicze zmienne dla logicznej koordynacji oddziaływania elementów systemu znaczeń wewnątrz każdego z nich.

Niemniej są one podstawą wewnętrznego życia naszego umysłu zamieszkałego po energoinformacyjnej stronie świata. Świat nie tylko istnieje, ale także się wydaje.

Prawdziwa komunikacja, wzajemne oddziaływanie systemów zachodzi tylko za pomocą tego czy innego przedmiotu, kilku lub wielu przedmiotów – należących do świata obiektywnego, gdy zaczynają one zależeć jednocześnie od przejawu zarówno jednego energoinformacyjnego systemu, jak i drugiego.

To właśnie jest kontakt dwóch energoinformacyjnych systemów.

Nawet wtedy gdy są do siebie niepodobne i na razie nie są w stanie nawzajem się zrozumieć.

Jeśli jeden system wpływa na zdarzenia, to powoduje reakcję drugiego.

Wtrącenie się drugiego powoduje reakcję pierwszego.

Zachodzi proces, w trakcie którego systemy odbijają się w sobie nawzajem i wzajemnie odzwierciedlają się w systemach znaczeń.

Przenikają się wzajemnie.

Człowiek żyje w Wielkim Świecie, w jego biosocjalnej części.

Rzecz jasna Wielki Świat przenika także biosocjalny segment.

W końcu każdy obserwowany przez nas obiekt, włącznie z uporządkowaniem naszego umysłu i naszego ciała, jest ogniwem w łańcuchu przyczynowo-skutkowym łączącym niewyobrażalne głębie czasu i kosmosu.

Oto przed wami leży moneta.

Metal, z którego jest zrobiona, powstał miliardy lat temu podczas wybuchu supernowej.

Większa część protonów wchodząca w skład jądra jego atomów powstała na samym początku formowania się wszechświata. Jeśli ułożyć wszystkie te protony jeden obok drugiego na kilometrowym odcinku, to przeciągną się z jednego krańca kosmosu na drugi.

Po upływie jakichś pięciu–ośmiu miliardów lat część z nich znajdzie się na drugim końcu kosmosu i być może stanie się częścią składową innych elementów.

Przy czym nie tam, gdzie mogłaby się znaleźć, gdybym nie zwrócił Waszej uwagi na tę monetę.

Teraz niechybnie położycie ją nie tak, jak trzeba i te atomy nie wpadną do czarnej dziury znajdującej się naprzeciwko, ale do mgławicy po lewej stronie.

Ponieważ ta moneta zamiast przetopić, zgubi się np. na drodze; będzie leżeć, skamienieje, podczas wybuchu Układu Słonecznego ta strona spalonej kamiennej kuli planety będzie zwrócona nie tam, nie w tę stronę; potem pochwyci ją inna gwiazda, rozetrze w asteroidy; asteroida zostanie wyrzucona w przestrzeń międzygwiezdną...

Myślę, że już wystarczy, główna myśl jest jasna.

Wszyscy jesteśmy częścią nieskończonych, według miary naszego wszechświata, łańcuchów przyczynowo-skutkowych i nasz umysł też jest częścią gry między nimi, a jego wpływ rozpościera się nieskończenie, jak z nieskończenie dalekiej przeszłości przychodzą wszystkie najdrobniejsze przyczyny naszego ruchu.

Ten taniec, ta gra trwają nieskończenie.

Gorzej wyglądają sprawy odnoszące się do systemów znaczeń i horyzontu zdarzeń.

Łańcuchy przyczynowo-skutkowe tworzą biosocjalne otoczenie i przenikają je.

Jednak przytłaczająca część zdarzeń Wielkiego Świata dla biosocjalnego systemu znaczeń jest nieznacząca i w żaden sposób nie odbija się na jego systemie znaczeń.

Światowe Prądy, jak strumienie słonecznych neutrin, swobodnie i bez przeszkód krążą przez biosocjalną realność między źródłami swojej przyczyny.

To samo dzieje się z nami – nie posiadając odpowiedniego systemu znaczeń, dla Światowych Prądów jesteśmy przezroczyści pod względem energoinformacyjnym.

Przecież nasz system znaczeń stanowi tylko znikomą część biosocjalnego systemu znaczeń i w ogóle jest tylko znikającą częścią systemu znaczeń Wielkiego Świata.

A dla tego gigantycznego systemu te aspekty, które są znaczące dla biosocjalnej warstwy realności, też nie mają żadnego znaczenia. To tak, jak z metalem naszej monety – cóż z tego, że poleci w inną stronę?

Jak już świetnie rozumiecie, wszystko leży w systemie znaczeń.

Jest on receptorem myślenia.

Brak wzajemnego oddziaływania z receptorem przekłada się na brak współdziałania systemów.

To niczym dźwięk dla głuchego... Chociaż nie, dźwięk w pewnym stopniu, szczególnie niezwykle głośny, jest przez niego wyczuwalny, czasem nawet może go przyprawić o kontuzję... to muzyki głuchy nie jest w stanie usłyszeć.

W biosocjalnym świecie system znaczeń określony jest tylko przez jego istotę.

Dla nas dostępna jest tylko część tego systemu, ponieważ niemożliwością jest wchłonięcie w siebie wszystkiego, co zachodzi w warstwie egregorialnej.

Postrzegamy Wielki Świat poprzez bisocjalny system znaczeń.

Dlatego pasuje nam jak jeżowi rower.

Oho! Ważne przejęzyczenie – nie postrzegamy, a postrzegaliśmy.

Dlatego jest dla nas ważny, to perspektywiczne miejsce zamieszkania.

Z którym już ustanowiliśmy kontakt, zapoczątkowaliśmy przestrojenie swojego systemu znaczeń i stopniowo nastrajamy się na niego.

Rozszerzamy i nastrajamy swój system znaczeń na Wielki Świat, który staje się nam bliski, wchodzimy w niego i dotykamy coraz bardziej zadziwiających, znajdujących się w nim cudów.

Chodzi o wspólną płaszczyznę komunikacyjną, żeby zapewnić horyzont wspólnej zdarzeniowości i mieć możliwość wyboru kierunku działań.

Warstwa biosocjalna dla tych celów będzie nieprzydatna, w żaden sposób nam nie pomoże. Na każdą przypadkowość ma dwie przeciwne przypadkowości – przecież woda powinna płynąć rurami, a nie przypadkowo docierać do użytkownika. Warstwa ta jest niczym soczewka zniekształcająca wszystkie znaczące dla siebie przypadkowości w taki sposób, by powstał z nich rysunek określony przez biosocjalne przyczyny.

Nie może ona włączyć związków Wielkiego Świata do swojego systemu znaczeń, związki te jej nie dotyczą, wciąż wraca sama do siebie.

Pomóc nam może nieco myślenie metaforyczne. Już zmienia nasz system znaczeń i zaczynamy rozumieć coraz więcej zależności, na pozór niezwiązanych ze sobą.

Jednak to za mało.

Najlepiej pomogłaby nam warstwa, z jednej strony – będąca częścią świata i składająca się z ruchu jego elementów odkrytych przez Światowe Prądy, a z drugiej – powtarzająca nasz system znaczeń.

Wtedy będzie się zmieniała pod względem gatunkowym – pod wpływem realności oraz będzie się odbijała w naszym systemie znaczeń.

Wtedy nastąpi kontakt systemów.

Co nam to da?

Wszystko, o czym tak długo rozmawialiśmy.

Najważniejsze – dzięki temu nasz umysł rozprzestrzeni się na Wielki Świat.

Umożliwi mu istnienie w jego energoinformacyjnych kanałach.

To już i tak miało miejsce, ale za pomocą Światowych Prądów możemy pogłębić i przyśpieszyć ten proces.

To daje nam możliwość rozwijania gałęzi znaczenia tam, w tych przestrzeniach.

Sprawi, że staniemy się pełnowartościowymi mieszkańcami Wielkiego Świata.

To także inne możliwości.

Jakie?

Każde. Dowolne.

Nie ma sensu rozpisywać się o nich. Przecież każdy ma inne dążenia, inne drogi. Jakie dążenia – takie możliwości.

Dopóki jesteś kotem, chcesz surowej ryby. Gdy staniesz się człowiekiem, zmienisz tę rybę na coś nowego.

Zawsze znajdzie się coś nowego, coś, co niesie wzruszenie, radość, światło i miłość, jakakolwiek by była na tym poziomie realności, radość dokonań i spełnień jest wszędzie, jeden z dwóch wariantów dla każdego procesu niesie radość.

Radość płynąca z wszechświata jest nieskończona dla tych, którzy potrafią sprawić, by ich środowiskiem zamieszkania stał się Wielki Świat, a to umożliwia niekończące się, nieograniczone zmiany i nieograniczone, niekończące się poznawanie.

Najważniejsze – to czas i możliwości. Bez ograniczeń – czas i możliwości.

Byliście w prościutkim, biosocjalnym – a teraz Światowe Prądy zapewniają korzystne okoliczności dla Waszych poczynań, a nawet umożliwiają odkrycie „zamkniętych dróg", tj. możliwości zablokowanych dla człowieka przez brak zgodności jego uporządkowania z uporządkowaniem Wielkiego Świata.

Korzystna sprawa.

W jaki sposób możemy stworzyć taką otoczkę uporządkowania wokół siebie? Dzięki nawykom wypracowanym podczas piątego stopnia drugiego etapu wszystko przyjdzie stosunkowo łatwo.

Mamy powolne myśli umożliwiające postępowanie z elementami otaczającego świata tak, jak postępujemy z molekułami mózgu i elementami systemu znaczeń.

Mamy system znaczeń, który zawsze w postaci każdego pragnienia odciśnie się na przypadkowości razem z wszystkimi odcieniami. Podczas oddziaływania cały system znaczeń prowadzi działanie i zostawia ślad, nie tylko cel działania. Tak samo jest z nami, gdy odpychamy się nogą od ziemi – zostawiamy w niej ślad, w powstaniu którego biorą udział wszystkie części naszego ciała oraz ich ułożenie.

Mamy myślenie metaforyczne umożliwiające śledzenie reakcji wielkiego systemu i mamy „nie-maskę" wgrywającą te reakcje do systemu znaczeń.

Mamy odnawiający się system znaczeń, który podchwyci to, co otrzyma i odbije w kierunku naszego ruchu.

Jesteśmy w pełni gotowi.

Piękno naszej sytuacji polega na tym, że niezależnie od tego, po co stworzyliśmy Światowe Prądy (choćby tylko po to, by ziemniaki dobrze rosły), one, razem z systemem „maska – nie-maska", będą wytwarzać dla nas całe spektrum opisanych efektów, czyniąc nas za każdym razem nieco większymi, mądrzejszymi i silniejszymi.

Za każdym razem nieco głębiej odkryją przed nami Wielki Świat i jego cuda.

Stworzenie osobistego Światowego Prądu będzie stosunkowo proste, ponieważ posiadamy możliwości człowieka Rozumnego i stosowne doświadczenie.

Takie stworzenie to nic więcej niż zewnętrzne uporządkowanie – każde, które za pomocą powolnych myśli związaliśmy z systemem swoich znaczeń tym, że popchnęliśmy jego prąd na każdą, nawet niewidoczną część, w upatrzonym przez nas kierunku; czy wyznaczyliśmy sobie przy tym cel, czy nie – to bez różnicy. Elementarne popchnięcie.

Co może stać się źródłem zewnętrznego uporządkowania?

Spójrzcie na ulicę.

Tam wieje wiatr, niosąc kurz, tam przesuwają się obłoki, tam pada śnieg lub deszcz, tam płynie rzeka lub znajduje się morze, tam przechodzi mnóstwo ludzi... Wszystko to – to zewnętrzne uporządkowania.

Posiadają swój własny, bardzo złożony, współzależny rysunek ruchu trylionów cząstek obiektywnego świata, ale jednocześnie to uporządkowania i jednocześnie tworzą część sprężystej jednolitej przyczynowo-skutkowej tkanki Wielkiego Świata, biegnącej pod wpływem swojego systemu znaczeń z nieskończoności przeszłej w nieskończoność przyszłości.

Trzeba tylko jej dotknąć i sprawić, by była trochę nasza.

Jak tancerze dotykają swoich rąk, żeby ruch stał się wspólny.

Krok 7.

Stworzenie Światowych Prądów

Wybierzcie cel, dla którego będziecie stwarzać Światowe Prądy. Możecie to robić po to, żeby wokół was była zjednoczeniowa przypadkowość. Wtedy będziecie potrzebować tylko obszaru „Jam jest". Możecie też pracować z celem maski lub zamkniętej drogi. Wtedy musicie jeszcze znaleźć ten cel w bieżącym stanie w przestrzeni wirtualnej i wyobrazić sobie wariant rozwoju, który jest wam potrzebny.

Teraz wybierzcie objętość zdarzeń, z którymi będziecie wzajemnie oddziaływać.

Reguły są takie: im większa jest objętość, bardziej gęsta i nasycona ruchem, tym lepiej.

Im jest dalej, tym trudniej z nią pracować.

Im lepiej jest odczuwana przez dominujące narządy zmysłów, tym lepiej; jeśli ją sobie tylko wyobrażacie, a nie widzicie, porzućcie to – sprawa jest beznadziejna.

Należy ją obserwować przez jakiś czas. Postarajcie zjednoczyć się z nią w swoich odczuciach, być nią.

Zadanie wydaje się łatwe – trzeba zjednoczyć się z tą przestrzenią za pomocą powiększonego na całą jej objętość obszaru „Jam jest", tj. należy stać się tą przestrzenią. Za pomocą powolnych myśli trzeba prześledzić niewielki czasowy odcinek istnienia widocznej zdarzeniowości tej przestrzeni. Na tym etapie dostrajacie swoją percepcję i system znaczeń do przestrzeni.

Jeśli przygotowaliście cel, musicie zwiększyć fragment wirtualnej przestrzeni zawierający ten cel, na obserwowaną objętość. Wtedy podczas dostrajania powinniście ustanowić dla siebie całkowitą równość Waszego celu i danej przestrzeni, przebiegu zdarzeń w niej. Raz.

Następnie powinniście – podtrzymując to odczucie, kierując jego powolnymi myślami, zapewniając w ten sposób wyrównanie przebiegu zdarzeń Waszego celu i procesu obserwowanej objętości – przejść razem z obserwowaną przestrzenią do kolejnego odcinka czasu (naturalnie dowolnego). Dwa (można liczyć).

A teraz sprawa, która jest niewygodna z psychologicznego punktu widzenia. Będziecie musieli, za pomocą powolnych myśli, wyrzucić, wypchnąć zdarzeniowość obserwowanej objętości i potrzebny wam wariant rozwoju zdarzeń wokół celu (jeśli brak celu, to chociaż coś z najbliższej chcianej przyszłości), łącząc, zapewniając ich kolejność wynikającą z siebie nawzajem: tego momentu i kolejnego, tego stanu zdarzeń i kolejnego wynikającego z niego..., wypchnąć powolnymi myślami, niczym stateczek ręką w pochwycającą go wodę, starając się na chwilkę przed nastąpieniem kolejnego momentu nadać zdarzeniom potrzebny impuls – i wtedy zerwać kontakt, żeby zdarzenia przeskoczyły do kolejnego momentu czasu już bez Was! Trzy!

Możecie przećwiczyć to kilkakrotnie, to odczucie raz (poruszamy się) – dwa (przeszliśmy) – trzy (odskoczyliśmy, wyrzuciwszy) jest kluczowe dla tej techniki, trzeba się do niego przyzwyczaić.

Gra – tu – lu – ję!

To po prostu wspaniałe! Jeśli wykonaliście wszystko prawidłowo, od razu zaczniecie odczuwać wokół siebie znaczne energetyczne przestrojenie, jakby powiał niewidzialny wiaterek. Ta przebudowa, to przestrojenie jest tym silniejsze, im większy był Wasz wpływ, Wasze oddziaływanie.

Można to wszystko sprawdzić na swej zamkniętej (dowolnej) drodze. Zaprotestujcie – droga już jest otwarta – puśćcie Światowy Prąd na kluczowe zdarzenie i protestujcie – droga otwarta.

Wszystko jest bardzo proste, Przyjaciele.

Jeszcze raz Wam gratuluję.

Światowy Prąd – to doskonałe narzędzie umożliwiające rozwiązanie (jeśli mówimy o sferze biosocjalnej) zadań bardzo szerokiego spektrum.

Tu jest społeczny ruch. Tu jest podtrzymanie programów. Tu jest także warstwowość. Tu jest pogłębiona praca z energoinformacyjnymi mechanizmami. Tu jest dodatkowa pomoc w pracy z egregorami. Nie ma potrzeby wyliczania, wystarczy zasygnalizować.

Wyobraźcie sobie – przypadkowość, która Wam sprzyja, która z Wami sympatyzuje.

To zupełnie wystarczy w biosocjalnym aspekcie Światowych Prądów.

Jednak w połączeniu z przebytą przez nas wspólnie drogą, wiedzą i doświadczeniem, systemem „maska – nie-maska", myśleniem metaforycznym i nawykami stworzenia Światowych Prądów, jest to ogromny, wręcz gigantyczny, niewyobrażalny krok naprzód.

To wszystko razem – to, o czym mówiliśmy na stronach poprzednich książek, ze szczególnym uwzględnieniem tej ostatniej.

Od pierwszego wybuchu świadomości do ostatnich chwil istnienia człowiek czuje, że jest dziecięciem innych światów, innych horyzontów.

Nasz umysł kąpie się w nieprzerwanym przypływie fal energoinformacyjnych, postrzega je jako barwy, dotyk, światło i dźwięk, dąży do zrozumienia i odkrycia, ma w sobie zachwyt współuczestnictwa, pragnienie radości i Marzenie bycia w tej przestrzeni.

Odczuwanie, przeżywanie, uczucia składające się na naszą istotę nie mają granic istnienia, dopóki istnieje świat.

Jesteśmy wykonani z tej samej niezniszczalnej materii, jaką jest tkanka naszego świata, z drugiej strony tej samej materii.

To więcej, to mniej, to prościej, to bardziej skomplikowanie – jesteśmy niczym odbicia światła na wodzie – raz tworzymy jasne obrazy siebie, to znów stajemy się swobodnymi wybuchami uświadomienia na powierzchni materii, odchodząc i powracając.

Niech realność biologii i otoczenia, w którym uświadomiliśmy sobie siebie, nie jest tak prosta i doskonała, jak czasami byśmy chcieli. Pamiętajmy jednak, że w rzeczywistości jest najbardziej doskonała z doskonałych, ponieważ jest energoinformacyjną realnością podtrzymywaną dla nas w czasie przez materialną naturę; jesteśmy rozumni, a to szansa na zmiany, na przeobrażenia.

Umysł ludzki pojawia się tu, w środowisku biologicznym, jako mała istota, i musi dorosnąć, by móc samodzielnie wzlecieć ku nieskończonym transfuzjom energii i informacji, zdarzeniowości wszechświata.

Wszystko co teraz ma miejsce, dzieje się wraz z naszym przeżywaniem, z naszą uwagą, z tym, jak nasze uczucia rozłożone są pośród przyczyn i następstw, jak zbudowany jest przez nas niosący nas proces energoinformacyjny.

Nasz umysł może teraz w bardzo prosty sposób wybrać swoje istnienie, przekształcając siebie i swoją drogę – przecież ma wszystko, by to zrobić.

To wszystko posiadają ci, którzy patrzą na świat, muszą jeszcze tylko pomóc rozpalić się tej iskrze możliwości.

Po prostu trzeba słuchać i słuchać tego, co dane nam jest z racji naszej istoty.

Trzeba nauczyć się być tam, gdzie chcesz być.

Nauczyć się żyć jako całość.

Otacza nas Wielki Świat i z każdym krokiem, każdą myślą, każdym mgnieniem odkrywamy go coraz bardziej.

Bardzo długo do tego dążyliśmy.

Horyzont otwiera się dla naszego Umysłu, dla nas.

Sami to obserwujecie, zatem nie ma potrzeby więcej o tym mówić.

Ja, Dimitrij Wieriszczagin, gratuluję Wam, Koledzy i Przyjaciele, z okazji ukończenia bazowego kursu systemu nawyków Dalszego Energoinformacyjnego Rozwoju.

Razem przeszliśmy początek wielkiej drogi w przyszłość.

Jestem Wam za to wdzięczny.

DALSZY ENERGOINFORMACYJNY ROZWÓJ CZŁOWIEKA

Drodzy Czytelnicy! Jeśli znajomość z przedmiotem naszych rozważań zaczęliście od tej książki będącej zwieńczeniem cyklu bazowego kursu, to z pewnością nie byliście w stanie do końca zrozumieć wszystkich opisanych w niej technik i metod.

Bardzo często zwracałem się bowiem w książce do swoich starych znajomych – technik, które zacząłem opisywać już dziesięć lat temu. Podręczniki traktujące o szczegółach energoinformacyjnego rozwoju były wydawane etapami – po każdym z nich następowała dłuższa lub krótsza przerwa. Czytelnicy zatem mieli czas, by pomyśleć nad niepomyślanym i dopowiedzieć niedopowiedziane. Dlatego między wierszami czasem kryła się większa wiedza niż ta przekazana wprost na stronach książki.

Mam dla Was radę – zacznijcie od samego początku, od pierwszych kroków i działajcie stopniowo. Nie spieszcie się zbytnio i nigdy nie zbaczajcie z drogi. Postarajcie się nabrać doświadczenia i pozwólcie, by niejako przeniknęło Was. A potem sięgnijcie do tego tomu.

Zajmujemy się energoinformacyjnym rozwojem Człowieka. Jego drogami i sposobami, przede wszystkim – sposobami, ponieważ człowiek szykuje sobie drogi sam w procesie ruchu.

Cel, idea, kierunek naszego ruchu – to możliwości człowieka jako istoty energoinformacyjnej w energoinformacyjnej rzeczywistości.

Zadanie propagowania tych czy innych korzystnych metod z dziedziny energoinformacyjnej jest bardzo proste. Energoinformacyjny rozwój człowieka jest zadaniem znacznie trudniejszym, ludzkość stoi przed nim od wieków. Jeszcze trudniejsze nie są rozmowy o nim, ale przejście tej drogi rozwoju.

Wszystkie metody i technologie studiowane w ramach programu Dalszego Energoinformacyjnego Rozwoju skierowane są na poznawanie przez człowieka wciąż czegoś nowego o sobie i świecie. Są po to, żeby człowiek zamyślił się nad tym, co zmusza go do cierpienia – dlatego że zapomniał siebie – istotę złożoną z energii i informacji i zaczęło mu się wydawać, że istnieje tylko jeden obraz realnego świata.

Każda metoda i technologia składające się na DEIR w wyniku zastosowania przynoszą korzyści. Są na miarę tego, jak człowiek je pojmuje, ale jednocześnie pogłębiają rozumienie świata i możliwości umysłu. Odkrywają nowe warstwy realności, dostępne tylko temu, kto wie, jak patrzeć.

Z tym postrzeganiem można wiele łączyć, ale widzenie świata umożliwiające świadomy wkład sił i świadome tworzenie stanowi wciąż podstawę. W ciągu tych lat tysiące, tysiące ludzi opanowały technologie Dalszego Energoinformacyjnego Rozwoju.

Ich elementy współistnieją przez wieki z człowiekiem, a ja i moi koledzy tylko logicznie je kontynuujemy, znalazłszy tę ścieżkę, która biegnie przez cały program DEIR – Dalszego Energoinformacyjnego Rozwoju człowieka.

Dlaczego „dalszego"? Ponieważ rozwój można zapoczątkować, potem jest on nieskończony. Za każdym zakrętem wyłania się nowe oblicze drogi prowadzącej coraz dalej i dalej. Umysł ludzki, przed którym odkryto dostęp do drogi, ale i tak nie w pełnym wymiarze, tylko w tej egregorialnej warstwie, i umysł żyjący na planecie z widokiem na miliardy innych galaktyk – ma dokąd zmierzać i rosnąć, nieprawdaż?

W ciągu tych lat tysiące, tysiące ludzi polepszyło swoje życie, rozwiązało problemy społeczne i osobiste, osiągnęło sukcesy w dziedzinie ekonomii, sięgnęło wyżyn. Ludzie, dzięki swojemu oddziaływaniu, nieco polepszyli życie – w swojej rodzinie, mieście, państwie i świecie, i dalej pracują nad tym, by w świecie panowały radość, honor, wolność.

Ci ludzie – także Wy – jesteście częścią awangardy ludzkości, która w wielu państwach i miastach, w wielu miejscach naszej planety zaczyna przejście na nowy ewolucyjny etap rozwoju umysłu, wykorzystując wiedzę z różnorodnych źródeł, posługując się różnymi nawykami, różnymi tradycjami. Wszystkich nas łączy Marzenie i jasne poczucie kierunku.

Nie ma w tym nic dziwnego.

Jak wszystkie żyjące istoty popychają podrostka w wielki świat, żeby rozpoczął tam samodzielne życie, tak biosocjalna kołyska umysłu w noosferze naszej planety, będąca źródłem przeludnienia, egregorów, cywilizacji z jej pogonią za dobrami materialnymi – popycha człowieka ku następnemu etapowi ewolucji, ewolucji niczym już nieograniczonej, oprócz braku doświadczenia umysłu. Niech i tak będzie, przecież potrafimy szybko się uczyć – to nasz dar.

Jest wśród nas coraz więcej ludzi dostrzegających energoinformacyjną stronę świata i możliwości istot energoinformacyjnych w nim żyjących. To na pewno nie ci smutni ludzie, ze swymi mętnymi rozmowami, z których nic nie wynika, tonący w słodkim trzęsawisku mistyki. To ludzie inni, nowi, tacy, którzy rozumieją i robią, którzy przekształcają samą tkankę ludzkości i przebywając w środowisku, tworzą w nim możliwości dla innych umysłów. To wspaniale, oni dają początek Nowemu Światu w tym świecie, tworzą społeczeństwo dla rozwoju, a nie dla konsumpcji. Swoimi rękami tworzą przyszłość.

Wspaniałe jest także to, że ktoś z nich dzieli się swoją wiedzą z innymi ludźmi dążącymi do tego, żeby usłyszeć i zrozumieć, a następnie – zrobić krok. Niech biosocjalna cywilizacja zawsze będzie kolebką umysłu i niech zawsze w niej będą ludzie o szczodrych duszach, którzy pomogą umysłowi wyjść z kolebki. Oby zawsze istnieli ludzie tworzący kulturę i wiedzę, ludzie służący wsparciem dla tych, którzy chcą kroczyć naprzód.

Bądźcie dla siebie sojusznikami, pomagajcie sobie nawzajem, by świat stał się bardziej wolny i radosny, by skierować świat ku wiedzy, nieograniczoności, szczęściu – przecież by tak się stało, potrzebna jest cała kultura, to, co zamieszkuje dusze ludzi. Dzielcie się wiedzą i możliwościami. Dzielcie się pracą.

Nadzieja całego świata przekłada się na nadzieję w sercu pojedynczego człowieka, a możliwości całego świata – to możliwości poszczególnych ludzi. Wiedza powinna być dostępna.

Nie można zatrzymać rozwoju człowieka. Dzieje się tak niezależnie od tendencji egregorialnego świata, konsumpcyjnych bachanaliów, dźwigni egoistycznych mechanizmów, które chcą zahamowania dążeń, przeszkadzają, zmierzają do podporządkowania sobie człowieka, sprowadzają jego istnienie do towaru. Wszystko to tylko wskazuje Drogę i przyśpiesza u ludzkości parcie umysłu do przodu.

Pokazanie Drogi łączy się ze spostrzeżeniem przez ludzi, że najwyższą wartością może być tylko żywa istota, każdy człowiek, jego zdrowie i długie życie, jego dążąca naprzód dusza, jego wiedza dająca możliwości, jego serce promieniujące ciepłem i jego umysł zdolny do nieograniczonego rozwoju. Wszystko inne wyczerpie się kiedyś, przeminie, rozwieje się jak dym.

Chciałbym wyrazić ogromny szacunek i wdzięczność wszystkim, którzy podjęli się niełatwego zadania nauczania ludzi nawyków i technologii rozwoju człowieka.

Chciałbym podziękować za szlachetną postawę, za wielką pracę wszystkim wykładowcom szkoły DEIR. Jej poziom wywarł na mnie ogromne wrażenie – mogę tak powiedzieć – po zakończonej pięć lat temu konferencji, na którą zjechali koledzy z różnych miast i krajów. Dzięki wykładowcom szkoły DEIR ludzie idący drogą rozwoju mają możliwość otrzymania wiedzy. Chciałbym podziękować wszystkim zajmującym się Dalszym Energoinformacyjnym Rozwojem, a szczególnie mojemu koledze, Kiriłłowi Titowowi, który wspomaga mnie w pracy, także nad tą książką. Wszystkim Wam, Drodzy Koledzy i Współpracownicy, dziękuję. Bazowy kurs to dopiero początek. Wykonaliście w ciągu tych lat wprost niewiarygodnie ogromną pracę.

Chciałbym także podziękować wszystkim znajomym i nieznajomym, którzy tworzą drogę dla umysłu w naszym świecie, niezależnie od tego, jaki aspekt drogi naświetlają. To misja, którą każdy sam sobie wybiera i przyczynia się do tego, żeby wiedza stała się udziałem wszystkich.

Wszyscy razem tworzymy ciało inicjatywne, którego celem jest danie Umysłowi możliwości stania się sobą.

Dołączajcie do nas, Czytelnicy. Człowiekowi potrzebna jest wiedza o samym sobie. Można uczyć, można tworzyć możliwości kształcenia, a można po prostu być i odkrywać możliwości. Wszystko to razem w dowolnej formie – to Rozwój Człowieka. Przyłączajcie się do nas.

Czeka nas wspólna, najbardziej pasjonująca podróż w świat możliwości i osiągnięć człowieka, przed nami egregorialne technologie, nowe książki, w których nie będę powtarzał poznanych już metod, nowe odkrycia i wszystkie te horyzonty, które teraz są na wyciągnięcie ręki.

Niech każdy z was osiągnie to, co jest najważniejsze.

ZAMIAST ZAKOŃCZENIA

Zakończenia nie będzie.
Spotkamy się znowu.

STRONA INTERNETOWA SZKOŁY NAWYKÓW DEIR WWW.DEIR.ORG

Dla wszystkich, którzy interesują się problemami:
- energoinformacyjnymi;
- technologii oddziaływania;
- metodyki rozwoju osobistych możliwości.

Dla was przeznaczone jest FORUM: tam zawsze znajdziecie zwolenników szkoły DEIR i będziecie mogli: rozważyć każdy problem związany z DEIR; dodać własne komentarze; uczestniczyć w dyskusji; zaproponować interesujący temat do niej; zostać stałym sprawozdawcą strony internetowej.

Słuchacze szkoły zawsze znajdą tu najnowsze informacje na temat wszystkich jej przedsięwzięć. Jakie to informacje?
- rozkład zajęć;
- spis filii szkoły w Rosji i za granicą;
- telefony kontaktowe do filii szkół;
- wszystkie zajęcia seminaryjne i klubowe;
- najnowsze prace wiodących wykładowców szkoły.

Czeka też na Was bogata **biblioteka**, zawierająca książki i artykuły z różnych dziedzin dotyczących: psychologii, psychoterapii, medycyny, etnografii, lingwistyki, ezoteryki i bioenergetyki. Wszystkie one wiążą się z tematem wszechstronnego rozwoju jednostki.

Jest również wydawany Almanach Szkoły DEIR, na kartach którego zawsze będziecie oczekiwanymi gośćmi, szczególnie wtedy, gdy macie potrzebę podzielenia się ważną informacją.

Odkryliśmy nową energoinformacyjną przestrzeń.
WY TAKŻE JĄ ODKRYJCIE.

Na stronie internetowej Szkoły Nawyków DEIR znajdziecie wszystkie książki D.S. Wieriszczagina i K.W. Titowa. Nie będziecie już musieli poszukiwać wydań tych znakomitych autorów. Możecie zapoznać się z ich pełną wersją elektroniczną.

STRONA INTERNETOWA SZKOŁY NAWYKÓW DEIR W POLSCE:

http:\\www.deir.vgh.pl

telefony:

+37065221117

+48518634562

SZARLATANI – 2007

Drodzy Przyjaciele! W roku 2007 pojawiło się mnóstwo ludzi proponujących nauczanie DEIR. Niestety, większość z nich nie powinna była tego robić – tzw. „nauczyciele" nie mieli do tego żadnego prawa – tego czysto ludzkiego, ani też usankcjonowanych prawem możliwości. Ucząc innych, sami nie posiadali stosownych kwalifikacji i nie uczestniczyli w systemie kontroli jakości nauczania.

Tjapin – nasz były współpracownik administracyjny z Joszkar-Oły organizuje zajęcia, nie mając ku temu uprawnień, dlatego za rezultaty jego działań szkoła nie ponosi żadnej odpowiedzialności.

W Moskwie przez Internet sprzedawane są tzw. „krople Wieriszczagina". Ani Szkoła, ani ja nie mamy z tym nic wspólnego. Mówię o tym, ponieważ bardzo dużo ludzi skarży się w naszym biurze na brak skuteczności kropli. W Internecie pojawił się także fałszywy list, jakoby „list Wieriszczagina", nienapisany oczywiście przeze mnie, ale spreparowany przez ludzi wykorzystujących mój autorytet i zainteresowanych okłamywaniem innych (ludzie ci twierdzą, że spotykali się ze mną). Swoje zdanie na ten temat przedstawiłem w formie listu zwrotnego na stronie internetowej wydawnictwa „Newski Prospekt".

W Moskwie były klubowy współpracownik, Snigiriew, próbuje prowadzić zajęcia ze stopni DEIR, jednak nie ma do tego uprawnień i wypacza całą metodykę kursów. Proszę też o uwagę w Polsce – jest tam tylko jeden organizator naszej szkoły, do którego przyjeżdżają wykwalifikowani trenerzy.

Niektórzy (choć oczywiście stanowią oni mniejszość) byli wykładowcy szkoły, z którymi rozstaliśmy się z różnych przyczyn, także próbują swych sił w dziwnym „biznesie" innego wykładania metodyk DEIR. Nie wgłębiając się w obrzydliwą etyczną stronę ich działalności – mimo wszystko to właśnie szkoła nauczyła ich metod DEIR – chciałbym powiedzieć, że szkoła nie może odpowiadać za jakość ich pracy. To ważne – jeśli człowiek zachował się nieetycznie i dąży do uniknięcia kontroli jakości ze strony autora, taka „ekonomia sił" niechybnie rozprzestrzeni się także na słuchaczy. Bądźcie uważni.

Na wszelki wypadek informuję, że wykładowcami szkoły DEIR z różnych przyczyn nie są już: Kosowicz, Rieznik, Woronina, Sokurowie, Barczukow, Pańkiw, Gonczarow, Liwinowa, Iljuchin, Niewienczanyj, Łomanowa, Dubkowa, Tieluchowa, Krasnajanskaja, Głuszko.

Nie uzyskali ode mnie licencji na prowadzenie stopni DEIR, nie przechodzili kolejnej kontroli poziomu wykładów i w wypadku prowadzenia przez nich zajęć szkoła nie poniesie odpowiedzialności za jakość ich pracy. Nie powinni wykładać moich metodyk ani występować w imieniu szkoły – takie ich poczynania to świadome wprowadzanie ludzi w błąd.

Chciałbym jeszcze dodać, że z p. Mieńszykową, Rieznik, Niewienczannym nigdy się nie spotkałem i nie zamierzam się spotkać, a z centrum „Świadomość" nic mnie nie łączy (ci ludzie powołują się na moje nazwisko, twierdząc m.in., że jakoby działają według „prawdziwego, rzeczywistego Wieriszczagina") i wykorzystywanie mojego nazwiska wprowadza ludzi w błąd.

Życzę siły. Powodzenia.

Dmitrij Wieriszczagin

DODATKOWE FAKTY

Uprzedzam wszystkich Organizatorów i Dyrektorów Klubów! Odkryto przypadki fałszowania dyplomów i świadectw Szkoły Nawyków DEIR. Proszę bardzo dokładnie sprawdzać wszystkie niezbędne dokumenty trafiających do Was nowych nauczycieli szkoły i KONIECZNIE kontaktować się z Centrum w Sankt-Petersburgu w kwestii pełnomocnictw człowieka przedstawiającego się jako współpracownik Szkoły Nawyków DEIR.

- ***Nowosybirsk***

Powielicyna Wiera Władimirowna. Była asystentka nowosybirskiej filii szkoły DEIR, wykorzystując znany brand Szkoły, oferuje łatwowiernym ludziom pewne, jakoby „uzdrawiające praktyki", obiecując w krótkim czasie „wyleczenie" z ciężkich chorób, w tym także onkologicznych. Wprowadza ludzi w błąd, pokazując dokument mówiący o pracy asystenta DEIR, choć sama już nie pracuje w szkole.

Bądźcie uważni!

- ***Kirowograd (Ukraina)***

Agaputowa Natalia Zacharowna. Była organizatorka filii w Kirowogradzie (Ukraina) próbuje prowadzić zajęcia, kwalifikując je jako DEIR, jednak jej metodyka nie ma żadnego odniesienia do naszej szkoły. Bądźcie uważni!

- ***Abinsk (Kraj Krasnodarski)***

Kriwulina Nadieżda Alieksiejewna. Ukończyła 5. stopień Szkoły Nawyków DEIR i, stwierdzając, że to wystarczy jej do dalszej profesjonalnej pracy, otworzyła „Prawdziwą Szkołę DEIR" i próbuje zebrać grupy. W tym celu domowym sumptem zmontowała dziesiątki kaset audio zawierających konspekty zajęć (wykładów) kilku wykładowców szkoły pracujących wtedy w Kraju Krasnodarskim. Pani ta nie jest pracownikiem szkoły, nie ma uprawnień do prowadzenia wykładów czy konsultacji. Wszystkie oferowane przez nią materiały są falsyfikatami i kompilacjami powstałymi w oparciu o wypaczenia bazowych metodyk DEIR.

- ***Chabarowsk***

Furman. Była organizatorka w Chabarowsku próbuje prowadzić konsultacje jakoby w imieniu Szkoły Nawyków DEIR. NIE WIERZCIE! To nie jest DEIR.

- ***Odessa***

Żukowa Lilianna Leonidowna. Była konsultantka Szkoły Nawyków DEIR. Zwolniona z powodu niezaliczenia egzaminów kwalifikacyjnych. Organizuje grupy w ramach, jak to nazywa, przygotowawczego stopnia DEIR. Takiego stopnia nie ma w naszej szkole. W czasie zajęć z grupą wprowadza ją w stan transu, mówiąc, że w celach odnowy należy wciąż uczestniczyć w jej zajęciach, w przeciwnym razie będzie źle!

Próbuje za pomocą energetyki przywiązać do siebie ludzi. Przeszkadza w nauczaniu DEIR, sama nie oferuje żadnej wiedzy ani nawyków systemu DEIR.

STOPNIE DEIR

Szkoła Nawyków DEIR prowadzi zajęcia w zakresie pięciostopniowego bazowego kursu

1. WYZWOLENIE

Studiowanie metodyki DEIR w krótkim czasie pozwoli Wam:
- zrozumieć zasady pracy z energiami;
- opanować potężne sposoby ochrony przed zewnętrznymi oddziaływaniami;
- skierować każdy czynnik życiowy w stronę powodzenia i sukcesu;
- stać się człowiekiem wolnym i niezależnym.

2. KSZTAŁTOWANIE

Po opanowaniu zaproponowanych technik każdy z Was będzie mógł:
- nabrać pewności co do własnych sił;
- zwiększyć skuteczność swoich działań;
- ujawnić swoje prawdziwe pragnienia;
- ustanowić maksymalnie harmonijny kontakt z otoczeniem.

3. ODDZIAŁYWANIE

Praca w oparciu o metody DEIR da Wam możliwość:
- zrozumienia podstawowych zasad przywództwa;
- wykorzystania nawyków adaptacji w trudnym położeniu;

- dokonywania korekty postępowania innych ludzi;
- stałego pozostawania w centrum uwagi.

4. DOJRZAŁOŚĆ

Postępując według opisanych unikatowych metod, będziecie mogli:

- odnaleźć długo oczekiwaną harmonię między pragnieniami i możliwościami;
- zrozumieć podstawowe problemy filozofii życiowej;
- rozwinąć uwagę i intuicję;
- odkryć w sobie źródło nieograniczonych możliwości.

5.1. PEWNOŚĆ

Proponowana metodyka pozwoli każdemu z Was:

- precyzyjnie ustalać reguły życiowego strumienia;
- oszczędzać czas i siły na rozwiązywanie trudnych sytuacji;
- bez strat osiągać wyznaczone cele;
- dokonywać korekty biegu przyszłych zdarzeń.

5.2. MĄDROŚĆ

Ten etap nauki odkryje przed Wami:

- techniki kierowania emocjonalną wolą;
- drogi odkrycia własnego potencjału twórczego;
- praktyki korekty biegu zdarzeń;
- metodykę stworzenia umysłu twórcy.

5.3. SZTUKA

W ramach tego stopnia autorzy proponują Wam:

- badanie wzajemnego oddziaływania świadomości i emocjonalnych drajwów;
- wyodrębnienie racjonalnej części podmiotu w racjonalną maskę;
- stworzenie siatki znaczeń dla warstwy egregorialnej;
- techniki metaforycznego myślenia;
- sposoby stworzenia uporządkowań poziomu Światowych Prądów.

KOS

Wydawnictwo KOS
40-110 Katowice, ul. Agnieszki 13
Tel./fax (032) 2584-045; tel. (032) 2582-648, (032) 2582-720
e-mail: kos@kos.com.pl http://www.kos.com.pl

Zamówienia przyjmujemy pocztą, telefonicznie i przez Internet

---

Dimitri Wereszczagin
Wyzwolenie. DEIR I

„Otwierając tę książkę uzyskacie szansę na zmianę swego życia przez wyjście na nowy poziom ewolucji. Przyniesie ona zrozumienie prawdziwej przyczyny zdrowia i wszystkich chorób, ludzkiego postępowania i kolei losu. Uwolnicie się od wpływów wielkich ener-getycznych pasożytów manipulujących ludźmi i zmuszających ich do autodestrukcji. Pamiętajcie, by nie krzywdzić istot na niższym poziomie rozwoju. Okażcie im współczucie i pomóżcie im. Przed wami stoją wielkie cele – odkrycie nowego świata i poszukiwanie w nim miejsca dla siebie. Uzyskacie zdolność uzdrawiania. Ten dar przyjdzie do każdego".

Dimitri Wereszczagin
Kształtowanie. DEIR II

Czytając pierwszą książkę i poznając metody DEIR pierwszego stopnia, uczyliście się pracować ze swoją energetyką. Potraficie zauważać oddziaływania energetyczne z zewnątrz i chronić się przed nimi. Możecie zdiagnozować stan energetyki innych osób. Nauczyliście się uwalniać od patologicznych połączeń. Rzeczywiście, dokonaliście już bardzo wiele. Ale wasza droga do wolności jeszcze nie dobiegła końca. Pewnie też to odczuwacie – świadczy o tym pewien wewnętrzny dyskomfort. To oznacza, że przyszedł czas na kontynuację nauki. Czeka was nowy etap. Teraz musicie nauczyć się umiejętnie kształtować swoje nowe cele oraz tworzyć wewnątrz siebie programy sukcesu, powodzenia, dobrobytu, zdrowia, pewności, harmonii ze światem i wolności. Nauczycie się również pracy z karmą. Wszystko to jest tematem tej książki.

Dimitri Wereszczagin
Oddziaływanie. DEIR III

Po opanowaniu metod pierwszych dwóch stopni DEIR, zawartych w poprzednich książkach, postrzegacie o wiele więcej w porównaniu ze zwyczajnym człowiekiem. Można was porównać do człowieka ze zdrowymi oczami w kraju ślepców, chodzącego o własnych siłach w kraju inwalidów lub do wykształconej osoby, która trafiła do plemienia dzikusów. Owszem, tamci mogą być od was silniejsi. Lecz siła człowieka tkwi w umyśle, rozumowaniu i zdolnościach przewidywania wydarzeń, a nie w mięśniach. Umysł łatwo zwycięży prymitywną siłę – podobnie i wy, uzbrojeni w nowe możliwości, będziecie usuwać ze swojej drogi wszystkie przeszkody. Wasze cele są wyższe, ponieważ stanowią cele człowieka wolnego. Nie musicie być uzależnieni od głupich i śmiesznych przeszkód oraz bezsensownego zamieszania. Wystarczy nauczyć się najprostszych technik – i w przyszłości, całkowicie automatycznie, wszystko będzie się odbywało zgodnie z waszymi pragnieniami.